U0139641

周国平
对话崔健

自由风格

崔健　周国平　著

上海人民出版社

本书初版于 2001 年，2013 年出第二版，现在这个版本是第三版。对于以前两个版本的内容，本版尽量不做修改，以保留历史的原貌。在两位作者新的对话的基础上，本版增补了新的内容。

2021 年 9 月

　　本书初版于 2001 年，距今已 11 年。这个新版缘于一个偶然事件，两位作者的共同朋友梁和平不幸遭遇车祸，为了赞助其医疗和康复费用，遂决定重新出版在市场上早已绝迹的本书，捐出全部版税。趁此机会，两位作者在内容上做了增补，即本书的最后一辑。

2012 年 11 月

目 录

前 言

谈 早 年 的 音 乐 经 历

谈 艺 术 环 境

谈 文 化

谈 友 谊 和 爱 情

告 别 语

音 乐 的 元 素

崔健谈音乐的技术、力量和内容

2 0 1 3 年 版 增 补

新 版 增 补

v

序 一

崔健

当我整理完我的采访录后才知道，这还是和我想象的，或是和我想要表达的不一样。原来文字在说出来前和在说出来后有如此大的区别。要不然就是我不愿对落在纸上的我的言论负责任。我真希望这是一首长歌，一首节奏感、动率感很强的说唱。如果有一天谁来告诉我："这儿怎么着、那儿怎么着……"或者是："这儿说错了、那儿说得不对……"那我现在就告诉你："那是我激动的时候说出来的。"或者说："去你的吧，我才不想跟你们无止境地玩文字游戏呢，我是玩音乐的。"还有："如果你喜欢这感觉你就听下去，如果不，就算了。""我不是你应该叫劲的对象。况且，也许我们真正想要的东西是一样的。"

就是一个气氛，就是一种自由的状态。

试着想象一下：国平手拿着一个话筒，一个 DJ 站在他的旁边。

音乐响起来了，他们在静静地挑逗着一种气氛。

然后，我来了。

| 嗵—— | 嗒嗵—— | 嗒—— | 嗵呲 | 嗒嗵—— | 嗒——

2001 年 3 月 6 日

序

二

周国平

一

我还清楚地记得与崔健第一次见面的情形。那是十多年前，他的《一无所有》刚刚开始被年轻人传唱，在我也是结识不久的梁和平家里，中央乐团的一间小小的宿舍。我先到达，他进门后，把与他同来的刘元向我作了介绍，我发现站在我面前的两伙伴年轻得还近乎是孩子。第一眼的印象是朴实，有些腼腆，话语不多。我也是话语不多的人，只问了一个有关写歌词的问题，他回答说他文化不高，写词比较费劲。后来，当我一再惊讶于他的歌词的异常表达力之时，我就会不由自主地想起他说的这话。他还告诉我，他不喜欢读书，却喜欢读我的《尼采：在世纪的转折点上》，他的搞摇滚的朋友们也都喜欢。那天晚上，他弹着吉他，低吟浅唱了几支歌，这些歌日后成了他的第一张专辑中的名曲。

在那以后，我作为一个观众出席过 1989 年 3 月在北京展览馆剧场举办的《新长征路上的摇滚》演唱会，还因若干偶然的机会和他见过几面。应该说，我和他的个人接触是十分有限的。但是，十多年来，他的艺术态度和精神立场的独特性始终引我关注。从他从事音乐创作的认真和推出新作的谨慎，从他每一部或引起轰动或引起争议的作品的内涵，从他无论面对轰动还是争议的冷静，从他在媒体面前的自重和低调，从偶尔读到或听到的他的片言只语，我都感觉到他是一个内心非常严肃的人。我越来越相信，虽然他被公认为中国摇滚第一人，但他的意义要超过摇滚，虽然他的出场比别的歌星更使观众激动，但观众对他的尊敬远非简单的偶像崇拜。我自己完全谈不上是歌迷，正因为如此，我也许能够从一个不同的角度体会到他在中国当代心灵史上的分量。

由于上述原因，我产生了与崔健进行思想对话的愿望。我的目标不只是个人的交流，我更想做的事情是用我的笔来传达他的思考。我的天性使我远离各种热闹，我不会想到要替任何别的演艺界名人做这样的事情。然而，崔健是一个例外。出于一种精神上的感应，我觉得我能够理解他在名声包围下的孤独，在沉默包围下的坚定。我确信他是当今时代不多的特例之一，既是世俗意义上的成功者同时又是精神上真正的优秀者。他始终行走在他自己的精神高度上，并且行走得那么自然，因为支撑着他的不是某种观念，而是健康的本能和直觉。在今日的文化舞台上，凭借本能和直觉而直抵时代之核心的声音十分稀少，因而愈加可贵。崔健不只属于他的歌迷，他也应该属于我们时代一切关心自己的生存状态和精神生活水准的人。我相信，如果用另一种形式说出他在摇滚中说的东西，许多不习惯欣赏摇滚的人也会愿意倾听，并且受到鼓舞和启发。

使我感到幸运的是，尽管崔健一向对发表公开谈话持慎重的态度，但他欣然接受了我的建议。我感谢他对我的信任。

二

我眼中的崔健是一个执著的思想者，但首先是一个非常真实的人，他直接立足于生存状态，其间没有阻隔也不需要过渡，他的音乐和思想的力量都在于此。在他的思考中，始终占据着中心地位的是一个尖锐的问题，便是人怎样才活得真实。这个主题贯穿于他的音乐创作中，也贯穿于他的生活态度中，把他的艺术和人格统一了起来。

在甜歌蜜曲和无病呻吟泛滥的流行歌坛上，崔健是一个异样的存在。他的作品从来都言之有物，凝聚着那种直接源自健康本能的严肃思考。在他的作品中，我们一方面可以听到生命本能的热烈呼喊，另一方面可以听到对生命意义的倔强追问。他忠实于自己的灵魂，忠实于内心的呼声，在这一点上决不肯委屈自己，使他的作品有了内在的一贯性。由于这同一个原因，他对时代状况又是敏感的，随着社会转型的演进，他不停地反思和质疑，对于任何一种虚假的活法都不肯妥协。他的作品之所以具有人们常常谈论的那种批判性，根源不在某种世俗的政治关切，而恰恰在他对于人的生存状态的关注和寻求真实人生的渴望。

人怎样才活得真实？对于这样一个问题，无论谁都不可能找到一劳永逸的答案。不过，我们至少可以确认，任何一种真实的活法必定包含两个要素，一是健康的生命本能，二是严肃的精神追求。生命本能受到压制，萎靡不振，是活得不真实。精神上没有严肃的追求，随波逐流，也是活得不真实。这两个方面又是互相依存的，生命本能若无精神的目标是盲目的，精神追求若无本能的发动是空洞的。作为一个摇滚歌手，崔健在摇滚中找到了一种适合于他的方式，使他觉得可以把本能的自由和精神的严肃最佳地结合起来。当然，这种适合于他的方式未必适合于其他人。我认为，重要的是我们每一个人都应该去寻找一种适合于自己的方式，都应该倾听自己内在生命的呼声，关注自己的生存状态，不断地寻求一种既健康又高贵的人生，简言之，一种真实的活法。这就是崔健用他的作品所启示给我们的真理，我称之为摇滚的真理，实际上也就是生命的真理。

三

当我们坐下来进行本书由之形成的一系列交谈时，距最初的见面十多年了，崔健已不复是当年那个初出茅庐的小青年，而是一个功成名就的中年人了。他朴实依旧，多了一些沧桑感。然而，他依然是富有激情和活力的。平时沉默寡言的他，一旦谈论起感兴趣的话题，便江河滔滔，精彩纷呈，使在座的人都感觉到是一种享受。

我们先后进行了五次谈话，分别是在今年的 2 月 1 日、6 月 9 日、6 月 21 日、8 月 31 口、12 月 2 日。谈话的主角理所当然的是崔健，话题是广泛的，以音乐为重点，兼及他对艺术、文化、社会、人生的看法。每一次谈话都有录音，并整理出原始文字材料。然后，我根据原始材料按照主题再做整理。这样产生的初稿在我和崔健之间往返了许多次，分头进行了仔细的修改，最后才形成现在的定稿。这样一本小小的书，我们围绕它工作了将近一年。我想借此表明的是，我们的态度是十分认真的。对于崔健，这是他不愿意多用的一种方式，他更愿意用音乐来说话，在许多年里他不会再出另一本用文字表达自己的书了，因而必定格外慎重。对于我，我觉得自己负有一种责任，生怕自己不能充分而又准确地传达他的看法，留下长久的遗憾。可是，我知道遗憾是难免的，由于我不谙音乐，不擅言谈，就未必能激发他把自己的宝藏都展现出来。因此，我虽可力求准确，却难以做到充分。不过，不管怎样，在完成了本书的时候，我想说，在我的生涯中，这是一次愉快和难忘的合作。

我自己从这次合作中确实获得了极大教益，它给我提供了一个机会，得以面对一个人生道路和事业领域与我完全不同的优秀者，聆听他对生活的认识。在谈话过程中，沟通令我欣慰，但差异更促我深思。作为一个一辈子与文字为伴的读书人，我尤能感觉到他对纯文字的批评的警策力量。我希望我有理由据此期待，本书将不但有助于喜欢崔健的人们进一步理解他和他的作品，而且有助于包括知识分子在内的各方人士进一步思考自己和自己的人生。

崔健和我的共同朋友涂玉艳女士在本书的策划中起了重要作用，并且参加了多次谈话。我的妻子郭红和我的朋友于奇承担了谈话的录音整理工作。在此我向他们表示衷心的感谢。

2000 年 12 月 2 日

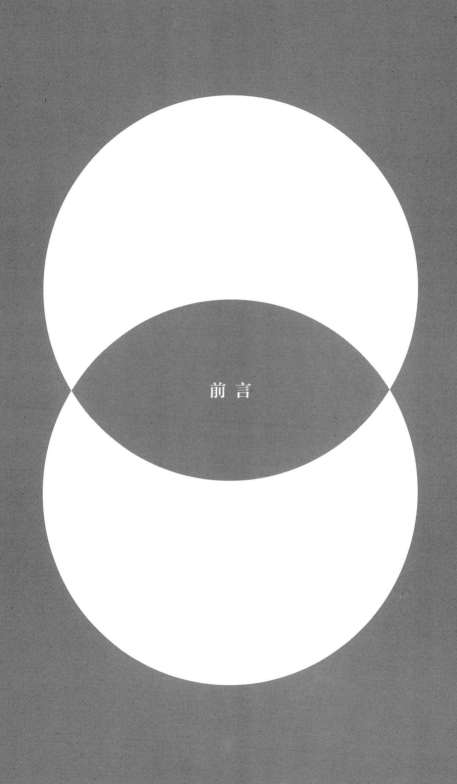

前言

周：从你的音乐作品，包括你写的歌词，还有从你从事音乐活动时的那种严肃态度，其中所体现的一贯的精神追求，我都感觉你不仅是一个摇滚歌手、音乐家，同时也是一个思想者。从我来说，我对音乐和摇滚是外行，我不是乐评人，我是作为一个哲学家对你进行访谈的。在这个语境中，我们的交流也只能在思想层面进行。作为中国摇滚乐的奠基人，你在中国当代音乐史、文化史和心灵史上的地位无可置疑。然而，迄今为止，我们还没有一部研究你的真正意义上的专著，只有一些零星的采访和报道，我觉得这种情况与你的重要性是很不相称的。你应该是一个研究课题，应该有人专门研究你。当然，写这样的专著的合适人选不但要有开阔的文化视野，还应是音乐和摇滚方面的行家，不是我能做的，我只是想推动一下。

崔：现在有许多人约我采访，做口述实录。我自己觉得有点尴尬，首先我没有觉得自己戴有这么多头衔，我有点尴尬是因为这些东西真让我说的话，我可能说不出什么来，我全都是随便说，旁敲侧击的，比较松散。我也不愿意马上跨到另外的领域。这些东西也不过是我另外的一小部分而已。我在生活中只不过是坚持了一下自己应该坚持的东西，我也不研究这些东西。所以，如果不谈音乐而谈学术，长篇大论，我就觉得自己在做自己干不了的事。我对这事比较慎重，很多人约我，我都没有轻易答应。一是因为我还年轻，二是我认为音乐的部分太重要了，如果我不强调音乐的话，等于我说的话都是废话。因为这些角度本身，包括感性的和理性的东西，实际上都是音乐给我的。如果不谈音乐不谈一些专业性的东西，有些东西就没法谈，说出来也空洞，甚至会应和一些专门搞文字的人，跟他们发生一些不必要的冲突。我有过这种经验，发现他们的确不懂音乐。如果让我谈的话，我的攻击性主要在这上面，从音乐的角度产生出一些文字，去攻击纯文字的东西。我还真没想到许多人愿意听，愿意听来自吉他的一种批判，对文字的批判，来自音乐的批判。如果不谈音乐、只是空谈文字的话，首先我就觉得空洞，这是第一。第二我会觉得我自相矛盾，我的感染力不应该放在这上面。我要是真的想把我真正的想法表达出来的话，我觉得我主要的东西还应该在音乐上，主要的力量使在音乐上，解决问题的方法也是在音乐里。有些东西是直接的，只有在直接的形式里内容还在。我发现做音乐比做文字难，并不是对所有人来说，而是对我来说。如果我跟文字打交道，碰到困难我能跑，因为我是做音乐的，可是在音乐里碰到困难，我就只能解决它。就文字来说，我只是看到一些我不喜欢的，一些甚至我不懂的恰好我又不喜欢的东西，我就开始去说。

周：我的意思不是绕开音乐，你就用音乐来谈，谈你做音乐的感觉。

崔：但是如果你不懂音乐的话……所谓懂音乐，就是我说出一句来，你要产生五句以上的联想。比如我说出 Funky 节奏，你不但要知道这个词，而且要听过这种音乐。我发现，当我谈论西方东西的时候，很容易得罪中国的国粹文人，比较保守、反对西方先进思想的文人。我心里也不是完全想说这个词，只是我说的东西你不知道，就会很自然地产生冲突。我经常在饭桌上与一些人争吵，就是因为这个，非常枝节的东西变成针锋相对的，最后发现互相争吵的东西并不是我们所想坚持的。

周：我们的领域的确很不同，我是搞哲学的，对于音乐是外行，你是搞音乐的，大约很少读哲学书。不过，我还是想看一看，这两个领域能不能沟通。其实，哲学也不完全是文字的东西，更重要的是内心的感悟。而你呢，事实上对于文字的感觉也非常好，我一直觉得你的歌词是一个奇迹，用字那么准确有力，直入本质。当然，可以看出来，你的文字是直接从音乐来的，不是盯在文字本身上下功夫。

崔：实际上是音乐，特别简单。谈音乐是很困难的一件事，音乐确实不是谈论的，你要是真要谈论起来的话，再多的语言也不如真正去听。

周：我注意到你和别的歌手很不同的一点，就是你极少在媒体上露面。我相信，原因不完全在某种外部的限制，而更是你自己的一种选择。

崔：我不想成为一个偶像型的歌手。作为一名艺术家，我希望人们首先是关注我的创作。其实，真想要了解我，也只有去听我的歌，我要说的话都在歌里。

周：的确是这样。我觉得这对从事任何一种精神创造的人都是适用的，你真正有实力，你就必定会宁愿用作品来说话，不屑于在作品之外说三道四。但是有时候，从事不同方式的创造的人互相之间做一点交流，也可能会有收获。从我来说，我是更想听你说，因为从我看到的不多的文字材料中，我感觉到你的想法和表达都很有穿透力。

崔：我觉得我们共同关心的可能是，在我做音乐娱乐之后，唯一残留一点严肃性，可能我多一些，别人少一些，你们更多一些，造成的一种气氛。这种东西我有很强烈的心理障碍，就是我们有没有资格去谈论这些严肃的问题，已经谈出来了，又以什么样的眼光去看待，是挑毛病呢，还是真正去想？按社会地位、文学水平、知识水平来说，我没法跟你们比，或者说没法跟很多人去比。甚至我都没上过大学，连高中都不是一个很好的学生。是不是我们就没有权利去讨论这些问题了呢？有很多人批评我，觉得我们做音乐的人不应该太严肃，我们是玩世族，这些严肃问题不应该是我们谈的。讨论政治的人应该是什么什么样子的，讨论社会关心社会的人必须是正经的人，不认为年轻人有以自己方式关心这种问题的权利，也不给他们机会，好像只能有一种方式去关心，就变成这么一个状态。最后比谁有学问，谁看的东西多，谁就是上帝，上帝来了，五体投地。后来我发现，也许这就是我在情绪里带出来的批判，我们怎么样去扩大矛盾，让矛盾激化。可能没有那么大的矛盾，但我越来越发现实际上这个矛盾是很大的。

周：我自己特别愿意听像你这样的艺术家谈，不喜欢听学者和文人谈，我觉得自己从两者所受的教益是不可比较的。我还特别愿意替你做一点记录和传达的工作，我真的觉得，你的许多想法不写下来，不让更多的人知道，就太可惜了。

　　崔：也许在我的生命当中，在目前情况下，文字是一种使用最多的符号，因为我使用音乐的机会太少了，如果多的话我不会这样。有更多的使用音乐的机会，有更多的硬件条件，有更多的演出，譬如说每年有上五十场演出，生活状态肯定会比现在好。甚至我会变成一个完全不一样的人，因为没有时间思考了，没有现在这样的压力了，那个时候的我也许更是我。我就是那样的，我更在乎我的爱情和生活，更在乎孩子，未必是错误的事。假如我经常有演出，我还有很多时间看别人的演出，别人都有机会，也有很多好的演出，那时候音乐气氛才真正是起来了，作为音乐家真正的一种状态就出现了。我觉得对你们文人也会有很大的影响，那时候你会看到意想不到的变化。

周：对，艺术家能够尽兴搞艺术，那才是一种正常的状态。不过，一个人爱不爱想问题，也许是天生的，倒不一定都是被环境逼出来的，只是那时候你想的该是另外一些问题了。

谈早年的音乐经历

小时候特幸福

周：你小时候一直住在军队大院吗？

崔：对，生在军队小院，长在军队大院。我爸那时是空军军乐队的，现在那地方在三里屯、工体那一带。

周：你最早的记忆能回忆到什么时候？我能记起四岁的事，往前就记不清了。

崔：我也是。

周：我记得小时候上幼儿园，四岁时考试，如果考好了，就能上小学。老师和我妈妈都站在我旁边，我拿起笔在考卷上面乱涂，涂满了就交给老师了，结果留级了，幼儿园多上了一年，所以五岁才上小学。那时候上学没有年龄限制。我自以为这个记忆很清晰，当然也可能是很早的时候听父母说过这件事，我误以为是自己的记忆了。这已经无法判断了。

崔：这有可能。我记得四岁时在幼儿园，当时觉得是住在一个特大的房子里，就像我们现在觉得住着一百个人的大房子里，但实际上没有，也就二十多个小朋友住在一起。

还记得有个同学叫马超，为什么记得，是因为后来看《三国演义》里面有个叫马超的。当时进的是空军幼儿园，就是蓝天幼儿园，当时叫空直（空军直属）幼儿园。

周：你小时候有没有受过欺负，或者欺负别人？

　　崔：有，但后来觉得都不值一提。

周：你霸道吗？

　　崔：有的人说我霸道，有的人说我不霸道。都是相对而言，主要是看是在什么情况下。但我基本上不说粗话。我小学时候主要跟大孩子玩儿，可能跟小孩子玩儿时他们自然就要听我的。

周：你小时候野不野？

　　崔：院儿里的小孩野能野到哪儿去？也打架，打群架。打完架不跟家里说。

周：你是全托还是日托？

　　崔：全托。小时候有一次自己坐公共汽车还倒车呢，把父母吓坏了，以为我丢了。大概是在三到五岁之间。每星期一早晨有班车，从幸福三村到灯市口，那时候就属于特远了，幸福三村属于郊区。我从家出来后，没上班车。班车去幼儿园了，发现我没去，往家打电话问，你孩子怎么没送来呀。我爸说看见上车了。以后又打电话说，没关系，他自己来了。手里还拿根冰棍，可能是跟谁要了一根就吃着来了，中间还倒过一次车，过了一次马路。

周：你是自己没赶上班车呢，还是就没想坐？

　　崔：不知道，什么都不记得了。没准儿别人带我去的。还有我的血管特细，有一次出麻疹，都晕了，烧到43度，差

　　　　　　　　　　　　　　　　　　　　　自由风格

点儿死了。当时我爸吹号独奏，那天就没去。当时在空军总院，想输液，血管找了一个多小时都没找到，没拍起来，拍不着。我爸都急哭了。后来终于侥幸找到了血管，要不然一岁多就死了。

周：我小时候血管也特细，抽血一般要扎好几次才找到，我妈在旁边不敢看，我忍住不哭，护士夸我勇敢，我心里很自豪。

崔：还有小时候觉得特幸福。生在新中国，长在红旗下，特高兴。老觉得全世界的人都在受苦，自己没挨过饿，没吃过食堂。

周：你现在想起来还觉得小时候特幸福？

崔：现在想起来还觉得特幸福，就是阳光灿烂的日子。一点儿都不夸张，玩儿，不光是觉得外国的小孩没我们幸福，农村的小孩也没我们幸福。我们都是院儿里的，我爸是军人，我妈是"中央"的，中央歌舞团嘛。

周：你在学校里成绩好不好？

崔：小时候好多个双百。那时候学习成绩特别好，老师特别喜欢我。

周：是班干部吗？

崔：好像就当过那么几天。

周：是当什么？

崔：好像是副班长吧。后来还当过课代表。

周：什么课代表？

崔：语文课代表。

周：在小学还是中学？

崔：小学，中学时什么都不是。

周：小时候是不是对语文有兴趣？

崔：我也不知道，我就是喜欢练字。现在我爸也还说我的字好看。我刚学吹号的时候，我爸去开家长会，语文老师跟我爸说，别让我练号，应该在文学上发展。

周：你作文写得好？

崔：也不是很好，我自己看不出，文字有错别字，大概是结构好。

周：你爸爸对你的影响大吗？

崔：我爸从来没有压制过我。我妈也没有。在我待业的时候他还老让我别着急。

周：很多男孩一长大，第一个要反叛的人就是他父亲。你有没有这样？

崔：特别小的时候有过。

周：我看到过一个说法，说在你小时候，你头发长了，你父亲让你去理发，你总不爱去，后来说你说多了，你干脆去剃了个秃瓢回来了，表示抗议他老说。

崔：没那么严重，夸大了。是剃了秃瓢，但不是因为这个原因。他们说我头发长，这是家常便饭。说多了才剃，但主要不是因为这个。

周：还有一件事，说老式录音机刚上市那会儿，你特想买一台，就向你妈妈借钱，向她保证以后一定还她。

崔：有这回事，向她借了四百多元，后来还真还她了。小时候还爱看小人书，收集了很多，当时都是"毒草"。

周：自己买？

崔：也有买的，当时有很多旧书，还跟别人换。看了一遍又一遍，《三国演义》《水浒传》《说岳全传》《杨家将》，等等。

周：看《红楼梦》吗？

崔：看不下去。

周：你中学时自己写什么东西吗？

崔：写三句半。但表演时我说第二句，说最后一句的那人是特逗的一个人，我不是。

周：这和你现在的说唱倒好像有一种连贯性。

从小的梦想是把号吹好

周：你走上音乐这条路，是受了你家庭的影响吧？

崔：是吧，我爸爸是空政文工团的，我妈妈是中央歌舞团的。中学老师不是告诉我爸，别让我搞音乐，让我搞文科吗，后来我爸说，我们家没有学文的，只有玩乐器、跳舞的。他给我一个选择，说你要是不想上山下乡，就也玩乐器吧。去农村真是一件特痛苦的事，所以我就吹号了。

周：我看介绍上说你是十四岁开始学号的。你练号是因为你爸爸是吹号的，还是你自己从小就喜欢？

崔：我也想过别的乐器，比如手风琴，双簧管，但我感觉特别吃力，学那个东西感觉是在学，不是玩儿。吹号真是觉得音乐好玩儿。最高兴的就是跟我爸吹二重奏，小号二重奏，名字是《森林猎人》，吹的时候真的觉得那音乐太好了，太高兴了，我记得去走廊里拿谱子的时候，欢蹦乱跳的，蹦高儿。那大概是十四五岁的时候。第一次吹出音乐的时候，觉得真是太美了。现在都没有那么高兴了。

周：那你练号感觉是在玩儿？

　　崔：当然练得也很苦，但同时又感觉是在玩儿，特别高兴。

周：你自己学？

　　崔：跟我爸爸学的。我爸爸是教得比较松散的那种，他就是告诉我哪个音儿，也不教我什么方法。

周：那时候没想到这一生就跟音乐分不开了？

　　崔：也想到过。那时候就觉得号吹得好的人是我的偶像，谁的号吹得好，我就崇拜谁，就想成为他那样。

周：那你崇拜你爸爸吗？

　　崔：小时候就这样，我觉得我爸爸吹得好。

周：钢琴你很早就学了吧？

　　崔：我没学过钢琴。到了歌舞团以后，学和声的时候才摸过一段钢琴，我到现在钢琴也弹不好，那时学一点钢琴是做和声习题用的。

周：你十四岁应该是 1975 年。1977 年大学恢复招生后，你没考虑过要重新上大学什么的？

　　崔：我考过音乐学院，当时记得特别清楚，没考上。

周：这很有趣，中国的摇滚之王当年考音乐学院没有考上。

　　崔：现在让我去考，一样考不上。

周：后来你没有再考？

　　崔：没有，我后来等于就没有读书。

周：那你做什么呢？

　　崔：就是练号，吹号。

周：没有找份工作？

　　崔：到处找工作。哪个团缺小号什么的，我就去。有时是朋友介绍。我爸爸关系也多，特别是在部队里。我先后在空政、工程兵帮过忙，最后是北京歌舞团。

周：没有想到干别的，譬如当工人？

崔：没有。那时候觉得做音乐是最幸福的一件事，是一种享受，做所有别的事情都是干活，感到是在吃苦。上学时学过工，是一种什么感觉，就是音乐没有了，才会去找一个这样的工作。这是第二选择了。

周：搞音乐练习过程也是特别苦的，但是你喜欢，你那时的喜欢已经特明确了。

崔：我差一点去园林局当服务员，刚要去的时候，就找到了北京歌舞团的工作。现在想想，我的运气真不错。我爸爸跟歌舞团的朋友关系都很好，一旦缺一个小号，他们首先想到的就是我。

周：进北京歌舞团是二十一岁吧？

崔：对。在进歌舞团以前我吹号，吹古典音乐，最大的压力是觉得我的方法有问题，我老想要去改方法，在改的过程中较了很多劲。后来我才发现，每个人吹号的方法实际上一开始就固定好了，不用再改了。看了很多成功的演奏家，他们有的成功地改过方法，所以我一直想达到。后来我一拿起号就感觉到负担特别大，直到我开始玩爵士乐时，我才觉得我的方法根本就不是一个压力。方法是自然的，爱什么样就什么样。当时觉得古典音乐像写字，就得这么写，拿起笔，腰就要挺直。

周：你小时候崇拜小号吹得好的人，当时中国有没有你崇拜的？

崔：有哇，当时我们就叫他陈老师，陈嘉敏，他吹得特别好，听他吹号真是一种享受，声音、技术都好。他还跟在纽约爱乐乐团待过一年呢，现在在新加坡，他可能就是一种国际的水平。我当时想，我这辈子能吹成他那样就行了。

周：现在还那样想吗？

崔：我从来也没改变过这个想法，但也从来没有认真想过这个问题。现在想一想，要真能吹成他那样子，也挺过瘾的，也挺有感觉的。

周：但你现在好像不会再想做一个小号演奏家了吧。

崔：我还是挺喜欢这种乐器的，觉得把号吹好也是人生的一个顶级的享受，就是吹得特别好，能独奏，以吹号为职业。

周：实际已经不可能了吧？

崔：现在不可能了。这可能在我脑子里压的时间太长了，整个青少年时期都带着这个憧憬，这个梦。越是这样想，压力越大。现在不一样，现在看到很多演奏家的生活状况，就感觉自己不想像他们那样生活。这是一个很重要的原因，就是他们那样的生活不是我的最佳选择。

周：你是指他们的生活方式吗？

崔：我没有细想过。当看到他们，与他们说话的时候，产生不了小时候的那种想象。

周：他们那种生活是不是比较窄？

崔：说句心里话，能一辈子练乐器，搞一种乐器，是一件特别幸福的事儿，而且你的确可以发现你自己的价值。

周：如果让你在你现在的摇滚成就和顶级的小号演奏家之间只能选一样，你选哪一样？

崔：现在让我选吗？

周：肯定还是选摇滚吧！

崔：我的年龄比较适合，因为它有创造。但是说实话，如果是玩爵士乐的话，我还是想吹小号好。古典音乐就算了。现在我看 Wynton Marsalis，听了 Miles Davis，这些都是我心目中最高的音乐。如果能成为他们那个样子，那我就幸福了。童年的向往你永远都忘不了。也许和我童年时自身的一种压抑有关，别人觉得你吹得不好，觉得你笨，没有才华，你内心特别不服气，同时你又知道你没办法。所以我就想较这个劲。当时好多次摔过号，我想吹好可是吹不好，高音上不去，声音不够响，而且气息短，特别累。当时就非常想提高这个业务水平，但就是提高不了。找原因，换老师什么的，都试过，还是认为自己不如别人。可能别人没有明显地表现出来。从小最大的压力就是我的水平不高，一见到好的东西就觉得那太遥远了。终生都有这种感觉，就是我一拿起号的时候，便想如果我现在苦练，让我过去的朋友听听，我现在是一个非常好的小号演奏家的话，会有特别深的满足感。

最大的压力来自自身

周：你说你小时候特幸福，据我的经验，人一到青春期就不一样了，生理上心理上都会发生问题，会充满紧张。你那时候怎么样？

崔：青春期一到，我感觉特别不好，我特别不喜欢我的青春期。压力太大了。不知道做什么好，最大的就是工作的压力。不成功的时候，觉得自己不行，而且不喜欢学习，看别人比自己好，别人比自己壮，也觉得压力特大。看别人有姐姐，我没有，也有压力。各种压力都有。到了会表达的时候，压力就好一点。

周：我在青春期也自卑，倒不是在工作上，我在中学里学习不费劲。是在别的方面，我那时候比较弱小，性格又内向，就羡慕那些强壮活泼的同学，甚至还被他们欺负。后来我发现，有一段自卑的经历也好，这样能让一个人更往深处发展，你会琢磨很多事儿，没压力可能就不会去琢磨。可能你爱想问题就和这有关系。

崔：青春期都会有压力，青春期的这种压力太残酷了。而且童年和青春期的那种力量是非常露骨的。比如我们那时候歧视残疾人，现在想起来觉得我们那时候真坏，学残疾的孩子走路，学豁嘴说话，类似这种东西。别的孩子也欺负我们，比如说我太瘦了，大孩子欺负我。还有玩游戏输了，都让我背负过于沉重的压力。

周：**青春期的孩子好胜心特别强，就怕自己被别人压了。**

崔：青春期的反差大，相对来说，小时候过得高兴些。上中学以后就不一样了，特别是做音乐以后。做音乐实际上是一个非常吃苦的过程，对个人来说是非常孤独的，个人要克服很多东西，你在训练自己的时候就是这么一个过程。真正做一个职业音乐人，每天都要练琴，至少练两个小时以上，甚至六个小时、八个小时，状态马上不一样。我经历过这种状态，所以特别能理解这种人。

周：**你那时候是练号吧？**

崔：对。我那个时候不是一个科班出身的那种学习方法，我是自学的，我的意思是说音乐的过程是自身给自身的压力，实际上是一个非常苦的过程，就是你通过练琴可以发现自己很多的问题，你不可能去跟别人说，去跟别人交流。每天都要经历这个过程，练琴，手指头，非常非常小的问题，吃了很多很多的苦，跟自己较劲。练琴没有捷径可走，会有人耍聪明，但只是相对而言，实际上是一个很苦的过程。后来我经常回想起来，当时的这个训练对自己一生都有影响，现在我坐下来听每一个音，每一个细小的变化，拿鼠标来修改每一个音符，都跟那个时候有关系。现在我们看谱子，那个时候的区别就是一个音符一个音符记下来，回来去听磁带，听十遍才能听出那个音来，才能记下谱子来，然后再去演奏。

周：这是你进北京歌舞团之前吧？

崔：就是那段时间。你学作曲也一样，做题，听和声，每一组音平行四度、五度，不允许你自己发现不到，你听都听不出来，就根本做不好。完了逐渐发现理论完善和听觉之间的这种关系，这个过程西方人真的有。中国的传统音乐有一定内容，会加上一些文字的渲染，比如"高山流水"，但是你仔细听音乐，变化并不大，只是气的变化，力的变化，技巧上的变化。可是你去看西方的音乐，特别复杂，真是一种学问。从这方面说，我们小时候觉得压力特别大，因为我们从来不看比自己差的人，跟一个好的音乐家一比的话，就觉得自己没有才华，甚至觉得自己什么也不是，有一种自卑心理。做音乐不是一种你积累很多知识的过程，而是你每天都在征途上，你每天都得往前走，你每天都是一个开始。并不是说你懂了很多东西，你可以去告诉别人，没有这种可能。这是一种说不清道不明的东西，但一旦找到以后你就特别高兴。这更多的是在古典音乐中，但爵士音乐也是这样，真正掉进爵士音乐的感觉里以后，每一个音符，每一个和声，每一个句子，你怎样去练习，每天也要练几个小时，完了怎么样在一个有限的空间即兴地创作，自由地创作，这就是爵士乐。听别人吹得那么好，看别人玩得这么高级，自己跟别人一比就有压力。跟别人合作的话，别人看你玩得不好，你的水平不够，适应不了这种复合节奏，就不愿意跟你玩，你就会特别压抑。今天那人水平比我高，演出完了就不睡觉，开始练，练得差不多了，自己觉得行了，然后才睡觉，第二天又去找人吹，结果吹得还是不行。音乐就像一个世界一样，一浪接一浪。

周：可能区别就在这里。如果只是外界给你压力，只是父母和老师给你压力，许多孩子可能就会发生抵触，最后不愿意学下去了。你的压力是来自你自己，你真正喜欢，同时又非常好强，这种压力就会成为很大的动力。

崔：后来我发现这种压抑是非常自然的压抑，因为就是自身给你的，我那时候没有老师给我的压力，就是我自身的压力。我喜欢听的、我想象中的东西表现不出来，另一种世界里、音乐的空间里有太多的好东西，你眼高手低，你看到那么多好东西，那些大师在那里，而且那么些比你好的小孩也在那里，那样一种压抑。就是同学之间也有竞争，你的业务差，别人就欺负你，就这么简单的压抑，你就会孤独。别人不跟你谈论正经事，别人跟你开玩笑可以，一说严肃的问题，就不愿意跟你谈，因为你不如我，这是非常残酷的事。音乐非常残酷，而且那么大的孩子是最残酷的，那么对你开玩笑，就像我们小时候开残疾人的玩笑，学残疾人走路。就现在还有很多大人还学这种东西，所以现在我看到这些就感觉不好意思，但谁也没想过，如果你的孩子是这样，你会多么痛苦。就类似这样的东西，自己想想你居然能对一个弱智的人、一个豁子学他的说话，那种残酷心态在音乐里是一样的。当然，像这样的压抑不是说就是痛苦，没有那么大痛苦，你会觉得这在任何地方都是非常自然的，因为这所谓的压力、紧迫感是你自身的。于是你就玩命地练习，倾其所有，一旦你能独奏的时候，你站在台上，别人为你鼓掌，那心里高兴啊。当时我们周围三个学校都有乐队，完了互相比赛。我们小时候受的音乐训练全都是革命歌曲，但是在我们脑子里它们不是革命歌曲，我们觉得歌词那些都不重要，听的不是那个，而是音符，就是我们自己觉得它是音乐这就够了。

音乐给了我一个结构

周：对于一个创造者来说，早年经历在一生的精神活动中往往会起很重要的作用。我自己回忆，我后来那种比较关注人生问题的哲学方向其实在十几岁的时候就有了开端，那时候就已经自觉不自觉地经常想这类问题，被它们吸引和纠缠。以后不搞哲学则罢，如果搞哲学，我的思路就必定会渐渐汇集到这类问题上面。你从小生活在音乐的环境中，很早就开始玩音乐，你觉得你的早年经历对于你后来的发展有什么影响？

崔：我可能从来没有深挖过这种感觉，不过我终于找到了一种解释，一种描述的方式，就是音乐给了我一个大架子。我发现实际生活并不是创造的源泉，也许每个人都有自己的方式，反正我是这样。小时候我就已经把自己的结构像楼房一样搭上了，后来的工作只是不断地装饰，就像生命先有了一个大架子，而后来你去放什么东西，怎么样去装饰，这东西是有变化的，每个时间都会有变化的，我觉得音乐就是我搭这个大体的架子的第一个工作。

周：你这个说法很好，有点像心理学里说的格式塔。的确有一种精神的结构，这个结构往往在早年就形成了，后来基本上是不会变的。

崔：对，创造源泉绝对不是后来社会上发生了什么事，我觉得不是这样，是早就有了，我只是在填补这个空。填这空的时候要有一定的说法，这个说法刚好被我看到，是这么一个过程。所以我觉得我下边要写的东西我还是在写，但架子早就有。我创造的动机绝对不是来源于周围正在发生的事，这事已经发生完了，做音乐的结构已经发生完了，我只是在填点什么东西，当时看到的，平行的，发展的，我想是这样的。当然，人总是在变化的，人的感情是非常软性的东西，只有看到什么东西时你才知道它是什么东西。我觉得一成不变的那种英雄模式太过时了。人都是投机分子，但是有一种投机是有原则的投机。人都在变化，人的这种宽容是人的进步，你不喜欢这种式样，但你真正要宽容人的时候，你发现你自己有很多的东西可以写，可以描述。

周：有没有一个内在的精神结构，是完全不一样的。有了这个东西，你到社会上去，经历着各种事情，那时候你都会有你自己的视角，自己的理解问题的方式，你的心灵是一个活的机体，能够不断地把外界的东西变成营养吸收到自身中来。如果没有这个东西，一个人经历外界的事情再多，那些事情也始终是外界的事情，不会化做自己的精神财富。我觉得，看一个人有没有创造者的素质，基本上就看他有没有这样一个内在的精神结构。正因为有了这个结构，每一个真正的创造者，不论从事的是哲学、文学还是艺术，他的创作必定具有内在的一贯性，他的所有作品是一个整体。在一定意义上可以说，每一个伟大的哲学家一辈子只在思考一个问题，每一个伟大的艺术家一辈子只在创作一部作品。不过我想，这种结构形成的机缘是综合的，就你来说，当然更多地来自音乐。

崔：我对音乐的要求，对音乐结构的了解，实际上对文字有特别大的影响。这种东西是不可言传的，只有在你做过这种训练以后，它才给你打开了一种空间，等待着你运用文字去组织它。音乐把我的张力都打开了，当时我说不出来，很害羞，说话结巴什么的，但它把你的空间像帐篷一样支起来了，一旦你有机会接触文字或社会的时候，它全都对号入座。

周：能力都不一样了。

崔：这种结构能力，特别是古典音乐给你的，对人很有好处。这好像也能体现在儿童教育上，据说做过一次测试，就是对一批五岁半到七岁的孩子，一个班上古典音乐课，一个班没有上，后来就发现受过音乐训练的孩子各方面的能力如语言能力、记忆、表达和判断能力都不一样了。所以我想，也许我和现在搞摇滚乐的这批人，就在我们训练音乐的过程中，实际上也在训练一种整体的思维方式和生活方式。

周：还有感觉方式。

崔：对，就像一种嗅觉一样。接触一个人，有没有这种东西，一下子就会感觉出来。

谈对音乐的理解

音乐是高级的娱乐形式

周：你谈到了从小做音乐练习的压力和刻苦，你感觉到这种来自自身的压力，能够这样刻苦，当然都是因为你太喜欢音乐。你为什么这么喜欢音乐呢？

崔：也许我有运气，从小生活在那种音乐的环境中。特小的时候，我听军乐，听到这个声部那个声部一交错，那时候就觉得这个音乐真是太丰富了。我记得第一次听施特劳斯的舞曲时，我浑身激动，就觉得怎么会有这么好听的音乐，觉得这耳朵长得真是幸福。这种感觉也许就像你们看一篇好小说一样，特别精彩的小说，爱不释手，觉得不吃饭也要看，看完以后再吃。我小的时候常常听施特劳斯的东西，真是特别好听，但现在不算是很流行的音乐，当时也不是，到现在我还想找来听。我也记得我扒的第一盘带子，扒的第一首歌，我自己去演奏的时候，那种快感。

周：听音乐和做音乐的这种快感是心灵上的，还是身体上的，或者两者兼而有之？

崔：小时候我看见我爸爸的一个学生，也不是学生，是我爸爸单位里的一个年轻人，一听到好音乐就躺到床上，就开始倒立，脚开始蹬，喊："太好听了！"当时我不太能理解他这个样子，一听好的音乐的那种反应。实际上那就是一种开发，这种开发不是你崇拜别人，当然也有崇拜，但主要是你身体的细胞被打开了的那种冲动。我现在听音乐的时候，就是 Drum'n Bass、Hip Hop、Freestyle，还有 Rolling Stones，不断有这种感觉，真是舒服，就像按摩一样，像一次终生难忘的做爱高潮。我觉得看书也一样，我记得我小时候看《牛虻》就有过这样的高潮，爱不释手，我喜欢当牛虻，脸上有块疤什么的都觉得酷，就那种感觉。

周：这就是说，身体和心灵是融合在一起的，是分不开的。可能在音乐中，当然还有在舞蹈中，身体和心灵、本能和文化的融合最为直接。也许正因为这样，音乐一方面像你常常说的那样，是一种高级的娱乐形式，另一方面这种娱乐形式又能发生一种非常严肃的作用。

崔：所以他们说我有双重个性。梁和平也是最明显的双重个性，高兴的时候特别高兴，像小孩一样，严肃的时候比谁都严肃。我认为其实这是很自然的现象。有很多人把摇滚音乐当作做学问，真是大错特错了。实际上我想扩大谈这个做音乐的人真正是什么样的感觉，就是一种非常快乐的感觉，在某种程度上就是一种娱乐，但是这种娱乐是有创造性的娱乐，不是那种被动的创造，是一种主动的创造。

周：音乐在你心目中占据最重要的地位。不过，你如此看重的音乐好像不是指一个艺术种类，譬如说不包括某些古典音乐。我的印象是，你非常强调音乐的原始性、本能性、直接性，把音乐看作一种直接发自身体，又直接刺激于身体的力量。这里包含着对音乐的本质，至少是对音乐的标准的一种理解。古典音乐已经远离直接性，有太多的理性和技巧，有太多的来自文字的解释。有人讽刺说，严肃音乐是一些大学教授为另一些大学教授制作的东西。我想知道，你最欣赏的音乐是什么样的。

崔：如果你是指在听音乐时的这种角度来自什么样的土壤，我就觉得我完全国际化了，而且是随大流的，挺年轻的大流，并不是通俗的大流，不是主流，而且年轻人基本上都听这种。实际上我的音乐品位是二十岁左右喜欢听的那种，我也听一些我自己特别想听的那些老的音乐，觉得这是我的年龄段的，而在听新音乐的时候就不断地想，谁的新音乐好听，听到好的觉得太棒了，就会受影响，像 Drum'n Bass 都是非常流行的新音乐，并不是主流的，但又是很成功的。

周：你所说的主流是指什么样的？

崔：像麦当娜，麦克·杰克逊。我喜欢的不是那样的，而是像也很知名的化学兄弟，像 Beastie Boys，也是很成功的，但都是很年轻的，中国人大部分不知道，也许知道名字但没听过，或者听一点就过去了，没记住。

周：古典的交响乐你听不听？

崔：古典音乐我听的是作品，我一般不会去听演奏。

周：有没有你喜欢听的古典作品？

崔：有，喜欢听马勒的，斯特拉文斯基的。当然，斯特拉文斯基的风格拉得太开了，他早期是新古典，我特别喜欢他的《春之祭》《火鸟》。我特别喜欢听他的那个《春之祭》，荷兰交响乐团在人民大会堂演出的时候，我看了，对我的那种震撼不亚于摇滚乐。

周：《春之祭》的音乐也具有一种原始的力量。音乐给人的震撼是不是就在于这种原始的力量，这种直接作用于人的生命本能的力量？

崔：音乐一旦震撼你的时候，你说不出来，你激动，你真的开始热爱生命。我想，音乐就像吃饭一样，是一种本能的东西。你到西方国家看看就知道了，好的音乐一出现，人与人之间的距离就拉近了。这种关系在中国没有体会到，中国可能只在好的文字面前才感受到人与人之间的温暖。我在丹麦参加艺术节，整整四天喝得晕乎乎的，在草地上晃来晃去。七个舞台，赤橙黄绿青蓝紫，晚上十点钟，天边的火烧云像布景，到处都是音乐，都是年轻人，这种景象难以描绘。当时我首先感到幸福，感谢我活着，感谢我能来，马上跟着就是伤感：这不是我的，不是我们的，不可能和亲朋好友分享。

周：有一种理论认为，音乐是世界本原的直接表达，在音乐中，每个人都不再是一个个体，而是都回到了世界本原之中，恢复了原始的统一。好的音乐的确能使人最大限度地沟通。

崔：音乐是本能冲动，给你调整起来，你会觉得什么都不怕，而且会觉得无拘无束，觉得生活就是这样，就是高兴，但又不是浑，又不是不尊重别人。因为音乐除了声音大了会吵你，什么都是和平的，什么东西都是可选择可不选择的，什么东西都是非常非常友善，哪怕是骂人，哪怕用最难听的话骂你，因为你不听就可以关闭，没有任何暴力。所以，一个美国 Hip Hop 专辑的封面画一把大枪，送给孩子，给你，为了你的权利，好像在鼓励暴力，但实际意思是你有枪人家才尊重你，是因为那样才产生的暴力心态，并不是真要你去杀一个无辜的人。后来他们又推出一种方式，就是拿磁带换枪，和唱片公司合作，给你磁带，你把枪交出来，反暴力的一种方式。他们实际上是一种和平的心态，让你把暴力的欲望表现到极致，让你释放这种感觉，你还真想杀人吗？就像那个《天生杀人狂》电影一样，我真让你去看杀人是什么样子，你还真想杀人吗，这就是一种和平的态度。还有乔治·可林顿乐队，他们在舞台上互相骂，我骂你是狗娘养的，你也骂我是狗娘养的，还骂观众是狗娘养的，最后我们大家都是狗娘养的，谁也别骂谁。过程中是很暴力的，其实这种音乐是内心里很多想正面发生冲突的力的一个载体。听音乐的时候，你会有一种激情感，也许就可能找出一个特别暴力的话题去说，听完后根本就不会有暴力了。但我也听说过特别可怕的音乐，真是暴力音乐，那就是三 K 党的音乐，还有一些极右派音乐，反对少数民族的，反对移民的。我发现只有这种音乐是丑恶的，真正变成了政治音乐就是丑恶的。

周：比如"文革"时候的造反歌。

崔：都是丑恶的。除此之外基本上音乐都是美好的、善良的，甚至在某种程度上那种音乐只要它是真挚的，反对屠杀性的暴力，真正动枪的暴力，我觉得都应该被接受，最起码都应该能够听。但是太恐怖的，鼓励恐怖分子去杀人的，那是丑陋的。

周：那已经不是音乐了。

崔：对，严格来讲那不是音乐。

崔：我从小生活在音乐环境里面，我父亲，还有我父亲的
朋友，他们都是搞音乐的，他们的语言方式，他们的幽默
方式，我现在想起来才明白：哦，那都是玩音乐的。我曾
经以为所有的人都是这样交谈，大人都是这样交流，真正
到我自己顺路走的时候，当我成功以后，有些人成了好朋
友，但不是从事音乐的，真的不一样，从生活方式到对音
乐的要求真的不一样。就连现在做摇滚乐的小孩也不一样，
因为他们小时候没有这个环境，他们的父母不是玩音乐的。
后来我就想这件事，我是特殊的一个，也是我的运气，我
正好生活在这种环境里，我朋友的父母都是文艺界的，甚
至都是玩音乐的。像刘元原来是个唢呐演奏者。

周：刘元的父亲也是搞音乐的？

崔：刘元的父亲是中国很有声望的唢呐演奏家，他在那个
圈里长大，中央歌舞团。北京很多朋友主要是来自煤矿文
工团和中央歌舞团的家属。像我的乐队里面，除了艾迪

（他是马达加斯加人）以外，所有人都是文艺团体的。这肯定不是谈论音乐的权威的或是类似权威的这么一个基础，实际上这完全可以推翻的，但是分析一个现象，我想如有可能的话，应该把这种东西扩大到更多的人，那样对音乐的理解就会有一定的变化。事实上，像我们这些人，在这样的团体里生活长大的孩子，是非常非常少的，在北京可能有上百个、二百个团体吧，在外地最多大城市有一二十个，甚至更少，实际上就是这种气氛。而同时各个学校又没有这种音乐的教育，没有对音乐重视的那种气氛。在中国，大家对艺术都有一种心态，就是从农村里出来，窑洞里飞出个土凤凰，都抱着这种心态去上学。所以，他们对音乐的理解和态度，在某种程度上就有很大的非自然成分。

周：对，很大的功利性，是为了找个出路。

崔：现在学校里没有乐队，学生觉得没有成绩是最大耻辱，让现在的中学生为音乐花那么些课外时间，这是不可能的，怎么能靠音乐来提高升学率呢？我觉得我们那时候挺有意思的。

周：你们那时候没有升学的问题。

崔：实际上我说的这些东西，很多人会觉得跟他们都有关系的，而不搞音乐的人和他们的距离非常大，不可能去理解这些。如果你小的时候没有这种环境，你就不可能自己想象出来这种东西，这是不可能的，你只有听到了才会知道有这种东西，音乐就是这样。在中国确实这方面的教育太差了，我强调这个比较的时候，也许有过激的语言，我想的是怎么样去改变。

周：在西方大街上经常有这样的人，几个人在那里一站，开始演奏乐器，或者唱歌。当然有的是卖艺，为了谋生，但许多人对你给不给钱真的无所谓，他们是学生或者是有职业的，业余这么玩一玩，就是喜欢音乐，就是高兴，没有别的目的。欧洲给人的深刻印象之一的确是音乐气氛浓厚，业余玩音乐的人比比皆是。各种大大小小的节日，不管是宗教性质的还是政治性质的，都变成了某种音乐节，用音乐来庆祝是通例。人们普遍地觉得音乐、艺术是日常生活离不了的，是必需品而不只是奢侈品。从小生活在这样的环境里，音乐教育就成了自然而然的事。

崔：对音乐恐怕就像对数理化一样，你如果是一个自然人的话，你真不会在乎它是不是西方的，它就是一种语言。音乐也是这样的，我们中国人不接受这种音乐教育，实际上是一种自我阉割。拒绝西方的音乐教育，就像你拒绝数理化一样，数理化全是西方的，连字母也是西方的，你干嘛要拒绝它。

周：这不是孤立的，可能和总的经济水平、文化水平有关吧。

崔：关键是对于玩音乐的人，总觉得你是卖艺的，是地位低下的，甚至于对表演艺术家也这样，像巩俐要上北大，呵，吵得沸沸扬扬的，人家想学点东西也不让。如果有表演系，巩俐去当主任都行，带研究生都可以，何况上学。所以这艺术从来就是让人看不起，看不起从事艺术的人，看不起对你身心有特别重要意义的这么一个行业，不相信能够在玩中找到一种严肃的创造，不相信人需要这个，只相信好好地学习，拼命地学习。完了他们就变成了一个不可靠的人，他们拼命读书就是为了要出国，嘴上说得好听，上街游行都是义愤填膺，真正要他们为国家做点事的时候，真正让他们在困难的环境下去创造的时候，他们一个个都特别弱，他们受不了这个苦，觉得这地方不温暖，没有机会挣钱，没有好的条件。没有人觉得他们的生活环境是有希望的，没有人有这种自信。其实，真正能给人这种自信的是艺术。你仔细想想，真正创造出来的艺术，是在对自己生命做严肃的思考，所以是可靠的。我曾经说过，如果你觉得生活中什么东西不可靠，希望你排除一个东西，那就是音乐，音乐永远不会欺骗你。当然，大环境确实是一个问题，比如从农村上来的学生，从小吃苦，就发奋学习，要靠成绩好来改变命运。大环境确实不是我们着急就能改变的，但我觉得我们可以在任何情况下呼吁人们，什么叫创造，就是在你没有办法的情况下有办法了，这就是创造。

周：你当然可以向个别人呼吁，但整个社会你是很难靠呼吁来改变的。譬如说，如果大多数人还必须为生存操心和操劳，你怎么可能通过呼吁使他们相信甚至真正感觉到音乐是必需品呢？还有，中国人不把音乐本身的快乐看做目的，也和中国文化历来重实用的传统有关。现在许多父母倒是很重视让孩子从小就学琴，上各种各样的班，但基本上是出于实用的考虑，把音乐当作一种生存的手段。所以我觉得，这种大环境改变起来是很难的，原因太多了，经济条件是一个，文化传统是一个。当然，即使如此，我们还总是可以鼓励一些个人摆脱这种大环境的支配。

崔：我听一个朋友说，这类似隔代进化，曾经是黑社会的人绝对不让自己的孩子沾这个行业，不可能当代进化，而是让下一代去发展，这希望肯定是有的，这是生理上的东西。

周：就像暴发户没有文化，但他可以把子女送进学校，使他们成为有文化的人。

崔：这东西只能靠以生命为节奏。

周：对，变化只能以代为单位体现出来。也许是这样，家长们让孩子学艺术，对许多家长来说有很强烈的功利目的，是想给孩子多留一条出路，他自己对艺术可能不懂也不喜欢，但多少会有一些孩子在学艺术的过程中真正被艺术打动了，开发出了艺术感觉。你提出的这个音乐教育问题的确很重要，实际上就是要营造一种普遍的艺术环境，唯有在这样的环境里，艺术家与公众、创造与娱乐之间才能形成一种良性循环。

崔：为什么我觉得中国在音乐教育方面做得太差了，因为在学院里也一样。后来我想，当时我学吹号的时候做古典音乐，当然我不是做得很好，但它给我的质感、合奏和听，实际上我接受的音乐训练就像一个普通的西方人接受的那样，他们都接受过这种训练，所以他们的音乐素质就是不一样，有没有音乐训练听起来就是不一样。而现在音乐学院的教育，有一个学生喜欢爵士音乐，居然就给开除了，给发配到深圳去了，真是太令人气愤了。现在音乐教育就是这样，实际上那帮孩子根本不学音乐，就是学些技巧。音乐属于人类内心深层的需要，人类需要的是真实的音乐。只学些古典音乐的技巧，像工匠那样，这还不是音乐。前年一月份才有古典吉他的教学，西班牙吉他。连吉他都不接受，一说吉他，就说吉他是流氓的乐器。古典吉他总算承认了，可前年才有。爵士乐仍不承认，爵士乐多美，感兴趣就开除！

周：前年是有了这个课程吗？

崔：古典吉他的课程。就是这些人控制着中国的音乐教学大纲。音乐给人体带来的刺激，和看书真是不一样，听到好音乐给你带来的激动和亢奋感，真能增加人的创造智商。特别有亢奋感，甚至有反叛感，想批评所有人。所以现在别人一亢奋，骂我，甚至说我挡他们的路什么的，他们说了也就说了。年轻的时候容易亢奋，但不知道怎么样去开发，那是他们的一种方式。但是这种东西在中国真是太受忽视了。音乐能带来特别重要的刺激，刺激人敢说实话，敢表达自己，所有的东西都去他的，这种精神真是音乐带来的。听好的音乐带来的那种激动感，谁都想象不到，也许很可笑，但那一刹那给人的那种力量的确非常大。听好的音乐给你的那种庄严感，不是像书本那样给你知识，不是信息量，就是那种庄严感，它绝对不亚于书本。

周：你说的都是对做音乐的人而言，不做音乐的人怎么从音乐中获得这种力量呢？

崔：要是一般人，只能是被动的，基本上是被动的。除非真有音乐细胞，又确实有一些非常简单又非常好的音乐出来，就像当所有人都不知道音乐是什么的时候，突然听到一首作品，很多人就开始喜欢音乐了。事实上听《一无所有》的人根本不是摇滚乐迷，他们都是突然听到了这样一种声音，觉得挺好听的。

周：我想好的艺术都应该是简单的，直接作用于人的本能，不需要复杂的专业知识就能够产生强烈的感应，同时又是非常新的，给人一种惊喜。

　　崔：其实古典音乐对西方人来说就是那样，对中国人来说，古典音乐好像特高雅，特古典，连音乐厅都不让有些人进，这在中国是这样，在西方不是这样。古典音乐在那个时候也是当时宫廷的流行音乐，他们听的时候也是带着特自然的心态。现在在中国的音乐环境里，除了摇滚以外，大家都会觉得音乐就是当你忧伤的时候听的，演绎那种创伤感，或者说是那种寂寞。当然也有轻快的，挑逗的，但大部分人需要音乐是在忧伤的时候。

周：对，抒发一种孤独的浪漫情调，好像谁也不理解我，只有音乐理解我。

摇滚乐是底层文化

周：从历史上看，摇滚是由节奏布鲁斯、乡村布鲁斯、爵士演变来的。但是，究竟什么是摇滚，迄今没有一个公认的定义。关于摇滚的性质、听众定位、审美价值、社会功能，也是众说纷纭。例如对于摇滚的性质，我看到有两种对立的意见：一种认为摇滚首先是音乐，是流行音乐的一个种类；另一种却否认摇滚是一个音乐种类，只承认它是一种大众文化活动，其根据是，青年人去摇滚现场不是为了听音乐，而是要参加到一个事件中去。我想，合理的看法也许是两者的结合：摇滚既是音乐，也是大众文化活动。与别的音乐种类的区别在于，摇滚的大众文化活动色彩要浓重得多。但是，这是否就意味着在摇滚中音乐的比重要弱于其他音乐？当然，对这个问题的回答取决于对音乐的理解。在摇滚中，音乐究竟处于什么地位，它与摇滚的大众文化活动因素的关系是怎样的，是否会发生冲突，能否两全？与此相应的，对于摇滚的审美价值也有相反的评价。阿多诺完全否认爵士的审美价值，认为它是"文化工业"的产物，其用途是填补闲暇时间的空虚，它的大众魅力是社会学性质的，不是美学性质的。他的观点也可代表一部分人对摇滚的评价。为了替摇滚辩护，有人便试图把摇滚与浪漫主义挂钩，说它是浪漫主义在 20 世纪的通俗表达，它对个性、自由、反叛的张扬，对情感、性、想象的赞美，对矛盾、极端、悖论的欣赏，都来自浪漫主义传统。《摇滚与文化》中的一篇文章对这种说法做了系统批驳，作者旗帜鲜明地反对把摇滚精英化，认为大众艺术的特殊的审美价值正在于娱乐与审美的统一。你也一再谈到，摇滚首先是一种娱乐形式。那么，我觉得，肯定娱乐的审美价值不但是对学院派审美观的一个挑战，而且可能也是摆正流行艺术的美学位置的一个关键。我想知道你对这些问题的看法。

崔：摇滚乐本身应该说是流行音乐的一种，是与商业结合的产物，同时也是有影响的文化现象。从文化上讲是大众文化，从音乐上讲，它是比较直接、简单、强烈的情感表现。我的摇滚比较个人化，我比较喜欢把我的愤怒以及一些个人的情感通过音乐表现出来。说白了，就是比较具有批判性。大伙儿一起搞音乐，当然不纯粹是"哥们儿义气"，而是因为我们共同面对着一种更大的矛盾。

周：从摇滚乐本身来说，你觉得它最重要的东西是什么，也就是把它和别的音乐区别开来的东西是什么？

崔：这是一个朋友跟我说的，澳大利亚的一个小伙子，他说：什么是摇滚？摇滚乐对他来说，就是力量、好的旋律和好的歌词，这就是摇滚乐的美。对我来说，就是：好的音乐技术，好的来自身体的力量，好的歌词内容，这构成了摇滚乐的魅力。但是我觉得音乐从专业角度说的话，分的东西太多了，比如我现在做的一些音乐很多都是说唱，还有一些布鲁斯，甚至是一些电子乐。分细的话，Rock 的一种概念就是三大件，吉他、贝斯、鼓，一种感觉就是冲锋感，从音乐角度就是吉他、贝斯、鼓、现场，最纯的那种摇滚。如果这样的话我已经不是在做这个，我已经融入了许多别的东西。但是，还有一种概念，就是流行音乐，整个的一种流行。但是，流行音乐在国外也已经分得很细了。

周：摇滚性质的模糊还在于它的听众定位。比较常见的说法是说它面向或代表被主流文化忽视、压制、排斥的青年，是对主流文化的反叛和颠覆。然而，它一旦流行，就会发生演变。你曾对这种演变表示忧虑，我听你说过：摇滚本来应该来自街头，而现在却是来自都市夜生活，这就是问题。摇滚从街头进入酒吧，意味着由反叛变成时尚，由先锋艺术变成大众消费，由愤怒的心声变成茶余饭后的消遣，这种蜕变确实令人担忧。现在的问题是，蜕变是否不可避免，能否逆转？在消费主义的环境中，摇滚坚持自己的原来使命是否还可能？反叛是否属于摇滚的本质，不再反叛的摇滚还是不是摇滚？

崔：我经常和一些青年人聊，他们是在底层的，父母下岗，自己进不了大学，心里有许多苦闷。大学生不一样，被文字控制住了，要考虑毕业后的出路，纳入了成人的思维轨道。在中国，青年人说话没人听，但他们需要说，音乐就为他们提供了说话的地方。

周：当然，在任何社会环境里，永远会存在一些遭到主流排斥的青年。在今日的环境中，有没有可能再坚持一种面向他们的摇滚，或者需要寻找别的音乐形式了？

崔：我为什么喜欢 Hip Hop、Freestyle，因为它们是底层的。但现在有一个矛盾，就是在中国没有底层文化，这东西是我说的矛盾。中国没有成气候的底层文化，在美国有，我太喜欢这种音乐了，造成我故意用这种音乐代表底层，实际上不是。可是，说到中国的底层文化，实际上在北京有很强的底层文化，说得简单点就是外地人在北京。当时我想，谁要真正把这东西唱出来，你才意识到你的两只脚是站在大地上的。现在我真的很难寻找这个角度，在知识分子里面，说什么都不对，只能去唱一些诗情画意的。摇滚乐离开这种东西真是没有力量，我现在正在想这事，我真正想做的是名副其实的大众艺术，如果失去大众艺术这种对人的平等的关怀的话，实际上你的艺术就是功利，就是证明你生存的品牌的一个公式而已。

周：可是，你现在还有没有可能代表譬如说这些生活在底层的外地人来唱歌？从歌手这方面来说，的确有一个困难，就是成功的歌星在富裕之后还能不能真正了解贫困的街头？这个问题，当年朋克歌手向摇滚老歌星提出过，现在也有人向你提出来了。有人说，你现在早已不是唱《一无所有》那个时候的崔健了，你现在已经厕身于中产阶层，过着相对富裕的日子，你的心态不可能不随之发生变化，而摇滚在本性上总归包含着愤怒和反叛，因此，你继续搞摇滚至少是错位。他们认为，你应该顺应地位和心态的变化而改变你的艺术表达手段，譬如说，可以改做通俗流行歌曲。对于这种说法，你怎么看？

崔：你要是真正的创造者，活人不能被尿憋死。

周：就是说一定能够找到一种方式，来表达你所感受到的底层的生存压力？

崔：一定能够找到，那是你创造的一个基础。

在速度面前达到做人的标准

周：对于艺术家来说，怎样处理他的自我与时代之间的关系，这是一个大问题。一方面，艺术家是敏锐的，比常人更早更强烈地感受到时代的病痛和希望，因此往往被看做时代的感官、测试仪、先知、发言人。另一方面，艺术家真正追求的还是自我表达，是艺术上的完美，因此本质上是独立于和超越于时代的。这个问题对于一个摇滚歌手也许更加突出。从西方的历史看，摇滚作为先锋艺术有很强烈的时代感，卷入政治好像很深，往往激起政治风波，摇滚歌手往往被看作街头造反者的旗帜，青年人反抗现有政治体制的代言人。同时，我认为你是一个非常纯粹的艺术家，拥有鲜明的自我。我想知道，你自己感觉这两方面是否有冲突？

崔：我觉得所有的艺术家，不说百分之百，就说百分之九十吧，除了感动自己以外，都是愿意影响当代人的。我不相信一个艺术家是为下一代人活着，实际上艺术永远不可能与平行于自己的时代脱离，也没有这种愿望。摇滚恰恰更直接一些，直接得已经不能算是艺术，它以第一速度，脑筋里不转

自由风格

弯了，尽可能最快地形成表达。现在我发现摇滚乐也已经腐朽了，有一种新的音乐，黑人的 Freestyle，跟着节奏即兴说。我觉得中国文化更需要这种东西，虽说是西方的，其实是人体里的。西方人做音乐从来不觉得它是西方的，成功以后，才被东方人说成是西方的。这种音乐有特别大的快感，人有了一个想法，马上看到它变成事实。为什么艺术家说的话别人说不出来，实际上就差一点，就是艺术家想看到这些东西，别人不敢看，别人想象不到。艺术家想到的东西，他能把它做出来，他觉得这比有多大的安全感、多大的财产更有快感。这是价值观念的兑换，在速度面前达到一种做人的标准。这就是音乐的力量。我原来没有意识到，最近才发现的。一般搞音乐的人也不会理解这个的。

周：这和美术界的行为艺术是不是有点相似？行为艺术也是这样，它已经不能满足于在架上描绘，嫌那样太慢，想马上看到事实，所以直接用身体、用行动来表达。

崔：任何艺术，包括绘画，它本身的过程是一个理性的过程，不，一个非常非常知识分子的过程。绘画就是知识分子，只要你一沾现代绘画，你就是知识分子，它在某种程度上是精雕细刻，必须运用思想，这还不是一种诚实。因为我发现许多艺术家，行为艺术家，他们在艺术里面敢于真诚，敢于冒险，甚至敢于死亡，但是在面临政治危险时一点险不敢冒，他们珍惜和保护的是死后的名誉，不像献身于艺术那样献身于自己应该做的事。

周：你觉得这样不对吗？艺术家参与政治是有限度的，他应该用作品，而不是用直接的政治行动说话。我甚至觉得行为艺术也已经越界，不再是艺术了。

崔：我觉得绘画是非常理性的东西。在节奏里，在第一速度里，在表达的直接即兴的叙述中，是不允许你这样的。这对社会环境是特别大的挑战，就是我要求言论自由，同时我又是娱乐，我不是搞政治，我没有政治目的，我不想推翻任何人。我也不想搞任何学问，因为搞学问有特别大的压力，可能搞得不如你，我就永远没有权利说话。权威主义用学术压人，很多没有学问或者没有机会获得学问的人就永远受到挤压。音乐恰好防止这个，在音乐中，不管你是谁，可以用最健康最娱乐的方式表达你的力量。通过 Freestyle，甚至你身体里有你自己不知道的一种东西，都有机会不假思索地说出来，使灵魂的力量得到释放和展示，同时又没有造成任何暴力，非常暴力的东西却没有暴力的结果。这种东西也许不能说完全是音乐的，但起码我个人能意识到这种东西，这是音乐给我的。节奏对人的生命力量的挑逗，对人格的挑逗，根本不是行为艺术所能完成的。这种东西不是任何知识分子可以说清楚的。现在西方那些用传统方式能够谈论的艺术，我更看不下去，陈词滥调，甚至有些人是在撒谎，真正的社会问题他们避而不谈，完全不关注人的生存，包括黑人和少数民族，少数民族里的少数民族，包括环境意识。社会最底层永远没有机会受到教育的那些人，他们身上同样有特别美的东西、在生长的东西，这种力量可能就是来自音乐。知识分子真的做不到这一点。所以，我说我在这方面不相信行为艺术，不相信绘画，因为他们一沾这个过程，就是在思考，就是在解决温饱后寻求奢侈品。

周：你在摇滚乐中用了古筝、唢呐等中国民族乐器，与牧笛、萨克斯风、电子乐器交汇成一片，形成了丰富的对话。人们曾经因此评论说，你创造了一种中西合璧的东西，一种融合了中国民族音乐特性于其中的"中国摇滚乐"，实现了"摇滚乐中国化"。对于这种说法，你一般不予认可，是因为什么呢？

崔：如果单纯地谈中国摇滚乐的话，可能会给人一种误解，好像我们中国人和外国人是很不同的，但实际上不是这样。事实上，人在很大程度上是一样的，比如对音乐的感受，全世界的人都是一样的。所以，从人的角度来讲，我觉得应该更多地强调一致性而不是区别。

周：对，人性在本质上是不应该分中西的。可是你不能否认，一方面，摇滚乐本身是来自西方的，另一方面，你作为一个中国音乐家又的确对它做了某种改造。只要你不是纯粹模仿，你的作品在一定程度上是西方东西和中国东西的融合，这应该说是不可避免的。

崔：我觉得在做音乐的时候，我们一方面在享受西方给我们创造的或是说自然给我们创造的一些精神财富或音乐财富，可是当我们表达的时候，我们总要代表一些中国的东西，包括我写歌词。我为什么要用中国的民族乐器，很多人不从深层去理解这个问题，说你为什么总要带上中国乐器，你在国外的时候这样，你在中国的时候又不在乎，说你是一个开放的、国际性的人，可内心里面经常改变立场。其实这是很自然的一个历程，明白了这一点，很多东西都是很容易理解的，就是你代表你个人，你用中文唱歌，你用的任何一种语言都已经是音乐了。做音乐的时候，你会发现任何一种语言都有它的陪衬，他们自己的乐器是最好的，是最合适的，或者说他们的语言就是他们的乐器的一部分，两者是一样的。这就是把你的语言完全听觉化了，而不是文学化。最后你发现民乐是最合适的，听起来舒服啊，仅仅因为这个我才用中国民族乐器的，不是因为别的。你唱这种语言的时候更能触发你的感情，更能代表你，让你的东西更浓厚一点，而如果你不用它，避免这种民族化的东西，只用西方东西，就力量单薄。不是怕别人说你模仿，这是一个非常功利的说法，最简单的说法就是浓度不够，力量不够，感染力不够。有人说，只要你用中国民族乐器，就会有一种封建感，强调中国民族的东西，就没有更现代的城市感，而我说这恰恰就是我，这就是我的特点。东方人如果做出纯西方的东西，我觉得他们的力量听一次就够了，第二次就不愿听了，听他们的东西总觉得不如西方的，电子音乐的要听就听欧洲的，真是好听，而东方人总觉得是在模仿，力量单薄一点。我不会买他们的东西，他们也不可能销售得好，在市场上他们是不成功的，欧美的东西全球卖，每年的利润上几十亿甚至几百亿美元，整个的一个产业，东方就是不行，只在本土卖，全世界没有人大量地买东方的音乐，所以在唱片店里只占据一个角落。这说明你听音乐是随大流的，而且是有它的道理，有它的逻辑性的。

周：我觉得生活在现在这个世界上，生活在这个时代，一个从事精神创造的人，不管他是哪国人，他在精神上受西方的影响，同时他的创造又带有自己民族的特点，这都是自然而然的。你看文学上也是这样，真正的大作家，不管是拉美的、东欧的还是日本的，都是这样。中国当代最好的作家也都是这样。

崔：我觉得我受西方的影响，也是精神大于方法，或者说大于技术。

周：用一个不一定确切的说法，不妨说是西学为体，中学为用，或者说西方精神是天空，民族传统是土地。其实所谓西方精神并不是一个地理的或民族的概念，实际上是统一的人类精神，只不过恰好在最近这几百年里，人类的精神探索在西方文化里得到了更集中更充分的体现罢了。你就生活在这样一个背景下，只要你站得足够高，你就会看得足够远，看见你四周的天空，同时你又总是站在某一块具体的土地上的。一个真正的创造者自己是不会去仔细区分这些成分的，就像一棵健康的树不会去区分它的哪些营养来自天空，哪些营养来自土地，它只管生长就是了。有些艺术家刻意强调和显示自己的民族身份，甚至当做一种标志，一种招牌，我总怀疑他们不是在搞艺术，而是在干别的什么事情。

崔：对，经常碰上这种艺术家，仔细看看，他内心里是国粹意识，排外、反对西方文化，甚至反对旅游、反对外国人进来。可能音乐也一样，弘扬中国文化传统，唐朝什么的，类似这样的，过瘾也是小瘾，不是大瘾，反正太简单了。

周：**挺狭隘的。**

崔：民族主义，在一些中国人的潜意识里是非常强的一种东西，非常强大，大汉文化。

周：**实际上是自卑。**

崔：有些人是自卑，有些人真是觉得我们是中心，这是对亚洲人来说，对西方人来说他不这样。包括对少数民族，认为少数民族落后，也就是能歌善舞而已，就像白人歧视黑人一样，认为黑人就是玩音乐，玩体育，打打球，经济根本就发展不起来。他没有意识到这是对文化的破坏，破坏人类的文化，少数民族艺术对多数民族艺术是有好处的。黑人音乐家对整个 20 世纪的音乐贡献是最大的，20 世纪的流行音乐就是黑人音乐，但是黑人音乐家不成功，因为没有人愿意像黑人一样生活，白人玩黑人音乐一玩就成功，其实在当时白人玩爵士、布鲁斯音乐上的才华根本就比不上黑人。中国的少数民族绝对是对中国的汉文化有好处的，应该让少数民族发展起来，而且这不应该只是一个口号而已。

周：**你对朝鲜族的音乐有没有了解？**

崔：朝鲜族的民间音乐特别好，但城市音乐并不好。韩国民间音乐是亚洲最有意思的音乐之一，那种节奏特别有特点。朝鲜族文化我从小就接触过，我爸总是一喝酒，拿个棍一敲，就唱起来，就跳舞。现在根本就看不到，现在一喝酒就打牌，打麻将，吃瓜子，我记得特别小的时候，朝鲜族一喝酒，就唱歌跳舞。

周：在音乐上，汉族好像比其他少数民族弱。

崔：汉族也有，像西北的花儿就挺棒的。还有插秧歌、丰收歌，汉族都有，而且都特棒。现在可能大家觉得重要的事太多，音乐就不重要了。吃饱了饭，就觉得有更重要的事在等待，有压力，就没觉得享受音乐有这么重要。

周：在宋元时代，戏曲在民间很发达。

崔：都宫廷化了，宫廷包装了民间音乐，最典型的是古琴。也可能原因不在宫廷方面，在内地农村有可能是经济问题。民间音乐一般都是在收获之后演出，在高兴的时候唱出一种声音。但长期以来，丰收之后压力更大了，好像并不高兴。

周：看来你没有民族主义情绪。

崔：我觉得民族成分在想个人经历时是一个很重要也很好的东西，我从来不回避这个。但我从来不会从哪个民族的利益上去考虑问题，我总是从个人去考虑问题，因为属于哪个民族个人是选择不了的。有很多压力是因为别人告诉了你，说你跟他们不一样，反正我就听过一个日本人说不喜欢韩国人，说韩国人不好，马上你就会有压力想要抵抗这种想法，类似这样的。

周：在你成功以后，有没有朝鲜族人以你为荣，说因为你是朝鲜族，所以你才会这样成功？

崔：有哇，但也有些人说我是骗子，当时就有这样一些文章。还有台湾人直接叫我是韩国人，他们没有朝鲜族这个概念。我就说我不是韩国人，我爸爸生长在中国的朝鲜族地区，在中国像我这样的人多了。特别是有些不负责任的人，往往是问你一句以后，又不听你说什么了，实际上就是想看看你的反应。我认为不应该强调民族之间的差别，中国早就应该超越这种传统文化了。

周：对，别把民族分这么清，每个人都是自己，也都是人。

谈自己的音乐历程

周：你是怎么从吹小号转而喜欢上摇滚的？

　　崔：一开始是喜欢上吉他，乡村味的那种音乐，我觉得那种音乐的魅力真是太大了。我看过一个电影《卡桑德拉大桥》，火车上有个人用口琴吹布鲁斯，乡村味的那种，太好听了。然后我就写了第一首歌，叫《我心爱的吉他》，也是乡村味的那种，特别朴实的。

周：那是什么时候？

　　崔：可能就是二十一二岁吧，刚刚弹琴的时候就写了一首歌，实际上有点模仿电影里的那首歌。

周：那是你第一首自己作词作曲的歌？

　　崔：对。

周：那个东西留下来了吗？

　　崔：没录音。早忘了，词都找不着了。

周：在那个以后，在摇滚以前，还写过什么没有？

　　崔：有过一些。其实《最后的抱怨》也是一首老歌。

周：你那个《不是我不明白》是什么时候写的？

崔：那是 1985 年。

周：哦，**1985 年**，这么早。你那时候跟摇滚乐就有接触了吧。

崔：1984 年就接触了。那时候听得多了。

周：那时候听过说唱吗？

崔：听过，太喜欢了。

周：当时听谁的？

崔：当时都叫不出名来，都是拷贝带子。当时听的音乐真是好，现在听也觉得好，都是朋友录的，没有正式发行的。

周：你一开始听就特别喜欢？

崔：一开始就特别喜欢，而且来回来去听，那带子都听烂了。

周：开始听是什么感觉？也就是说一说当时你为什么这么喜欢。

崔：最强烈的感觉就是创作上比较自由，跟个人的关系比较近，觉得一下子把自己与音乐的关系拉近了。

周：你的创作欲好像就是被摇滚激发起来的，那段时间写了不少歌，《一无所有》也很快就出来了。

崔：好像是在 1985 年的年底，参加了一个活动，一个流行歌曲的大赛，就在东方歌舞团的一个排练厅里边，坐了包括王昆、李双江等当时音乐方面的红人组成的评委。当时我们有刘元、王迪、黄小茂、我四个人。我们拿了一个鼓机，一个音箱，一个效果器，是朋友做的效果器。我拿出了两首歌，一首是《不是我不明白》，还有一首是《最后的抱怨》，后面一首是非常非常压抑、非常非常蓝调的，跟后来的版本不太一样，但是我现在演出尽量争取回复到老的版本。当时唱了这两首歌，连复赛都没有进入，但给他们留下了很深的印象，把他们吓了一跳，流行歌曲怎么会是这样的。所以，几个月以后我们才有机会去参加了那次世界和平年的演出，那个时候就写了《一无所有》。

周：就是工人体育馆的那一次，是他们让你去的？

崔：百名歌星演出会，为世界和平年搞的。当时郭峰写了一首歌《让世界充满爱》，那首歌要求的是大规模的合唱，全国各地请了一百名歌星，像蔡国庆、孙国庆、李玲玉、杭天琪，多了，其实当时什么也不是，现在都成了大腕，都是那个时候出来的。其中又选二十多个独唱歌手，要在合唱之前组台。我问是不是都是应该自己写的歌，回答说当然自己写的更好了，我就自己写了一个，就是《一无所有》。

周：是为这次会写的？

崔：就是为这个会写的，在演出前写的。当时排练的乐队是最棒的阵容了，张勇弹吉他，梁和平弹键盘，程进打鼓，完了王迪、刘元也都去了，就是和我们一起演唱、伴唱，拿着吉他，刘元吹唢呐。

周：**1986 年 5 月 10 日**那一天已经成为传奇了，中国摇滚乐的历史就从那天你踏上舞台的一刻算起。我看了一些版本的叙述，甚至你那天穿的衣服也已经众说纷纭，有说是旧军装，有说是普通褂子，还有说是大清帝国时期的长褂，共同的是你穿得很朴素，两只裤脚一高一低，与别的歌星的华丽服装形成了鲜明对照。你那天到底是穿什么衣服？

崔：从来没穿过大褂，那天穿的就是农村的大马褂，对襟，是王迪他爸的。冬天套棉袄的，夏天就显得特长。

周：你好像对演出时的服装不太在乎。

崔：我们就是顺其自然，想穿什么就穿什么，这对我们来说就是最长久的。中间不换装，换装讨厌，我看人家换装就觉得恶心。

周：你没有专门的演出装？

崔：没有，从来没有。讨厌这事，看见自己有演出装就烦。演出时想到自己要去换一身特不一样的衣服，挺讨厌的。这玩意儿可能也是岁数到了，这都是年轻人玩儿的事，年轻人玩儿一点不做作，很自然。让我也去玩儿就太恶心。

周：这是一种自信。

崔：对。看他们那样，我觉得他们不自信，成天换。孩子们多变，孩子们喜欢穿个新鲜样儿，这可以理解。他们内心里并不自信。当然跟场合有关，有些大场合我们非常严肃，讲究灯光、场子，这完全是个制作概念。

周：我们回到那一天，我看报道，大家都承认你唱出第一句就把全场给震了。你自己那时候是什么心情？

崔：我当时唱那歌时就想爱怎么着就怎么着了，其实也没想太多，没有什么特别的想法。演出后我们走在大街上，看见有的小孩在学我们上台的动作，学我们舞台演出的动作，哈，我就知道他们喜欢，一帮小年轻的，其实他们看见我们也不知道我们是谁。完了就回家了，特别安静，我喜欢晚睡觉，睡觉之前在大街上走，当时觉得有些压抑，是另外一种感觉，觉得太容易了，好像是被时代贿赂了。没过瘾，是这种感觉，没有淋漓尽致，可能是因为只唱一首歌的原因。唱郭峰《让世界充满爱》，也能感觉这首歌对我的情绪不适应，发现别人唱的都是比较实在的那种声音，我知道我跟他们不一样，反而唱得比较虚，唱得特别虚。

周：你现在再唱《一无所有》，感觉和那时候很不一样吧。

崔：现在要唱那歌，就会在音乐上处理好，怎么样唱得舒服，比较音乐性，否则唱那歌一点兴趣都没有，那种激情都已经过了，我想冲动都不在那儿了，就是那种爱谁谁的感觉，那种情绪已经表达不出来了。完全让我投入的话，我就只能唱那些甚至我都没有想到的东西，我自己要选择一些题目，完了把自己做到忘我的时候，我就舒服了。你自己设计好一个东西，让你自己把自己震撼了，做激动了，汗出来了，然后高兴了，这就是你要找到的东西。

周：在那次演出后，好像很快就出磁带了。

崔：马上就录音了，出了一个专辑，叫《百名歌星演唱精选》，第一、第三首是我的，第一首就是《一无所有》，第三首是《不是我不明白》，专辑的封面也是我的照片。出了这个带子，卖得特别好。那个版本的《一无所有》和《不是我不明白》现在很难找到了，那个版本是不一样的，有些人很喜欢。我记得特别清楚，那两首歌整个的录音费、稿费什么的，所有报酬是七百元，当时觉得很多了。在这之后，我自己的专辑才有人预约，预约以后马上就开始，那时候歌很多，马上就能进棚了。那时候出专辑真是手到擒来的事，马上就能够录音，那时候我已经有十几首歌了。

周：除了那两首以外，都是在纪念和平年演出以后写的？

崔：对，而且当时没有都用，《最后的抱怨》《撒点野》没用，《一块红布》也写完了，但都没用，因为音像公司限制时间在 50 分钟以内。

周：那段时间你的演出也不少吧？

崔：经常有活动。这个专辑里有一首歌是为修复卢沟桥写的，叫《让我睡个好觉》，那次活动就是为了修复卢沟桥而集资演出的活动。说句实在话，现在的流行音乐组台水平也就那样，灯光水平唯一的变化就是用电脑灯了，音响、制作水平也比以前好不了哪儿去。我们那时候特别有意思，乐器都互相不愿用，分两摊，这边一摊，那边一摊，我们这边是摇滚的，那边是流行的。那时候我们的演出一般唱三五首，就算很多的了，那时候嗓子不好，或者是不会用嗓子，唱完三五首下来那嗓子就没有了，下来说不出声了，现在唱两小时也没事，是嗓子使用的经验。那时候演出就是一演就火，场场火，市场邀请我们的人多，觉得我们能带来演唱会的很好的气氛。那时候有一种感觉，就是我老演出不能总唱一样的歌，我唱一样的歌的话我就觉得自己对不起观众，老觉得必须拿出新歌，所以就拿出了《撒点野》，等等，但那时候叫这个名字就特别麻烦。

周：你的这个专辑为什么叫《新长征路上的摇滚》？

崔：首先"新长征"这个词当时是很革命的一个词，新长征路上的突击手之类的。唱毛主席怎么可以这么唱，但我们就这么唱。唱毛主席在当时很多人都很怵这个问题，用现在的眼光看有点迷信了，觉得毛主席和周总理是神，汽车里面都挂着他们的像，是保佑。所以好像一唱毛主席谁也不敢怎样我似的，是护身符一样，对摇滚乐最早是个保护的意思。

周：当时你不是有意识的吧？

崔：当时不是的，当时我觉得这个东西就是很近的关系，这样唱就好像特有劲。因为新长征和老长征有些关系，长征是以少打多，小米加步枪打你飞机大炮，很过瘾的，人性超越物质的那种感觉。我们土八路打你怎么样，所有那些讲大道理的人，或有权有势的人，或那些每天生活在蜜罐里的人，唱甜歌蜜曲的人，你大红大紫，我们摇滚乐就是捶你这帮人。

周：你现在对《新长征路上的摇滚》怎么看？

崔：它已经变成了另外一种信息的载体，因为时间太长了，当时可能叫音乐，现在已经变成另外一种东西。

从《一无所有》到《无能的力量》

周：有不少人把《一无所有》理解为"一个物质生活困窘的男人的告白"，这当然是误解。

崔：我跟一个大学教授讨论过这个东西。他是一个老三届的人，当过兵、插过队的那种，他知道了我写《一无所有》之前的心态的时候，就觉得很失望，他说弄半天你的《一无所有》是无病呻吟，实际上你没有痛苦，你也没吃过苦，比我们幸福。我说这不是一个概念，这是一个艺术家对艺术的追求，就像你有欲望一样。在一次两岸三地电话采访中，侯德健说大陆摇滚乐是被人狠狠踩了一脚后惨叫一声。我说这不对，这是欲望的问题，我们更深的东西是别人还没踩就叫了，因为我们的欲望比别人大，我们已经受委屈了。我喜欢打一个比方：你要是一辈子只想吃饭睡觉的话，有一张饭桌一张床就够了；如果你还想打乒乓球的话，就得弄一个案子；如果你想踢足球，你还必须有一块草地。这是非常简单的道理。其实，真正美好的、反抗压抑的音乐恰恰都是产生在发达的社会里，这种批判、这种呻吟证明了你的内心力量，证明了社会进步，这个社会存在着批判、存在着呻吟是社会发达的一个象征，相反，在那个不开放的时期，我们没有物质丰富的生活，却都说我们的生活比蜜甜。

周：有些人就有这样的逻辑，就是说你不是有老婆嘛，你还有什么性压抑。实际上这是对生命质量的要求，你对质量不满意，你就会感到压抑。在思想领域也是这样，对西方社会批判最有力的恰恰是西方人自己，是他们的一些大思想家。

崔：所以你要把你所有不喜欢的东西表达出来，如果你看着压抑，如果你改变不了这个世界，你就改变一个人，改变一个环境，改变一寸土地，这就是改变了一个世界，而且你得到的快乐就跟你改变一个世界的快乐不是一样的。当你改变一个人，当你说服一个人让他接受你的时候，当你干成一点一滴小事而且有质量的时候，你享受到的快乐就是改变世界的快乐。这就是我写的《无能的力量》，一个女孩子就该爱这样的小伙子，既然你是雌性的，雄性的魅力就应该是这样，你就是应该爱一个想改变世界的人。他不是在骗，只是在吹，他说我改变不了你，我是在利用我的想法得到你的爱情，你是否感觉到无能的力量，我无能是因为我没有机会改变它，一旦我有机会，我要做征服世界的人，一个女孩就该爱这样的，是这么一个故事。有人还说崔健的无能就是无能为力，就是无能的意思，他就这么认为，你真没办法。实际上跟《一无所有》是一条线上的东西，我一无所有你还爱我，是新的《一无所有》，开玩笑地说这是中华男子汉的宣言。我想改变这个世界，只要有机会，我就要改变它，这是无能的力量。居然不明白，没有一篇报道能够明白这一点的，是个情歌，是男性的宣言，是对唯唯诺诺的没有灵魂的男性的彻底的否定，你爱他们说明是你的灾难，你不爱我这样的人是你的问题。中国男人不灵，一半儿的原因是因为中国女人不灵，哈哈……

周：也就是说，觉得一无所有是因为有太多的欲望，觉得无能是因为有力没处使，这是男子汉在中国环境中的典型状态。你觉得大家就真的不理解？

崔：我觉得他们也就这么理解，也别把他们看成上帝。听众是一个一个的个人，顾客从来也不是上帝。这是错的。

周：内心没有力量的人是不会为无能而痛苦的。

崔：就是没有机会，我们能够做的就是肉体上的需要了，让我们安慰你，度过这时代的晚上。这最明显的是一条线上的，当然是歌词了，我觉得音乐也一样。做音乐就要做到最高的质量，剩下该得到的批评是技术上的，绝对不是能力上的、愿望上的，我觉得我有能力做到彻头彻尾的精确，淋漓尽致的，当然剩下的东西不是我一个人能解决的。

周：你还拍过 MTV 吧？

崔：前一段拍过挺多的，后来突然觉得没兴趣了，就没拍了。

周：你自己的歌里面你特别喜欢哪些？

崔：我最近喜欢《缓冲》《时代的晚上》，还有我特别喜欢《混子》，每个阶段喜欢的歌是不一样的。

周：是不是每个专辑刚做完都感觉特别满意？

　　崔：是这样，创作完了以后，从内容上我都满意，从制作上我有不满意的地方。

周：制作上你自己能控制吗？

　　崔：尽可能吧，有的时候能力不够，有的时候硬件东西上不来的时候，着急也没有用的。

周：《无能的力量》有很大部分是你自己制作的？

　　崔：对，是我在家做的，从音乐制作上是个实验性的，有很多地方实际上现在是不满意的，如果重新做的话就不会这么做了。体力上特别累，这是一个最大的问题，搞制作就是累，有时你的耳朵在疲劳状态下是不能代表你自己的，不能代表你最初的那种感觉。

周：这个专辑你有没有打算再做一次演绎？

　　崔：重新从技术上再处理。但我觉得那个专辑的作品是好东西，制作可能有些失败，但我觉得它是一个特别成熟的东西，让我特别自信的一个东西。

周：它在市场推广方面是不是不太成功？

　　崔：有些东西像酒一样，需要沉淀一下。包括市场也一样。我想过段时间再说。这个东西不能太着急，我又不指着它怎么样。我又不是不再写音乐的人，等下一张专辑再说了。

周：你给不给更年轻一些的人写东西？

　　崔：我觉得他们故意给我放一个界限在面前，就是我跟你不一样。实际上我不是，我写的东西都是年轻人能接受的。那是他们都不敢写的东西，我唯一不愿写的就是放学了，这个我写不出来，他们放学的感觉跟我们放学的感觉不一样。但一旦他们进入了真实的社会，他们真实的爱情、真实的幸福都是一样的。我们现在听 Rolling Stone 的东西，比我们现在写的东西还勇敢，Rolling Stone 写爱情的歌写绝了。

周：你写爱情好像比较少。

崔：我也有呀。《另一个空间》，有一个小孩说我一听这首歌第一句就尿（sui）了。这是写爱情的歌，就是《无能的力量》中的第七首。他说我唱的每句话都是他想的。

周：在音乐方面，人们普遍注意到，与前期作品比，你的后期作品中大量采用说唱，节奏越来越强化，旋律相应弱化甚至被放弃。对此有的人激赏，有的人表示困惑甚至失望。你自己如何看待这种变化？

崔：我觉得我过去的音乐做得相对比较舒服，给人们反复听的机会，在这种情况下他们接受了我的歌词。还有很多人听我的音乐，干脆是从文学上、文字上带出了对音乐的兴趣，我真正需要做音乐的时候，他们听不懂。比如《一无所有》和《不是我不明白》，它们属于一个时期的，甚至《不是我不明白》更早、更新鲜，所以我的节奏感是那个时候已经有了一种苗头了，可以说我那时候更喜欢的是节奏，对节奏更重视。我一直非常喜欢那种身体里的 Groove，Groove 就是身体的一种节奏。但大家都觉得我的代表作是《一无所有》，所以当我写一首歌的时候，如果没有旋律，大家就认为我改风格了。他们没有意识到，实际上我坚持的是《不是我不明白》，我做的东西更像《不是我不明白》，而且我现在演出的话，演奏《不是我不明白》比唱《一无所有》更投入，是这么一个概念，更有连贯性，因为里面有节奏，有 Funk，有布鲁斯。因为节奏这种东西，它更宽容，它给你一种感觉就是它在开始做一件事，而并不是在终结一件事。从感觉上，你总是在开始，哪怕你再老，你也可以做音乐的。

周：是没有终结的。

崔：没有终结的。我觉得恐怕这也是文字和音乐一个特别大的区别。

周：庞德说过："音乐离开舞蹈就失去活力，诗离开音乐就衰退。"是否可以说，原始意义上的音乐是与舞蹈和节奏一体的，能够让人起舞，旋律却具有描述性，更靠近诗和文字？

崔：反正旋律上的东西多一点，就让人感到伤感、浪漫，大部分都这样，情调上伤感，旋律多了，就是这样。所以我不愿用旋律的语言，因为我不愿意表现一种伤感的浪漫，我也没有这种伤感的浪漫，要骂就骂透了，说透了，所以我的旋律少了。不敢勇敢地面对自己的现实，温温吞吞的，搞点浪漫的东西，真的没劲，不过瘾。

周：从音乐本身来说，它的内容是不是就是那些形式的东西呢？

崔：我觉得我现在对音乐是什么东西比较清楚了，就是你听到一种东西，像你看书一样，里面有内容，能让你想那些最严肃的事情，特别纯的感觉，书和音乐的区别就是书更具体，音乐还不具体，不知道你为什么就进入了这种严肃的状态。你听音乐的时候就能开始想这个音乐有挑战性，他为什么这样做，他费了多大的劲才做出来，你能听出来。

就跟写书一样，为了这个句子精彩，一般人写不出来的句子，他看了多少书，他能够意识到，我怎么意识不到。做音乐也一样，我觉得这叫音乐，音乐里面有这么多内容。但中国人大部分听音乐，他们不是听这个东西，他们想象这个偶像，把音乐当作偶像的载体，哎呀，这个人太可爱了，这个人真有情，我要永远爱他，我要永远追随他。他不从音符上去分析每一个东西，音符在他脑海里只是一个背景，不是一个主要的东西。昨天晚上我在想，实际上真正好的音乐是没有画面的，不需要画面的，给你的是一张白纸。最近我在写一个舞蹈音乐，我不得不改变自己，我要把音乐写得有画面，要给人一个画面去想象，但实际上我是在违背我自己做这件事。真正好的音乐是没有画面的，我最喜欢的音乐比如说 Hip Hop、Freestyle，就是声音和节奏，听完了之后说感觉，你脑子里面没有意境，什么夜色之类，都没有，就是节奏。所以画面的概念是不一样的，写舞蹈的时候，我就特明显地发现，实际上我最喜欢的音乐是独立的。但是，事实上很多摇滚音乐给人带来画面，譬如说 Pink Floyd，很浓的画面感。后来我就找到了区别，这种音乐不是我最喜欢的，我最喜欢的音乐没有画面，就是音乐的力量。所以我变得不浪漫，很多人说我不浪漫就是这个原因，因为我不给人想象，不给人画面了，我就给你一个声音，声音有就有了，声音没有就没有了。这可能是一个更重要发展的东西，就是你真正做音乐的时候，闭上眼睛和睁开眼睛是一样的，你就在音乐里面，就是你做的东西是很难用语言表现出来的。

周：它就是一种情绪，一个情绪的世界。

　　崔：对，它就是一个世界，这个世界不用你看什么东西的，或者说就在你的眼前，你就能感觉到音乐在那，你就在那里面。你不要有什么奢望，你有奢望等于是你误解了这个音乐。

周：它不是去说明什么东西，去暗示什么别的东西。

　　崔：对，什么都没有，什么也看不见，这就是音乐，而且你会觉得它特有创新，这种创造有挑战、有生命，就是这种力量，这种感觉。

崔：我喜欢 Hip Hop 音乐，自由风格的。那种自由真是革命，相比之下所有的诗人都失色，所有写作、带修改的写作都是保守。音乐中没有暴力，这是生命，这东西上瘾，快乐！享受！人们之间高高兴兴的关系，当然也有矛盾。

周：这种音乐你在现场做过没有？

崔：做过，基本上每次演出都有。过两天还想做呢，我叫你。我们前两天在一个酒吧做过，说着说着"200 加 50 等于二百五"就出来了，底下特高兴，鼓掌，激动。很多人已经不相信激动了，任何激动都让人恐惧，都是危险，这就是问题。

周：不相信激动是问题，假激动也很讨厌，真激动太少了。

崔：谁是真的，能感觉到，老百姓也清楚。

周：做 Freestyle 的时候，每做一个东西，是不是先有一个题目，先有一个意图？

崔：有的有，有的没有，比如我们，一般我们要先说，有的时候说得很好，有的时候说得不好。有的时候说流行音乐："流行音乐太多，卡拉OK太多，低质量的音乐太多……"有时候说 Freestyle："Freestyle 就是要自由，不用思索，不用去想，把你的感觉、把你的心掏出来……"还有的时候说中国艺人的一个毛病："唱完一无所有，再唱二无所有，再唱三无所有四无所有，一块红布，二块红布，三块红布，继续往下说，我不用再努力了，我可以睡觉了……"也不是嘲讽，感觉是在开玩笑。有时候讲故事，讲昨天遇到不高兴的事。什么都有，随时说，基本上想个题目，有时候说着说着突然想到了别的。

周：就说当时冒出来的新想法。

崔：中国语言的组织能力又是一个世界，我刚刚进入这个世界。我是跟英文比，中文没有人开始做，如果有一个人比我好的话，我马上就感到刺激了，会较劲。有的小孩在做，我听他们说得不好听，没有节奏，不能那么快找到韵脚。这东西很难，得有韵脚，得有节奏，四声得分清楚。我说的时候节奏也老跑，没有四声，没有韵脚。马上做是做不出来的，有的时候是依靠本身设计好的别的歌里的副歌，一下想不起来，就把那个副歌拿起来说，说的时候脑子里就开始想别的东西，再说另外的东西，这样的话别人可能会感到一种放松。说一些即兴的，说一些他们熟悉的，比如说流行歌里有旋律的。Freestyle 很多都是这样的，有一个固定的套路。像中国的我有时候想不起词的时候，我就说"他妈的"，但"他妈的"不够，休息时间太短了。休息时间要长了，就说"火车站里有火车，火车里面有旅客，旅客上上下下不停地不是为了吃就是为了喝"。一说到喝，我就想起了中国饭桌上的浪费，我就开始说饭桌文化："中国人不尊重环境，明明吃不了，根本就不是为了吃，是为了面子，要真是为了吃你根本就没必要买那么多……"来回蹦，他们听了心花怒放。有时候演出完了浑身都是汗，即使在家里也出汗。

周：在家也做吗？在家没法练吧。

　　崔：实际上在家我也应该做，但练完以后只能是一个……

周：不是练一个固定的作品，而是练那种感觉吧？

　　崔：但实际上你练完以后，你别想改变它了，变成创作它了，想记住它。

周：那就不是一个味了。

　　崔：对，一创作它就不是那个味了，但你创作的时候也有创作的魅力。

周：那你下一个专辑——在现在做的舞蹈音乐之后——会不会是做这样的东西？

　　崔：我想是这样的，我想做大量这样的东西。

周：在西方，Freestyle 的唱片多吗？

　　崔：西方的 Freestyle 已经发展得非常成熟，风格已经很多了，变成诗了，什么节奏都没有，没有音乐，喝完酒就是一个脱口秀，严肃的，上来一个人就占着个话筒，openmic，就是开放的一个话筒，你想说什么都可以。我看过一个电影，真美，开始说我真压抑啊，说着说着就控制不住了，说得泪流满面，别人也跟着他流泪，说完以后他自己不知道说了什么。他刚从监狱出来，因为追求一个女孩跟人打完了架，他说完以后那个女孩上去跟他拥抱接吻，那个女孩也说 Freestyle，他们都是黑人。你真觉得他们的内心里就是有 soul（灵魂）。soul 这个词就来自黑人。有一个乐队说到了 Kirt Colbain，说他是个没有责任心的人，人们都需要你的时候你自杀了，你不爱你的女儿，放弃你的女儿，放弃爱你的人，放弃你的生命，说你是个弱者，我不尊重你了……就这么挨个儿说，什么都说，骂这个骂那个，骂完以后开始说自己没有爱情，后来发现真的解放，说得人全流泪，一个磕巴都不打。是这个状态，什么叫语言，这就叫语言，语言不是组织完了才叫语言，语言就是把心里的东西表达给别人了，这就叫语言。

周：这个东西好像是黑人的一个特长，黑人说话特有节奏感。

崔：后来我还看了个电影，监狱里面的。什么是音乐？一个人拍打着胸部，模仿贝斯鼓，另一个人张圆了嘴，完了两手在嘴前拍着巴掌，这就是军鼓。另外的人打的是另外的东西，全是犯人，出现了一种节奏。然后，一个人开始说，那个震撼，那种力量真是音乐。接着有人打牢房的那个铁杠，打着打着监狱四周都随着节奏打了起来，完了就都说自己犯罪的经历，这种力量真棒。还有一种，我最喜爱的 Saxphone 演奏家 Branford Marsalis，在他的一个专辑的引子里说：什么是音乐，音乐不是唱片公司，不是唱片公司推广的那种音乐，是先有的音乐，才有唱片公司。真正的音乐是什么？真正的音乐不是商业，不是年轻人所理解的，是什么呢？你现在听吧。完了就是蓝调音乐，开始是铁链的声音，然后开始唱灵歌，唱黑人的囚歌。你听了就知道，这才是音乐，音乐的意义是什么。音乐是因为你有你的嗓子，你有你的压抑，你要反抗你的压抑，于是表现出来，这就是音乐。完了才有唱片公司来卖，才出现了明星。黑人的音乐是这样的。当然你不能说《高山流水》不是音乐，它也是乐器奏出来的，你不能说宫廷里的音乐不是音乐，莫扎特、海顿他们的音乐不是音乐，也是音乐。但是，他告诉你，他对音乐的理解就是这样的，而且他是吹爵士乐的，他搞古典音乐也是非常牛的。

周：你做现场即兴说唱，有没有录下来的？

崔：没有，这东西一录音就不是即兴的了。很多东西发展到一定的时候才被人们注意，最原始的东西都是没有记录的，到有了一定的规模，别人才意识到它在艺术上是有价值的，当时我们并不知道。

周：如果当时录的话，你表演就会受影响了。

崔：对，会受影响，除非你喝得特别多。

周：你以后就搞现场即兴说了？

崔：现场说，但也得写，不写不行。

我坚信我没有老

周：从你的第一张专辑开始，你的作品就很有挑战性，你一定遇到不少阻力吧？

崔：当时就觉得每次唱都有挑战性，怎么在社会主义舞台上这么唱歌呢？我必须得试，每次都试，每次都冒出一点头来，每次都做点突破。包括唱《撒点野》时，发现同台演出的大家都在唱《我们的生活比蜜甜》《太阳岛》，都是唱这种歌的人，我们怎么可能唱《撒点野》呢？就这种感觉，可是一点点试发现都通过了。包括我们最后唱《一块红布》也是，我们在台上还蒙上了眼睛，也没人反对，就养成了惯性。所以你看我们演出《宽容》，在歌里唱去你妈的，好像在唱脏话，现在又唱《混子》《春节》，甚至更厉害的东西。

周：发生过冲突吗？

崔：特别简单的一次，是在深圳演出，主管部门说唱歌不能带"红"字，所有带"红"字的歌不能唱，《一块红布》

不能唱。这当然没有多大的道理，我们在别的地方都能唱《红旗下的蛋》，他们就是想显示一下权威，跟我们特别严肃。深圳的演出是我演出生涯中，场面最让我记忆犹新的一次，观众的素质高，热情，礼貌，而且真是人与人之间拉近了。演出中，前排太拥挤了，我说舞台要出事了，请前面的观众坐下来，观众自己就喊着"一、二、三"坐了下来，然后特别有礼貌。后来我们反唱了两首歌，接着没歌了，就唱了《红旗下的蛋》，唱完以后就出事了，当时演了第一场，本来还有第二场，说什么都不让演了。类似这样的事。后来我发现，到最后真正比的是娱乐性，真正和听众发生关系，他们喜爱看，许多事特别感人，让我看到希望。在一刹那间你可能不会想那么深，但你会感觉到有说不出来的一种东西，当你在音乐现场的时候，脑子里什么也没有，只有音乐，那种力量就在你的心灵中，在给你撑架子，真是你的人生所有。

周：我相信会有许多热烈感人的场面。你和你的观众有没有个人的交流，真正交上了朋友的？

崔：有啊，比如我的一个朋友后来告诉我的，他说你不知道听你的一场演唱会对我一生都有影响。当时他听的是在北大的演出，说一生的生活都改变了，过去从来不知道音乐是这样的，听了这场演出就全都撑开了，完了以后往里填，不断地听音乐，去收集 CD，买唱片，听了很多音乐。现在他已经成了一个百万富翁，是国内一个上市公司的老总。

周：你和你的歌迷之间有没有冲突？

崔：事实上到了后来，我们发现我们的尝试已经不是面对社会体制，而是面对观众的接受能力，已经到了他们的极限了。实际上突破社会体制给的边缘，这是一种非常非常简单的挑战，你不用想就知道他们的态度，我们也习惯了，就当成乐趣了，就跟做游戏似的，有时就像小孩跟大人调皮一样。真正的挑战是面对曾经拥护过你、支持过你的人，你的亲朋好友，他们责问你的时候居然这么不理解你，那种挑战真是个人的挑战。

周：摇滚作为大众艺术，在大众接受与个性之间也许会发生矛盾。因为越是个性的东西好像越是难以被大众接受，可是摇滚，它的确要求现场的轰动，听众的热烈参与，媒体和大众的议论纷纷，最好是让每一场演出都成为一个事件，似乎这样才算成功。在理论上，一切伟大的艺术都是耐得寂寞的，但是在实践上，摇滚经不起寂寞，寂寞意味着被遗忘，意味着失败。你做音乐时，是不是考虑大众的接受？

崔：最多在我做音乐之后，我用很小的一部分精力关注一下就完了，我根本不在乎。我按我的想法做，他们接受了就接受了，不接受就跑吧。

周：摇滚演出的一个鲜明特点是群体的狂热，这种狂热一方面来自摇滚乐本身的强烈节奏和音量的挑逗，另一方面来自歌迷对摇滚歌星的神话式的偶像崇拜。对于这种现象，可以听到两点责难。其一是说，摇滚的革命性是虚假的，歌迷们在群体的狂热中完成一种反叛仪式，获得的只是宣泄和麻醉，类似于一种成瘾，对于社会现实不可能构成真正的挑战。对于这一责难，我已经大致了解了你的看法，你恰好是赞赏摇滚的和平功能的。其二是说，摇滚的个人性也是虚假的，在群体的狂热中，不但歌迷丧失自我，而且歌星也会被崇拜仪式改造成一个符号，不再是一个独特的个人。在一切崇拜仪式中，信徒们的自然倾向是要与所崇拜的神或偶像合为一体。在摇滚现场，歌迷也有这种自然倾向。但是，歌手却必须与听众拉开距离，坚持内在的独立，如此才能保证演出的艺术品格。你在现场对观众的态度是怎样的？

　　崔：我爱我的观众，但我从来不把自己当作偶像。

周：你好像不太给自己做宣传。

　　崔：不用靠媒体，演出就是宣传。现场演出就是给发录音带做宣传，发录音带又是给现场演出做宣传。

周：现场演出时，你平时听到的媒体或者听众的议论会不会对你形成干扰？

　　崔：我有时也会受干扰的。比如我在舞台上笑，人家说，你不该笑，你笑是对观众的亵渎。我说，我喜欢我的观众，我为什么不能笑呢。又比如我唱《一无所有》，有人说，你没事儿老唱《一无所有》。我觉得，人家买票进来的，我应该照顾人家，我应该表现出来我在乎他们，他们想听，我就应该唱，我有什么理由不这么做呢。所以，这些事儿都是干扰，而且我现在说这些话也一样，有些人会非常狠地批判我："你他妈的就是城根底下的人，你和老百姓的唯一区别就是多走了半步，你跟我们根本不是一个档次的。"这就是干扰。后来我根本不理他们说的。我像你们一样读书吗？我不想，我不可能，我没有时间。我现在发现恰恰大有人在，沟通非常容易，轻而易举，我演唱比过去轻松多了。

周：这么说，你是在创作的时候不考虑大众，在演出的时候是很照顾听众的。

崔：对，所以有很多人批评我在制作上比较商业化，比方说我跟观众关系比较好，挑逗观众，唱些老歌。有些极端的听众不喜欢我唱老歌，认为不应该唱《花房姑娘》《一无所有》。

周：希望你唱老歌的是些什么人？

崔：他们其实是大众的代言人。

周：现在经常有媒体说崔健老了，该退休了。也许搞摇滚毕竟需要年龄上的条件，不说别的，它还是一件重体力活。你自己怎么看？

崔：媒体有一种人是非常有爱心的，他们听我的音乐，曾经冲动而现在确实感动不起来了，他们就会发言。这里有他们的音乐修养的问题，但也有我制作的问题，确实没有感染他们。这有很多问题，其中一个是硬件制作，音响不够，功率不够，新的音乐具备震撼人的音响条件不够。你要说相声一个话筒就够了，你要唱情歌，唱卡拉 OK，有电视机就行了，你要唱摇滚，过去重旋律的话现有条件是够了，但现在的东西需要如雷贯耳，我认为已经进入到这个水平的制作的时代了。我想演出的话要真正去震撼，看到观众被震撼的反应，同时让他们看到我内心里面的反抗，而他们看不到，他们觉得我唱《混子》就是唱我自己的，一点都没明白。我觉得我说这句话也许残酷，但我确实想到了，也许真的太老了，我曾经有过的那批年轻的听众，现在已经 30 岁左右了。

周：你觉得理解你现在的音乐的人多吗？

崔：挺多的。

周：随着新的一代人起来，欣赏你的人是否变了？

　　崔：消费层变了，但不能说大众变了。音乐的消费年龄没有往上走的，都是往下走的。我们那时候是从 20 岁到 30 岁，现在是从 14 岁到 20 岁。年龄大的人，脑子被别的东西占据了。

周：你的听众是不是也更年轻了？

　　崔：更年轻了，十八九岁的孩子也有喜欢我的新歌的，喜欢《混子》，张嘴就能背下来。因为我的市场、我的宣传形象是年龄比较大的人那个时期的，现在等于重新改变一个形象。对于过去的听众来说，如果我要树立新形象，除非起一个新名，完了用一种新的形式出来，但这东西太大的一个变化，就跟一个品牌换名一样，索尼生产家用电器的，如果他突然生产汽车，你肯定不信，你会觉得索尼有这个能力吗？没有人会买，觉得不是干这个的。

周：现在你的演出是不是比较少了？

　　崔：又上来了，我可能很快就成了大型演出最多的，这两个月差不多排满了，各地都有邀请，而且全在体育馆。他们经过了一段时间的筛选，请别的乐队演，演着演着就知道了，那帮人不重视质量，不重视新作品。

周：你的不妥协给人们留下了很深的印象。我觉得这一点对于一个摇滚歌星来说是不容易的，因为在一切歌星崇拜中，摇滚中的歌星崇拜最狂热，这种崇拜一方面表明了歌星对于歌迷的支配力量，另一方面反过来又成了歌迷对于歌星的支配力量。歌迷们觉得，你不再是你自己，你是属于我们大家的。在这种气氛里，你要和他们拉开距离，坚持内在的独立，就必须非常清醒和强大才行。

崔：委曲求全的事不能做，做了我就退化了。

周：你的心态的确非常年轻。

崔：我坚信我没有老。

谈艺术创造和人生追求

周：你非常强调音乐的娱乐性质，在你看来，音乐首先就得让身体觉得舒服。但同时人们都看到，你做音乐的态度，你的歌曲的内容，都是极其严肃的，你的严肃在同时代的歌手里如此突出，给人一种空谷足音之感。这就引起了一种相当广泛的猜测或者说评论，就是认为你是一个很关心社会问题甚至很关心政治的人，你的摇滚有很强烈的社会功能。你自己怎么看？

崔：我对别人谈到过，我觉得，从音乐角度讲，摇滚乐本身应该是一个娱乐形式，音乐本身是作为娱乐形式存在的。当然，从理性的角度分析的话，人们可以给它判断一种社会功能，我自己也很愿意让音乐产生这样的功能，就是说我把精力花费在做音乐上，做完后它还能够产生别的作用，这样的话，娱乐会更深层一些。

周：我想，其实不只是音乐，任何艺术，真正做得好了，娱乐性和严肃性都是兼备的。所谓深层的娱乐，实际上就是在创造中享受，创造是一件既快乐又严肃的事情，把两者统一起来了。

崔：为什么有文学？过去文人可能就是教书的，从什么时候开始，文学才成为文学？是因为有了雨果，有了巴尔扎克，或者是因为有了鲁迅，有了中国所谓的哪位大师，你就会觉得，原来文学这么高尚，原来这就是文学。为什么没有音乐？因为中国没有出现这样的大师。真正去想，就是音乐没有成为灵魂的一个载体，人们就以为音乐无非是卡拉OK，是茶余饭后的消遣，人们理解的音乐就是这样，就这么一个区别。因为中国不选择这样的音乐，没有这种文化，所以听不懂很多音乐。如果没有贝多芬，没有柴可夫斯基，古典音乐会是什么？音乐会表现什么？音乐会变成传教。我昨天看一个关于雨果的纪录片，最后一句话说雨果选择了笔，要把笔作为他自己的灵魂对人类的关怀的一种载体，所以才叫写作，所以才成了文学，文学才有价值。

周：中国很长时间里，文学或者被看作没有价值的雕虫小技，或者认为它的价值是所谓"载道"，做政治的工具。总之，文学没有自己的独立价值。文学有没有独立价值，就看它是不是成为灵魂的载体，它对于政治、经济等等的独立价值来自灵魂对于物质世界的独立价值。当然，如果你不承认灵魂有独立价值，那么即使文学做了灵魂的载体，你也仍然不会承认它的独立价值。所以，在中国的传统文化中，真正表达了灵魂要求的作品不但少，而且有了也地位低下。

崔：我觉得应该思考那种很严肃的问题，例如关心艺术，关心人的生存状态。我现在发现很多文化人有问题，他们对很多东西没有真正开始关心，没有能够带来一种对人格的刺激的东西。

周：谈到严肃性，你的音乐里面有两个东西，一个是在纯粹音乐上所追求的那个东西，还有一个是关注社会和人生的那种眼光。从社会影响来说，这后一方面的影响可能更大一点。

崔：这个东西，每一个降生的人都会有的。你这么想，有多少人在看《参考消息》，在我小时候它是第一畅销报纸，当时还没有娱乐报纸。为什么？实际上人们都在观察这个社会，因为有恐惧心理，人们只是不敢说出来。对恐惧的想象是人的天生的感觉，就像一进入什么环境里，马上知道什么东西能吃，像生理反应一样。中国人对恐惧的生理反应根深蒂固，深到人们都意识不到了。在中国文化里头，一个没有恐惧心理的人实际上是个不健全的人，是个笨蛋，居然没有发觉到你自己在被人们观察，真是一个智商低下的人，就像你在下这盘围棋，你怎么能不想赢对方呢？你一进入这个社会里面，就有人在跟你下棋，你怎么没意识到呢？你不想赢别人，你干嘛要下这盘棋呢？

周：在你看来，摇滚乐作为一种大众文化，它的严肃性主要体现在哪里？

崔：我曾经把摇滚乐能够给人的感觉概括为三个"自"，就是：自信——别丢掉自己；自然——别勉强自己；自由——解放你自己。这些感觉证明了摇滚乐是我们时代的一种非常严肃的音乐。

质量无国界

崔：音乐是一种不可言传的对自身的压力，实际上这种东西在影响我做摇滚乐，很深的影响，包括我的歌词创作，包括对整体音乐的控制和制作。耳朵里不揉沙子了。

周：**总想做出最好的音乐。**

崔：没有做出最好的，就感觉你是在停滞，等于在妥协，或者在为妥协做准备。实际上你的耳朵是有无止境的要求的，你听到后发现不满意，就还要较劲。比如当时我录《新长征路上的摇滚》，当我进棚时，我的压力特别大，就是我不知道它什么时候能结束。一旦进了棚，我发现问题太多了。这方面我还得感谢那个旅游公司，给我提供这么好的条件，让我一年中随便用这个棚，只要这个棚有空闲时间，我就可以用。当然他们也经常用，他们也很忙。一年呀，现在这简直根本不可能。

周：**是哪个公司？**

崔：中国旅游声像公司。这个公司当时有几个领导，主要是汪京京，他支持我们做这个事，还有编辑郑小提，还有一些其他的人，如录音师是老哥、陈庆，现在都是很著名的录音师。当时我没有意识到，现在想起来那时的条件太难得了。实际上我们用了一百天的时间，我们泡在棚里的时间是一百天，但断断续续地是用了一年。当时的压力是，这件事什么时候能完？我知道我的耳朵的要求特别高，经常是把别人累得躺在沙发上睡觉了，我一个人在那儿听，然后自己一点一点试。这段时间对于我来说是一个非常好的训练，对录音棚的了解，对录音技术的了解，现在我是在家里做录音，那时候打下了特别坚实的基础。

周：我听说你好几次放弃了已经录好的，一遍遍重录，九首歌录了接近一年。你是一个完美主义者。我觉得我能够理解，因为如果你是在为自己做事，做你自己真正想做的你自己喜欢的事，而不是为了别人，不是要做给别人看，这时候你就会成为你自己的最严格的监督人。只要你不肯糊弄自己，你就不会糊弄任何人，你就一定会非常认真。关键是哪里有了一点毛病，你自己就不舒服了，不去解决就等于让你自己永远不舒服。所以，和自己较劲是为了让自己舒服。

崔：有一句话叫质量无国界。真是这样的，质量就是你的亲戚，最好的质量就是亲戚，最高质量的人都是亲戚。

周：都是一家人。

崔：都是一家人。因为懂得了别人，你尊重别人。哪怕亲哥儿俩，一个人有质量，一个人没质量，一个人重视质量，一个人忽视质量，张口对外人说"我们哥儿俩"，这纯属大误会。而且到最后，在才华之后，拼的就是质量，如果两个人都有才华，谁把制作搞得有质量，谁就是伟大的，所有伟大的艺术家都是这样的。记得钱学森当初从美国回来时说，中国不需要普及高等教育，应该普及中等教育，可见他早就看到这个问题了，看到制作质量的重要。只知道发展高等教育，不好好普及中等教育，最后就是制作环境里没有东西，都是粗质量的，没有一个东西能拿出手。

周：创造性的人才总是少数，有一个创造性的人才，就需要譬如说几十个技能性的人才去把创造性的想法付诸实现，按照建筑师画的蓝图保证质量地盖成房子。

崔：一开始我不理解钱学森的话，很多人也不理解。中国人不乏想法，中国人想法成堆，其实想法谁都有，重要的是质量，中国这方面的行业最缺少，没人干。我越来越注意观察西方社会，每一件事都做得特别细，否则就会被淘汰，没饭吃。你看中国现在培养多少大学生，其中又有多少是给别的国家培养的。你知道吗，有的大使馆是怎么建起来的，让你一次次签证，一次次交 400 块钱，还有什么知识移民、投资移民，清华一个班一个班地往外走，辛辛苦苦培养的大学生全都外流，现在就是这么一个局面。因为留在国内，毕业后最好的情况就是留在北京找个好工作，一室一厅分个好房子，一个月能挣个三五千块钱，这是最好的了，内心里面不承认自己的价值了，这没办法。在有的国家，很多人在为艺术家工作，看软件就知道，真正内心里面没话说，真是科学，就跟艺术家创造出来的似的，他按艺术家的要求去做，如果没有艺术家的感觉，怎么可能知道艺术的需要？

周：中国过去许多手艺人是讲质量的，他对这个祖传的手艺有一种自豪感，他不肯败坏祖宗和自己的名声。现在许多打着传统名义恢复的东西，由于没有这种自豪感在里面，往往就成了挂羊头卖狗肉，同样不讲质量。我觉得一个人做事是不是认真，能不能敬业，就在于他做这事时有没有自豪感，是不是把做这事的过程看做在实现自己的价值，完成自己的人格。

崔：我觉得爱情就是一种震撼，当她把你震撼了，你就是爱上她了。艺术也一样，有些东西你选择不了，当一个人把你震撼了，你就知道了，没震撼的时候你不知道，还老觉得自己最好。《鬼子来了》就是一个震撼，开山炸石。

周：是你做的音乐吗？

崔：做音乐不值得一提。我觉得在片子里甚至没有音乐更好，会更强，从片子的角度特别饱满。这是我个人的看法。但是姜文的片子是奇迹，这是中国独资影片的一个奇迹，他拿奖就跟跑百米撞线一样，你是穿着一身非常漂亮的运动服，身上背着号，你撞的线，后来我跟你同时撞线，我身上带着泥巴，我成了真正的赢者，姜文的电影就是这么一个冲击，对我来说就是一个震撼。这个电影既然出了，得奖不得奖已经不重要了，在中国文化史上已经是个奇迹了。他深层地观察人生状况，一个民族对和平的爱好，无拘无束地拍出了一代艺术家的感觉，把所有严肃的问题都谈到了。而且幽默，招人看，你看完电影后就觉得中国人光荣。姜文真是英雄，到位，现在的摄制组都是他自己搭起来的，开发演员、写剧本、导演、制片，就像当年的游击队打天下。

周：你还想在电影音乐上做点什么吗？

崔：我不想做次的，要做就做好的。我觉得我不是一个专业做电影音乐的人，我对电影画面的想象是空的，很多东西仍然是挑战，我不愿花太多时间在这方面，不愿接受这个挑战，因为我觉得这个东西是被动的，是别人给你规定好的。只有好的电影刺激我，只想过把瘾，将来有好电影我会写。这个电影确实好，我特别高兴出来以后有我名字在里面，我觉得特别光荣。

周：在拍的过程中你就知道这是个好电影吗？

崔：我知道。这个片子，很多西方人很难理解，中国人这么自嘲，从自嘲里发现美，所谓自嘲并不是骂自己。有些人认为对话太多，他对话是用中国人的对话方式，西方人听不明白，不明白字里行间的意思，就是一个逗乐，但又让你疼、让你哭这种感觉，从头到尾就是这么过来的。看完以后，你会觉得让你特别疼痛的东西在勾着你，很严肃的东西在勾着你。这个片子是给中国人争光的，它还证明了我们的艺术家是和全世界的艺术家站在同样的高度去看待那场战争的。

周：你说质量是取决于什么？

崔：你要说是取决于社会，可人家姜文也做出来了。质量就是一种品质，天才，加上一种很大的体能。姜文的体能不得了，他自导自演，多累呀，很多制片的事自己做，腰累坏了，空余时间在床上躺一躺，一说开拍，马上爬起来。他自己都说了，才华很多人都有，但是我的成功是有我的原因，我比别人更努力。姜文外表也是嘻嘻哈哈的，内心里面非常严肃，想的非常深，非常无拘无束的同时又非常严谨。你跟他说话，你可能意识不到，弦绷得特别紧的。你看这电影，日本人自己也没话说，他能够玩转这个。质量面前是人人平等的，我们要买鞋，就买阿迪达斯、耐克，你会觉得你买高质量的东西是一种鼓励，买一个低质量东西你会觉得鼓励颠倒过来了。在音乐上有一种非常明显的质感，中国的创造质感低下，卡拉 OK 是最低下的。

周：对，其实质量的问题说到底就是人格的质量。你做人是认真的，你做事才会认真。你的内心世界是宽广的，你处世才会有大格局。

崔：实际上取决于灵魂的需要。譬如说到纽约，有的人就只看和自己专业有关的东西，不关心别的。我当时花了很多钱去看外百老汇，就觉得真是震撼，心花怒放，真叫牛。还看过 Blue Man，德拉瓜德尔，叫我想象不到，我想那就是纽约，纽约不光是爵士乐的天堂，是任何一个艺术的天堂。我一晚上在那儿抬着头，人就在那上面飞了一个晚上，音乐，舞蹈，观众在下面站着，舞台在任何一个角度，你想象外星人在上面，在撞击，互相抱着，踹墙，特别长的绳子，你感觉到人的那种状态和力量，音乐是特别现代的音乐。有时候往下滋水，一个水柱子滋在一个眼里，观众有的没带雨衣，就躲开，做了很多扭曲的姿态。你不可能在别的地方看到，而且这个舞台只能设在这里，他没有录像，为了保护艺术。很多人认为那是一个旅游项目，他们恰恰错了。

周：那节目叫什么名称？

崔：叫德拉瓜德尔，是西班牙语，就是想飞的人，剧团是来自阿根廷的。

周：让你震撼的是场面呢，还是音乐？

崔：各方面的震撼，这就是质量。光有想法，没有好的中间环节，没有好的质感，就没戏。好的艺术牛就牛在这个方面，做起事情来特别认真。所以说，质量无国界，虽然这是商业广告语，但这就是艺术，这是一句诗，而且是商人创造出来的说法，太好了。为什么我们要穿名牌，你没办法，质量是人类的财富。中国人在历史上给人类留下了财富，做出了文化上的贡献，都是因为有质量，绝对不是因为是中国的。中国的一系列东西，最起码在亚洲一些地方同化了其他民族，就是因为这个质量在，而现在被我们低质量地使用着，就是让人生气。质量是没有民族的，是没有界限的，这个东西我怎么没想出来，可是人家商人怎么又想到了呢，是用商业语言做出来的，真让我佩服。这种东西实际上只有你有质量、追求质量的人才能理解它，只有追求质量才能欣赏它的美，没有做过就不理解。你仔细想想，好的文字、好的经济、好的艺术品、好的社会制度、好的法律都是这样。

周：都是属于全人类的，属于每个人的。

崔：对，这真是公平的，从人性意义上讲我们不是卖国贼，但我们应该感到幸运，因为我们有机会享用很多西方的艺术和其他一些好东西。当然我们也要感谢我们的祖先，这是肯定的，但是绝对不是滥用他们，低质量地去使用他们，我们没有这样的权利。

周：质量好的东西，如果你没有质量地去使用它，实际上你使用的已经不是那个东西了。当然我是指精神上文化上的东西，你不理解它，你不珍惜它，它就不可能是属于你的。所以，质量无国界可以从两方面看，好的质量的东西，如果你不理解它，它不会因为你是本民族的就属于你，如果你理解它，它不会因为你不是本民族的就不属于你。在各个文化领域都是这样，包括哲学和文学，有些人在这个问题上就想不通，一些人就老是想证明中国自己的哲学家和文学家多么伟大，另一些人就老是为中国没有真正的大师而苦恼。其实，那些世界性的大哲学家和大文学家真是属于全人类的，像莎士比亚、托尔斯泰、歌德、马克思、尼采，如果你真正读懂了他们，真正喜欢他们，他们是哪个国家的又有什么重要呢？

  崔：大的科学家也一样，当时第一个阿波罗宇宙飞船上的三个宇航员登上月球，美国政府不是要让他们说一句什么话来着，好像是要他们说这个月球是属于美国的，他们就是不说，甚至可能说了这个月球是属于人类的。

周：那时候他们一定没觉得自己是美国人，只觉得自己是地球人。

  崔：因为他们要说出这种话来，可能让人不尊重他们，这是他们自己内心的一种觉醒。

周：你想想，登上了月球，以宇宙为背景来看，这个国界真的是微不足道的。所以，如果你有悟性，你并不需要登上月球，你照样可以以宇宙为背景来看许多事，你在精神的层面就能超越狭隘的民族眼光了。

永远在踏上征途

周：迄今为止你出了四张个人专辑，好像每出一张新的都会引起比较强烈的议论，都会有人对你的变化感到困惑不解。你的许多老歌迷觉得跟不上你，他们一般比较看好《新长征路上的摇滚》，觉得那时候你比较有挑逗性。

崔：所谓的挑逗性实际上是一种诗意的反叛，非常具有诗情画意的那种。

周：对你后来的专辑，大家仍然喜欢歌词，马上会被你遣词造句的力量所吸引。

崔：我相信我依然能把那种早期的音乐风格做得很好，但我真的不情愿。我觉得我比较愿意做新东西，我对所有的东西都感兴趣，譬如说效果器，我觉得它就是乐器，就是我的语言。我不认为使用效果器的处理只是一个技术过程，我认为这还是创作过程。

周：还是有人理解你的，我看到一个评论，说你的特点是永不妥协，所以始终能够拥有一个自由的空间。我想一个真正的创造者是这样的，他走在自己的路上，这条路仅仅属于他，不管别人说什么，他反正要走自己的路。

崔：我觉得真正的摇滚乐就是踏上征途的感觉，我不知道我去哪，谁也不要告诉我，即使我错了你也没必要告诉我，我在做我自己认为是开始的一件事。这是年轻向上的价值观，这也是真正的商业价值，真正的商业灵魂。唱片的购买力永远是年轻人的，后来我发现，讲再大的道理，也不会有销售能力。我觉得真正的商业是美的，是非常公平的，是鼓励创造的，刺激人去找新的东西。一种社会结构之所以能够成功，就是靠这种维护人们不断创新的状态，永远有生命力才是最有力的，没有生命力就当然会被淘汰。现在美国电影业变化很大，有些制片人已经不从大的导演行列中去选择投资的对象，而是开始从拍 MTV 的年轻人里找，看你拍什么东西，找到好的东西去投资。将来这很快会变成一种潮流，这就是真正的商业，因为商人真想赚大钱的话，他们会认为这是最有意义的。就像有一个美国片子，用三万五千美元赚了一亿多，从那以后就变成电影投资方的一个革命，实际是一个艺术的信号，是鼓励年轻人创造的这么一个信号。后来我就想，这个东西真是自我调整的，知道自己哪块地方腐烂，这就是社会体制的一个能力。我们只知道晚期治疗，等发现问题的时候才悬崖勒马，还自以为是一个智者。

周：现在国内像你这样做的不多吧？

崔：多，但现在成功的、引人注目的不太多。很多人有这种能力，也有这种条件，但是他们做的都是商业的，他有这种好想法，却老做商业的，老是想着为了吃饭，逐渐逐渐地，等于妥协了一步，你觉得尝到了甜头以后，你就会发现你所有的计划，你所有的生活目标，就沿着这种妥协的方向走了。

周：他们不是自己创造，让市场来找他们，而是迎合市场，被市场拖着走。

崔：就比如说，我写这首歌，我是要养活我自己，是要挣点钱，然后我可以做我自己想做的事情了，等到挣完钱以后，发现这录音棚设施不够了，我要买音乐设备，买房子，买车，完了要找女朋友了，逐渐地就沿着这条路走了，就忘了他最初想要做的那个。所以说这种变化特别可惜，很多人是这样。他想拍好电影，先要挣钱，就拍广告，拍着拍着就拍电视剧去了，因为能挣钱呀，拍完了以后，过了五年，哼，既然是这样了，就算了吧。《混子》就是说这帮人的。

周：这种情况的确很普遍，譬如说文人经商，为了文化去挣钱，挣了钱再回到文化上来，但实际上往往回不来了，不想回来了。这里有两种情况，一种是文化本来就是一个借口，一块招牌，一种是真爱文化，但爱得有限，终于改了初衷。如果真是老老实实经商，我觉得就没有必要指责。讨厌的是以挣钱为唯一目的，还要冒充是在搞文化、搞艺术。

崔：就说悬崖勒马的那种智慧，当然也是很美很珍贵的，中国很多文人是这样。但那种美感就和踏上征途的不一样，带着冲劲带着一线对未来美好的期待去做事，感觉就不一样。

周：踏上征途和悬崖勒马，这个对比很形象。这可能就是西方精神和东方精神的区别，西方精神是永不满足，东方精神讲知足常乐，讲功成身退、明哲保身。其实，不论东方西方，艺术家应该是永不满足的。用这个标准看，中国很多文人都不是艺术家，哪怕他是弹琴画画的。

崔：有一帮踏上征途的人，他要干掉所有在他前面的人，是这种概念。实际上他对踏上征途有一种错误的理解，没有一种健康的幸福观念，他认为干掉别人就是幸福，这种人之间的矛盾也就成了媒体炒作的新闻。这造成了一种心态，非常功利性。这也是中国摇滚乐一个很大的病毒，老想着干掉谁，真正说来他还是不理解音乐。

周：很多人要干掉你。

崔：对。这东西不是说你要干掉就能干掉的，他焦点不是放在音乐上。你不努力，真正做音乐的人能听出来，他也不在乎，无所谓的事，真正做音乐的是不走捷径的。我觉得作为创作者只有两件事干，一个就是重复以前的创造，一个就是继续创造不重复，或者说就是往前走，不停止。很多人一旦生活标准达到一种水平的时候，他们就觉得停止的机会到了，所以我觉得他们实际上把创作不是当成一种乐趣，当成目的，而是当成达到自己稳定生活的一种手段。在中国，很多的文艺实际上就是这么个概念。一个艺术家是不是真正踏上了艺术征途，就看基本是个创造过程还是表演过程，当然高质量的表演过程也有很多创造性。这东西在资本主义社会里完全是用市场来摆平的，什么样的东西总是能够挣钱，商业原则上的追求和艺术家的追求是一致的，就是你怎么样才能够真正卖和你怎么样才能够真正创新，商业语言和艺术语言变成了一样的东西。

我坚持自己的活法

周：现在有一种提法叫另类。我当然认为你不是另类，但有没有人认为你在你们这个圈子里是属于另类的？

崔：我叫另类已经不行了，我是非常主流的，是站着说话不腰疼的那种人。也许可以说我的心态是另类的，但我的生活方式已经很不另类了。

周：其实另类和非主流是两回事，你可以是非主流的，同时又完全不是另类的。

崔：对。

周：另类是一种姿态，其实我觉得是很商业性的东西，现在文学界的另类就很明显，完全是媒体制造的。

崔：这个另类，当你在跟随一种形式的时候，你已经是在投机了。当你真正理解或是自己开发的时候，别人这样评论你，那是别人的事。所谓另类，是跟随别人已经开发出的形式。

周：你是很独特的，完全走自己的路，不去管人家什么样，潮流什么

　　　　　　　　　　　　　　　　　　自由风格

的你都不管。

崔：但是一般说我是站着说话不腰疼，我觉得我这个角度没有说服力，只有听明白了的人才能接受，听不明白的会觉得我很没有根基的。

周：你遇到过真正的另类吗？

崔：有，不去说它了。后来我就发现，你就是你自己，没必要多想，众口难调。你想得越多，你就越发现你是你自己，你就越高兴，其余全是扯淡。所有喜欢你（过去）的人，不喜欢你的人，你不喜欢的人，你都可以说去他妈的，你爱谁谁，这就是摇滚。坚持你自己，这就是摇滚。特别是朋克，看英文上说的 if you don't like me，or I don't like you，go fuck yourself，这就是当时朋克早期的东西，后来变成时尚了，甚至俗了，但里面透出一种不断背叛的精神。西方为什么总是有新的东西出来，就是因为有些人真的不在乎别人说他，真是在不断地做。我们真是生活在应该感谢西方的年代里，创造了太多的好东西，开发了我们好多东西。所以我们唯一的一块土壤就是他们干不了的事，即真正地去改善自己的环境，如果你认为不好的话。这一点是他们佩服的，一旦做出成绩来了以后，他们要羡慕你。

周：事情往往是这样，一个人越是没有自己，没有真正的个性和创造力，就越是要给自己找个标签，越是要东张西望看别人在做什么，目的是把别人正在做的做得更极端，好把观众的注意力引到自己身上来。所以我说，所谓标新立异其实是随波逐流的一种形式罢了。真正有自己独特的东西的人是不太在乎别人在做什么的，他对别人抱一种平常心，别人做得好就欣赏，做得不好就不理睬。

崔：我是通过做音乐这个过程了解这个社会的，没有这个过程，我的想法就没有自圆其说的基础。我就用这个东西批评社会。在这之前，我一点都不了解这个社会，我是一个生活在世外桃源里的孩子，没吃过苦，没有任何机会去认识社会，也没有任何机会去跟人正面交流。我周围都是古典艺术家，在一起就是开玩笑，说笑，侃，不着边际。你想象不到那种侃法，真敢开牙，但跟社会没有关系。现在我才意识到那时候是那样，这个东西将来对于我也是一个很重要的东西。如果没有的话，我不可能成功。我成功的最大财富就是这个。也许第一个财富是内心里自信，第二个财富是接触社会，接触到很多高级的人才，他们质问我，引起我去思考。如果在过去，那帮人可能不会理我，跟我聊天，不就是一个音乐家吗，不了解社会。现在有的音乐家也一样，打打麻将，分分房子，斗斗心眼，做点小买卖，开个茶馆什么的。我真的觉得，我成功以后最大的收获是有机会跟我喜欢的、我能学到东西的人对话，跟他们交流，而且是无拘无束地谈，他们听我说话，倾听。我要是没有干出成绩来，不可能跟这些人说话，只是聊聊天而已。我看你就是，写出了《尼采：在世纪的转折点上》这样的东西，你的这本书影响了一代人吧。

周：主要是年轻人，尤其是搞艺术的，好像搞绘画居多。

崔：反正对尼采感兴趣都是从这本书开始的。反正我就是，没想到我们还能懂尼采，我觉得尼采是不可懂的，看了以后，原来是这样的。你的书时髦过一段时间呀。

周：跟你的音乐同期。

崔：没有，你早。

周：**1986 年 9 月出的嘛，你的《一无所有》是 10 月出的，出来不久我就听到了，觉得耳目一新。**

崔：现在愿意跟我谈的人太多了。这跟音乐本身带给我很强的反思有关，没有人有这么好的机会，通过创作认识你自己。我不是爱看书的人，但也有爱看书的时候，曾经觉得看书能看一辈子，觉得看书是一种幸福，但这东西很快就过去了。一本书若是第一段没有打动我，我即使知道这是一本好书，还是死活都看不下去了。如果它上来就打动我了，就前两个字，我会觉得这个真过瘾，就能看下去了。为什么喜欢看《尼采：在世纪的转折点上》，就因为翻开任何地方都可以看下去。我不可能去研究任何一个特别大的东西。我曾经抱着托尔斯泰的《安娜·卡列尼娜》看，看了好几次也没有看完，看不下去。反而看普希金的诗能看下去，但也是有很大的压力。中篇的，是小说，但是是诗的格式。这对我的影响特别大。

周：是《叶甫盖尼·奥涅金》。

崔：对，我觉得这样写东西过瘾，这格式很影响我。你又不用考虑交代每一个细节，同时你又能把整个故事讲出来，格式很自由。我还爱看《牛虻》，看的时候还流过泪。

周：你最早接触的西方作品就是《牛虻》？

崔：对。

周：真巧，我也是。

崔：那个女作者是意大利的吧？当时想，牛虻被伤害了仍然坚持，这种东西很过瘾。

周：你看不看有关音乐家的书？

> 崔：当时崇拜小泽征尔，看他的经历。其中一段写他自己
> 坐船去法国学音乐，跟人套磁，坐船是免费的，这么去学
> 音乐。学几年以后，参加在法国举行的指挥比赛，当他听
> 到他第一时当即晕倒。

周：很可爱，出名后就不容易这么激动了。

> 崔：古典音乐给我树立的对音乐质量的要求特别重要，这
> 个东西也许是我的福气，这真要感谢我爸爸把我带进了这
> 个里面。

周：你对你的生活有没有一个总体上的考虑？

> 崔：我现在能做的事情，我知道就非常简单了。生活中最
> 重要的东西，我觉得一是健康，二是爱情，三是事业。现
> 在我对事业的理解比较简单，就是干自己喜欢的事儿，又
> 能够养活自己。有了这些，就足够了，不需要别的了。我
> 发现，这是最理想的生活了，很多人还不如我呢。

周：太好了，我也说过相似的话。我说，什么是成功，就是把自己真
正喜欢做的事情做好，尽最大的可能做好，让自己满意，不要去管别
人怎么评价。最重要的是要做你自己真正喜欢做的事情，许多人的问
题就在于没有这样的事情，所以就只好模仿别人，或者就无聊。

> 崔：当然，压力永远会有，非常暂时的、零散的冲击，不
> 可能真正动摇我，这种东西我不管它叫压力，叫什么呢？

周：干扰。

> 崔：对，干扰。我坚持自己的活法，我尽可能用自然而然
> 的方式扩大自己文化的那种影响，这就够了，基本知足了。

我发现我们正在做的事不是为我们自己了，我们上路了。很多人，我们认为有毛病的人，或者在我眼里已经不是有毛病，是一直在被压制的那些人，也会赞同我，这说明我们在做应该做的事。我们不是为了民族了，就是一种非常简单的生存，就是一种非常自然的个人生存状态，就是对个人生存状态的维护。怎样维护自己的生存状态，非常自私的一件事儿，而且这种经验可以介绍给别人，介绍给任何人。

周：我也觉得，你的作品在内容上与其说是社会批判，不如说是人生探索。在风格上与其说是批判，不如说是最直接的表达。当然，前后期的重点好像有所不同，前期主要是表达旧的理想崩溃时期人的精神的迷惘和解放，反对的是虚假，后期主要是表达商业化环境下理想的缺失，人的精神的孤独和无奈，反对的是平庸。你的主题始终是生命的真实，寻求一种真实的活法。我看过一个人的评论，他说你的音乐具有一种令人不得不检讨自己是否虚度年华的力量，一种令人不得不怀疑自己是否活得真实的力量，最大价值是让人反省自己的生活状态，我觉得说得非常好。

谈艺术环境

　　崔：音乐可以分三个环节来谈，就是创作、制作、销售。我觉得创作是不能妥协的，创作就是百分之百活人不能被尿憋死，有尿就得把它撒出来。对我来说这就是创作，我也没有什么很强的艺术观，没有想得很多，染上宗教气质什么的。

周：你是怎样写歌词的？

　　崔：首先有音乐，然后一遍遍听，边听边在纸上或电脑上写，听一句，写一句。在试演过程中，我的歌词是不断变化的。最后出了专辑，就只好固定下来了。

周：你创作每一首歌，一开始没有主题吧？

　　崔：没有主题，先写词，写到最后才选一个主题，找个最准确的语言当主题。音乐的感觉在这儿，按音乐的感觉，一句一句写，我不知道什么意思，写完了一看，哦，是这个意思。不断地修改，那没办法。

周：那现场演的时候，每次都不一样？

崔：现场经常有改变，但不是自由风格，不是即兴的。接下来是制作。制作是可以接受调整的，这时候你就要考虑市场，考虑观众，所以制作要精致，而精致本身是会磨损最初的感觉的。最后是销售，销售必须是别人搞，绝对不能是艺术家自己搞。

周：看来做音乐要处理许多复杂的关系，搞文字就简单得多，写就是了，制作和销售基本上是出版社和书店的事。可能是因为书籍本来就有一个庞大的出版销售系统，虽然有不合理的地方，但毕竟存在着，不像音乐在这方面很弱，一切都好像是在草创阶段。

崔：我是追求与人合作的人，很多人说我比较西方化，所以有些人愿意跟我合作，当然也有人不愿意。中国人只有在放弃结构的时候才显出聪明，西方人显得轴是因为他不愿意放弃结构。中国人灵活就在于没有包袱，随时放弃自己的文化系统，或者说这就是一种文化系统，以达到个人目的。有许多人骂我轴，我就是不跟着转。他们开始做广告了，上电视台，挣点钱，露点面，把自己形象给改了，我就不赚。演出，他们说可以放伴奏带，我做伴奏带的水平不比谁低，但我必须要乐队，花钱就花在这上面，而且我的出场费比别人低。就是因为演出要有很大的资金运作，才需要请经理，我要是一个独立歌手，就不需要经理，唱完歌拿钱就回来，谁也不知道。我要拿钱养一帮人，高薪请经理，要维护人际关系，这是非常结构性的东西。我坚持这种西方式的东西，必须科学管理。我做音乐是强项，人际关系是弱项，就请人来管理。任何一个音乐家都是一个企业，包括创作、制作、销售三个环节，不可能一个人干，我只管创作和制作。你琢磨琢磨艺术家的丑陋面目吧，又打字又销售，干笑，不是真笑，谈论艺术也不是真谈论艺术，谈生意又不遵守生意的规则。资本主义就是讲分工和效率，中国许多人不讲这个。

周：这个东西的确是来自西方的。

崔：对呀，而且我不是看书学的，也是因为意识到只有这样能成，通过不断地犯错误，通过不断地丢钱、丢人、丢关系，才总结出来，我干不了。即使能干，也是更大的浪费，时间都花在这上了。这也是很痛苦的，只有当你意识到有些人在跟你假笑，你才会知道真的价值，知道你说的话别人信是一种难得的人生快乐。

周：你从来不管销售？

崔：我原来管的时候特别紧张，自己特别不喜欢自己。现在全部是别人管。销售的时候实际上你在乎，并不是完全不在乎。我们在乎的时候觉得自己是硬撑着当一个强者，特别难看，特别不喜欢自己。在乎每一个细节，谎话和真话都没说出来，特别恶心。但是没办法，这些事情你必须学会以后才知道，经历以后才知道。艺术家很弱，自己收不回来款，又不好意思要的时候，就是被别人欺负。经常被别人欺负，现在我还有很多被别人欺负的案例，东西拿不回来了，被扣了。

周：你的公司应该管这种事。

崔：他冲着我来的呀。我们公司是我的代表，并不是一个单独的公司。如果是单独一个公司，关系就不一样了。

周：你的公司是不是专做你的事？

<u>崔</u>：不，也做别人的。这种签约的概念就是它为我服务的一种保障吧，并不是像别人想象的包装歌手，是正常商业关系的那种关系。

周：就是你的经纪人。

<u>崔</u>：有些时候必须得强硬，这是艺术家的权利。我们和别的艺术家一起演出时，没有企业支持，我们必须得靠自己，我们卖的票必须收回钱，这是我们的生意。一个好的音乐必须收回钱，我们不可能每场演出都赔钱，我怎么对得起我自己。怎么能给我一个创作环境，这也是我的烦恼，必须有健康的商业机制。但是我不可能亲自管这事，所以我认为一个很好的商业环境，就是应该把三者都分开，尽可能地分开。至少创作和销售是不能结合的，其余任何两个东西都有可能结合，包括创作和制作，制作和销售。我现在参与制作，我了解制作，制作是可以商业化的。比如说包装，靠这东西抢占市场，我都可以理解。我懂得商业操作以后，就特别愿意跟商人打交道，因为我觉得商人在某种程度上比艺术家健康。很多年轻的商人，他们就是想、说、做在一条线上，而且能看到成绩。很多艺术家想的、说的和做的不统一，而且没办法，因为他们太弱，所以整个被社会扭曲、被压抑，而且时间久了，就完全投降了。我的《混子》就是写的这些人。必须有非常好的有道德的商业团体来维护一个非常好的商业和艺术创作，这是我一直呼吁的，经常呼吁，把人们吓一跳。有一次去开一个现代艺术研讨会，他们讨论这个讨论那个，我觉得都没说到点上。我对他们说，你们说的所有问题都不是艺术家

的问题，都是你们管理者自身的问题。你们都是经理，你们就是搞宣传的，你们现在看到社会的问题，你们首先要想的并不是艺术家怎么样写东西，而是应该想艺术家所创作的东西，别说销售，就说审批过关吧，在现有体制下的艺术团的经理，你们的一半责任就是怎么样说服领导，然后再来谈商业。你们要保护艺术品的原汁原味，这是首要的，其次再去想怎么样保护艺术家的经济利益。一下子就把他们说得全不吭声了。艺术正在受到损耗，这是我们共同关心的问题，当然就要想一想健康的艺术怎么样生存。

周：对，这是前提。如果你没有本事让好的艺术得到通行证，只考虑挣钱，市场上流行的就只能是坏的艺术了。

崔：你们一半是经理，一半也是政治的公关人物，你们就是要善于劝说人们接受好的艺术。这才是对艺术家的尊重。不要把艺术家叫去开这个会，开那个会，等他们都像你们那样会说话了，他们还写什么东西？艺术家在那里什么话也不说，说不出话来，催着他们发两句言，我看他们都不舒服。我是艺术家出身我知道，我没什么可说的，跟你面前我有什么可说的？我的工作是写东西，你原汁原味地给我发了，做了出来，才能说你称职，别拉着我开这个那个会，烦死了。不过，那个会议的组织者的确是一个真正关心中国现代艺术的人。

周：你现在遇到这样的人吗，能到上面去攻关，又能到下面去销售的人？

崔：我在三个环节都干过，我觉得我的经理基本上就是这样的。他基本上不改变我，所有的东西都鼓励我。艺术家必须得受到这样的待遇，能按自己的意愿创作。艺术家不应该受别人左右，这是我讨厌艺术家被包装的原因。其实原创艺术家才是老板，所有在艺术家周边的人都是为他服务。艺术家本身就是一个企业，而且是这个企业的老板，这样才能创造出新东西来。但是商业环境造成了很多的扭曲，包括好莱坞，好莱坞有很多低级的糟粕，那些东西是低级制片人搞的。不过，也有很多艺术品是制片人制作的，在制作上下了大功夫，他们来选择创作者，一看编剧不行，废掉，导演不行，废掉，这是很残酷的制度。但也有另外的一面，就是图个商品质量好。音乐也是这样，销售团体也不得不服从艺术，这样就总是不断有新东西出来。我们制作粗糙，没有制作文化，创作是能说点实话说点，说不了就算了，销售的时候则是能少说点实话就少说点，能卖出去就行了。

周：健康的关系应该是销售为制作服务，制作为创作服务，现在是反过来，创作是按照制作的要求来创作，制作是按照销售的要求来制作。

崔：销售又不是按照纯市场来销售，你想就是这个状况。所谓销售就是一个社会体制。我说过任何一个艺术家都愿意影响同代人，愿意跟同代人建立感情。没有人说我就是为了不成功，我就是要坚持个性，为少数人服务，不愿意有观众，有观众是我的耻辱，没有人这样。所有的演员、艺术家都应该去爱观众，这是他愿意做的事。所有的商人也都愿意看到这样的艺术。从事艺术研究的人是极少数，连他们也未必不愿意让公众接受他们的观点，他们只不过更极端一点。艺术家的制作是商业化的，我对这一点很宽容，只是在他们过多包装自己的时候，我才会觉得有点恶心。

给艺术一个健康的生存环境

周：刚才你谈到，在经营方面，你是完全放手让经理做的。

　　崔：对，我相信我的经理。有的艺术家不相信自己的经理，那是不对的。当然，任何一个美好的东西后面都有丑陋，压在那里作为砝码，这样才能保持平衡。多大的美好就有多大的丑陋，真的是这样，就像巴尔扎克说的一样，任何财富的背后都是罪恶，而且更多地体现在娱乐业上。娱乐业在美国很发达，很有诱惑力。一本著名的音乐工业书籍有一段引言这么说："有很多的豺狼，也有很多的绵羊，你别忘了，有豺狼聚集的地方必有一片死尸。"美国就是这样的，很残酷的。秩序是在后来才建立起来的，初期的素质相比之下是很低的，黑社会，没文化，没有法律。现在在美国，与娱乐业有关的法律是很深的一个学问，很赚钱的。律师也看好娱乐业，因为美国的娱乐行业生意的诱惑力是最大的，在纽约和洛杉矶两地仅次于金融。

周：他们的娱乐业已经建立起了良性的运营机制，中国在这方面问题就很多吧。

> 崔：看了真着急，中国的一个大公司签那么两张纸都成了笑话，看得出懒惰、贪婪、互相假装信任，而最后还没用，中国娱乐业的合同充斥着怀疑、虚伪、套词、缺乏责任感，吃亏也找不着人。什么人能活呀，普遍是那种人，这个我也会，那个我也会，洗桑拿啊，贿赂啊，都会，完了背后骂你傻帽，表面对你嘻嘻哈哈的，没有信义，没有信任，仗义是最大的约束，最大的制约。你不仗义，我也就不仗义，就那意思，实际是一种威胁。当然，在外国有些地方也一样。有一部电影叫《大明星》，讲好莱坞的制片过程，每天要打一百多个电话，其中有一个或者十个成功了，就是效率高的，基本上那九十个电话全是扯淡，拉关系，说谎，互相骗，这就是这个行业的特点。跟老板睡觉，交易多着呢，一样丑恶。不过它有一点，就是最后有法律保障。

周：你的录音带发行得怎么样？

> 崔：盗版太厉害，很难统计。

周：正版发得多吗？

> 崔：正版的一般，就是保底，一帮忠实歌迷，这帮人买。都是固定的歌迷，就是你宣传不宣传他都买。大概发行三十万左右吧。

周：是总数，还是每一辑？

> 崔：出来新的就买。

周：那就不少了。

> 崔：就是唱片公司保底。这个东西是我的另外一个压抑，就是没有真正保护音乐的土壤。你看我最起码有一千万丢

失了，我的版税。

周：盗版这么严重。我的书也被盗版，但比起你就轻多了。

　　崔：要是我有这一千万，你想想我会干什么，有可能去吸毒，也可能买三个别墅，给我一个，我父母一个，再给孩子买一个。也可能糟光了，但即使这样的话，也给人一种好印象，就是干音乐光荣，干音乐有财富，有地位。何况我能够拿出一笔钱去做什么样的投资，我能够开发一个奖项，甚至开办一所学校。我要能做这些事，那是什么样的情况，我能够真正去改变一些东西。如果我受到保护，多少人也会受到保护。

周：有的国家对版权很尊重，用你再少的东西，也一定要签合同，付版税。在我们这里，用了你的作品，不要说付报酬，连不告诉你都是常事。

　　崔：就是啊，急就急在这儿，有的人就是睁眼说瞎话，装孙子。实际上心里还是有一种歧视，心想就像你唱一首歌，钱差不多够花的，车也买了，房子也买了，你就别弄再多的钱了。

周：嫉妒。你统计过你自己被盗版和正版的比例吗？

　　崔：96% 甚至 98% 盗版。

周：你有没有试图找有关部门来解决一下？

　　崔：找过，以前打过官司，地方保护主义。

周：本来盗版问题解决起来不应该很难，你只要狠狠地治销售的，断了出路，也就没人制作了。

　　崔：在一个不健康的环境里面，我的生存状态是健康的。我说过我是四面楚歌，就是：体制的弊病，盗版，媚俗文化，行业内的毒品和江湖气息。在这个环境里，我被市场接受的过程也是不健康的。我们的演出工业太小，这么大的国家，几乎没有演出。演出工业应该是非常专业的，真正享受音乐要靠这种东西。

周：这回罗大佑到上海演出，媒体好像很重视。罗大佑对中国大陆的流行音乐很有影响吧。

崔：对，我觉得他的贡献就是把流行音乐严肃化。他本身也是个严肃的文化人，受过高等教育的。不过，任何人都有可能发生变化的。我觉得应该建设一个很好的大环境，一个竞争机制，不行的人就被自然淘汰。曾经红极一时、最后又妥协的人，赚钱赚得差不多了就最早出卖自己的那种人，就被自然淘汰。谁都可能不行。包括我自己，如果我不行了，我就应该被别人干掉。我想应该有这样一个机制，永远鼓励年轻人，永远鼓励有冲劲的人。

人言不可畏

周：国内有你认为好的乐评人吗？

崔：我觉得李皖不错。其他人也写过好文章，但是有时候，写得就是特别差，我看不明白的，而他们自己又不是真明白，听完了就动笔，不写不行，感觉就这么一帮人。

周：中国的评论界都差不多，包括文学评论、学术评论、书评，真正的批评很少，多半是新闻，甚至炒作。

崔：中国的乐评实际上也不应当成气候，因为没有什么乐队，只能靠评外国乐队。中国的杂志社，音乐杂志，比摇滚演出场地多多了，这就是不平衡。大部分人是在炒作，很少人干活。感觉是这样的。

周：有的人就是在做记者的事，而且不是好记者，无非在这个行当里认识的人多些，听得多，知道小道消息多，靠这个写东西。

崔：人自然带来的一种竞争，带来的自身压力，自己要努力的方向，那种较劲的东西，在这块土地上没有。大部分硬扛着做音乐的时候，都说你做出了什么成绩，你怎么狠、浑，你怎么样把摇滚精神表现得淋漓尽致，都说的是这种东西。所以，我说很多乐评人根本就不了解音乐家，而且，在音乐家经常活动的地方，永远看不见这些乐评人。恰恰占着音乐评论的这帮人就是我说的文人，他们是爱好音乐的文字工作者，他们这些人给人造成的音乐气氛，跟我们想象的是不一样的，从古典音乐上说就不像，更不用说流行音乐了。他们只占了社会上很小的一个现象，但这个现象会膨胀到特别大，他们有文字的爆炸性的影响，实际上他们本身不懂音乐，虽然他们也每天听音乐，也每天去研究那些同时代的，但在我们看来他根本就是不懂基础的人。他们好像站得挺高，站在一个宏观的位置上俯览，实际上根本看不到也不想看音乐人一步一步登山的艰难过程。

周：现在有些记者或文人喜欢在媒体上挑事，用这个方式引人注意，而不是真正在从事文学艺术批评。

崔：有一位朋友问我，你说文字的希望是什么，我说文字的希望是真实的文字推翻那些虚假的文字，那些应该被废掉的文字。无论搞音乐，还是搞文字，都应该想、说、做三点一线，想的、说的、做的真正一致，这就是性格，这就是一种价值观念。

周：文化人和媒体的关系，我看有三种情况。一种是保持距离，自己好好做自己的事，不去听人家说三道四。一种是向媒体献媚，想方设法在媒体上多亮相。还有一种就是干脆在媒体上折腾，别的什么也不干。

崔：有些人特别喜欢拍媒体的马屁，他们觉得这是唯一成功的机会。其实不会，你把音乐做好才是唯一成功的机会。

所有的记者可能都以为自己想毁谁就能毁谁，开玩笑的事，谁敢当面这么说，我必跟他较劲，怎么可能的事呢。其实谁也毁不了谁，还有法律保护呢。都说人言可畏，其实人言不可畏，只要你真正干事，就自然会有人支持你。还有什么"好话不出门，坏话传千里"，我不信这个！该怎么着怎么着，你把活儿做出来了，好话传万里。真的做出震撼人的东西，一下子人全知道了，你把人全震了，别人都住嘴了。

周：就是要靠作品说话。我发现，你和媒体是保持很大的距离的。

崔：朋友已经提醒我了，说你的姿态变了。我过去不喜欢记者，是因为我害怕。现在我不怕了，我发现挺好。有些人开始提醒我了，说你现在对记者太好了。其实我是不怕他们了。不过，如果我不做演出的话，我一般不愿意接受采访。

周：你对中国流行音乐的现状怎么看？

　　崔：我发现在中国，音乐变成了一种偶像的载体，歌手变成了偶像。它里面没有内容，没有信息，没有可以研究的东西。

周：我也觉得中国流行歌曲的最大问题是肤浅，里面没有内涵。一点儿小情调，譬如说小小的想念和小小的伤感，然后故作潇洒，很做作，没有真感觉就在那里造假。

　　崔：没有真正带动生活的有力量的东西，没有朴实的东西，只是一种萎靡不振的、软绵绵、甜蜜蜜的酸歌蜜曲，它不是真正个性的东西。真正个性的东西，我觉得邓丽君是，周璇是，那个时期，勇敢地唱个人的感情，唱爱，那个时候是革命。可是现在是什么年代了，还抱着那种东西去讨好观众，去做音乐，陶醉不起来，实际上就是一种商业偶像的塑造，一种推销。没有真正的音乐，所以不能叫音乐，一种只能用眼睛来听的东西不是音乐。

周：整个一个卡拉 OK 水平，演出现场就是一个卡拉 OK 歌厅，歌迷们看着熟悉的面孔，听着熟悉的声音，就感到了满足。

崔：我曾经设想拍一个幻想片，其中一个情节是，卡拉 OK 必须设定质量。反对包装公司，所有艺术家包装公司都属于非法，一个人五音不全让他成为明星是非法的。不允许包装，企业家、政治家没有权力干涉艺术。我反对暴力，若是真的取缔卡拉 OK，宣布它非法的话，我就会被暴力利用了。我说卡拉 OK 是举了一个特别极端的例子，我那是太恨了。我要是跟别人争吵的话，我都会说，卡拉 OK 有它一定的音乐性，一定的娱乐性。应该让艺术家真正凭实力来竞争。我们去美国的时候，拿的是 P3 签证，它是为了保护美国的艺术家，因为美国的艺术家太多了。美国的艺术家太多又太贵，找不到工作，这时候来了大量菲律宾的、马来西亚的，特别便宜，老板当然喜欢便宜的，美国艺术家就吃不上饭。这时国家出面保护本国艺术家的利益，同时也保护了一种高水平的竞争机制。

周：其实艺术的竞争不是你死我活的，之所以出现你死我活的情况，肯定是有别的利益加入进来了。

崔：艺术家喜欢异类，政治家喜欢同类。人类如果不能在二百年之内开发到外星球的话，二百年之后，人类就会有 80% 的人是艺术家了。那个时候，地球上一定会把生产力调整到最佳状态，20% 的人工作就足够了。不需要国家机器，成天外交部啊，办签证啊，浪费多少能量。只要不向外星球发展，其余 80% 的人就没事干，没事干又有饭吃，这些人会有很多时间去想象，只能让他们当艺术家了。

周：你这句话马克思也说过，他的理想社会就是这样的，把政治事务和生产劳动减到最低限度，绝大多数人都成为艺术家。

　　崔：是吗？太好了。

周：你觉得中国现在摇滚的水平怎样？听说有家出版社准备出一套摇滚丛书，好像还找过你。

　　崔：找过我，我说千万别写，中国的摇滚现在还什么都没干呢。现在中国的摇滚没有完整地发展起来，没有系统化，比如演出的机制，等等，甚至一些酒吧里的小型非正式演出的机制都没有建立起来。原创歌曲的地位也还比较弱。我的看法是摇滚在中国仍处于萌芽阶段。

周：我看到一位西方乐评家预言，摇滚快到美学疲劳的阶段了，将有新的更激进的流行音乐形式来取代它。你也曾谈到摇滚现在已经腐朽。如果这样，摇滚在国际上已经腐朽，在中国又还很落后，它在中国是否还可能有好的发展呢？

　　崔：我只是希望中国的伪摇滚少一点。在中国，摇滚乐一直处在传统和世俗的双重压力之下，前者是历史的压力，后者是市场的压力，后者里面的矛盾要比前者大得多。希望总是有的，现在一拨年轻人特别喜欢音乐，他们没有上大学的希望，工作压力很大，不停地打工，他们听这音乐。

周：这样的人多吗？

　　崔：多。他们用实话换取尊重，这是一个很好的开始，不是说偏要拿出一个什么学问去换取你的尊重。我说实话，我就要求受到重视。

周：他们自己做音乐吗？

　　崔：他们做。就有这么一拨年轻人存在，而且真的努力，不努力就挺讨厌的。只要他努力了，你就发现他特别可爱，他努力以后就会尊重你的努力，看懂了你的努力。

周：这些人就自己玩吗，演出不演出？

崔：很多啊，你要觉得有兴趣，我就通知你去。

周：在酒吧里演？

崔：在酒吧，很有意思的。这就是希望，全国各地都有，没有人看他们的演出居然他们不死，居然会越来越多。过去有人说让摇滚乐自生自灭，现在看来是灭不了了。

周：我看过一篇报道，有上百个乐队，聚集在上地、东北旺这些村子里。

崔：能拿出去的有几十个，都是外地到北京来的。

周：生活很艰苦，就跟那些画家一样。

崔：有一天会让你吓一跳：年轻人真的来了。

周：这就是所谓地下摇滚了。那些地上的怎么样？

崔：在我们真正玩音乐的时候，其实我们脑子里首先想的就是音乐。音乐做得舒服对我们才有影响，音乐做得不舒服就什么都不是。这东西我跟很多文化人争吵过，最近一篇采访就谈论这方面的事，我们有矛盾，他总是批评那些平庸的音乐人，他觉得我虚伪，因为我从来不批评做得比较差的音乐人，明明不喜欢他们的音乐但从来不批评。我觉得只要你真是玩乐器，做音乐，你没有什么想法没关系，只要你好好地去做。而且你的观众和我的观众是一样的，我们之间没必要敌对，我们之间是非常平等的关系，而并不是针锋相对的关系。我发现文化人对这方面不理解，他不是做音乐的，其实你真的做音乐的时候，你不会有这种

　　　　　　　　　　　　自由风格

想法，你就是高兴，每天居然有一个最喜爱的东西在你身边，你就高兴，你没有什么压力，一天玩几个小时。因为我接触那些人，我喜欢那种人，他们说话的时候不像有些人有特别精彩的句子，他们说不出来，但你会发现他们很高兴，而且说的每句话能代表自己，这就够了。我发现在中国这种文化确实很少，就是我玩得高兴，玩高兴了就舒服了，就行了，别的都不用问。

周：对，艺术首先就是一个过程，在这过程中享受，这个享受本身就是目的，是最直接最主要的目的。当然，从作品来说，质量上是有高低之分的。

崔：我真觉得大可不必针锋相对，很多东西在主体上应该是一样的，都是在争取一种自由，争取一种新的自由。

周：你有没有想过带些年轻人？

崔：我想过，但如果他们不理解的话，他们就会恨我，会觉得我是在对他们灌输。这种事情已经发生过。流行音乐不是像传统音乐那样手把手去教，而是取决于他的平行文化和我的平行文化，彼此所能够悟到的东西。不可能直接把我的东西教给他，而是告诉他我怎么面对我的生活方式，我的生活环境，然后继续努力，继续思考。一般来说，他们不会接受这个。我已经发现很多年轻人的这个矛盾，很可惜的，我特别不愿意给他们造成这种矛盾。后来我发现有几个原因造成这种障碍，其中之一是对我的嫉妒，因为我太成功了，在观众面前反差太大了。

周：你不想带徒弟吧？

崔：手把手去教，完全没有必要。

周：我也觉得那是浪费时间，主要是靠作品，用作品来教育。你去不去学校演出？

崔：音乐学校不可能让我去，我主要是去对摇滚乐感兴趣的，去过一些大学，譬如汕头大学、北京财经学院。我当然希望做这件事。

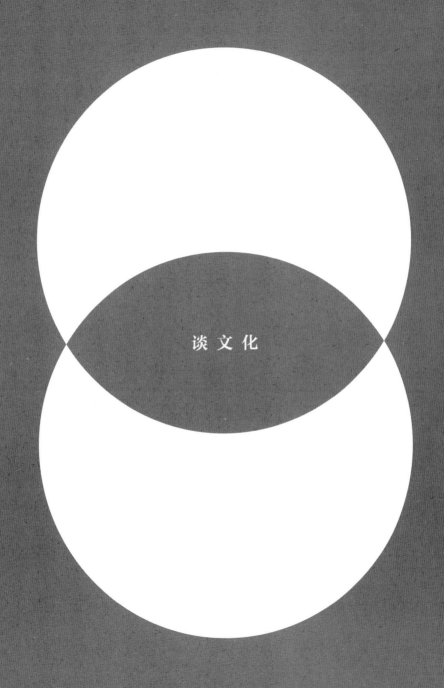

谈 文 化

文化对比：是否鼓励创造

<u>崔</u>：有些人的那种价值观、审美观，好像已经变成了谁悬崖勒马早，谁就是最聪明的，好像都是在总结，好像我是一个有知识的人，就因为我悬崖勒马早。对于中国人来说，创造是危险的事情。后来我就发现，这种东西实际上不是一个政治上的问题，是文化上的，整个东方国家都是这样，东方国家鼓励创造的东西真是比西方差远了。也不是经济上的问题，东南亚的国家其实也都有钱。在艺术市场上，东方完全被西方代替了。西方的那种创造性在各方面都能体现出来，真是能够释放人的这种天性。我的一个朋友刚从美国回来，看见有一种汽车可以跳舞，一放音乐车轮胎就动，车一边走轮胎一边动，有的车就一个车轱辘在动。这种异想天开的发明在东方是绝对不可能的，在中国肯定就属于影响市容的事。那种感觉谁看了都会感到有意思，而且年轻人在那里什么都不顾，随着音乐跳舞。这只是一个例子，这只是汽车，在艺术上就更多了。

周： 你说东西方的这种差别是什么原因造成的，不光是因为西方市场发达，鼓励竞争，所以也就鼓励这种创新吧？

崔： 这种问题我也不可能从理论上说得很清楚，我实际上是通过一种社会的比较，构成一种人与人之间的生活状态的比较。你要是说是社会原因，我觉得都一样，再往细说我就说不清楚了，我只能说我们看到的就是不一样。要么说得更深一些，是不是我们的社会体制深受文化的影响，在更深层的就是连带关系，它也是文化，是产生在这个文化里的一个体制。内心里并不开放，不愿意接受年轻人，完了建立这么一个体制，这个体制在本来也并不清楚的情况下，就不断去发生它的影响，甚至变成了一种形而上的东西。但是更深的东西是，人自身愿不愿意接受年轻人。孩子本来就那样，是创造性的，娱乐的，就看教育怎么对待他们身上的这种东西。我原来也没有意识到，只是跟国外一个朋友聊教育孩子，因为我们都有孩子，才发现了这个问题。比如说我给他写信的时候，我经常按照拼音瞎编词，比如说随便一个词，比如说 book（书），可能我不会写，我就写成 buuk，也可能写成 bok，西方老师一般不会说你错，也许还说你有想象力。我女儿写的信经常有错的，她按她自己的逻辑想象。但中国的汉字是绝对不允许的，那一个点点歪了都不行，在没有道理的情况下，为了一个点，你必须重写十遍，你有一个字错了都不行，还要问你为什么会写错，就这么一个概念。完了我就发现这种教育不允许你创造，而西方从小就保护你的创造。我由此就想到一个问题，我不敢肯定自己是有说服力的，我说出来的

　　　　　　　　　　　　　　　　自由风格

时候，马上就等待别人去给我提出反驳，就是通过文字表现出来的这种文化是不是鼓励创造的，这东西我肯定不会跟任何人去争吵的，但我想说这是现实的。我只是想提这个问题，就是我们的文化是真正鼓励年轻人去创造，鼓励小孩去创造，还是认为我们小时候有毛病，要改就现在改，别养成了毛病不好改，我们是不是从小就都被人修理过，因为我们被误认为从小就有毛病，要写字就写好了写对了，写字就得端端正正的，这样我们的创造性思维就被制约了，是不是这样？

周：从传统上说，我觉得中国文化和西方文化的最大区别就是，中国文化讲究实用，价值标准就定在能不能维持正常的社会秩序和生活需要，它用这个标准来衡量一切行为，超出这个标准以上的，和维持正常生活没有关系的，它就说是无用的、多余的，甚至说是错的。西方文化的标准就定得比实用高，实际上是人性，更重视人的多样化需要，包括纯粹精神的需要，所以，即使没有任何实用价值，只要好玩，有娱乐性，能够使身心愉快，它就鼓励。许多创新的东西是没有用的，包括科学发明，一开始可能就是好奇，为了满足智力上的欲望。再要往上追，这种差别是什么原因造成的，就很难说清楚了。你刚才说到文字，可能中国和西方的文字的区别也是一个特别重要的原因。

崔：不过我觉得教育方式应该有所调整。如果说是文字上的原因，有些小孩是文盲，但是他们的观念还是被制约的，你看他们也是循规蹈矩的，好像这种气质真是民族流传下来的，也许有美好的东西在里面，但确实变成一种特点了。

周：中国文字是象形文字，与日常生活中的口头语言完全是两个系统。为了掌握这种文字，一个人从小必须花费许多年来专门学习，也就是说，在进入文化之前必须有一个很长的预备期。这种困难性使得文字本身好像有了独立的价值，而本来文字只是文化的载体而已，可是现在，载体取代了实质，文字本身成了目的，谁掌握了文字谁就是有文化，实际上他很可能完全没有进入到文化的实质里面。西方文字是拼音文字，和口语是统一的，掌握起来比较容易，所以不会在这个载体问题上耽搁太久，能够比较快地进入文化的实质。声音文字的确比较自由，它是跟着口语走的，使用起来不受额外的约束，不像象形文字那样差不多是一套人为的规则。我想这种差别肯定会对人的思维方式和精神面貌发生影响。

崔：可是你想想，如果孩子把字写错了，你觉得重要吗？

周：其实很不重要。

崔：我看我女儿写汉字写错时，下意识的第一感觉是你要改过来，但回头仔细一想，这重要吗，可是我要是按照惯性去想，我就让她改过来了。就是一个点点在线中间了，还是点在边上了，虽然字一样能看懂，但是如果我按照这很重要的路子思考下去的话，会认为如果你不点对位了，你就会养成毛病。其实这是什么毛病呢，从作文上说有什么毛病呢，如果从做艺术上看，你就会觉得可能没什么毛病，还没准以后就开始编字了，变成艺术家了，但因为这是象形文字，我就被它制约了。什么东西都可能是错的，只要不合标准就是错的，这样你就不能创造了。后来我就想，我们小时候是不是都是这样的，都被人修理过了。

周：真要追究的话，应该说还有历史上的原因。你看在春秋战国时期，中国文化是很有创造性的，不是这样循规蹈矩，有许多清规戒律。那是中国人思想最活跃的时期。从秦朝一统天下，到西汉独尊儒家，基本上奠定了思想大一统的局面。

　　崔：二战如果是纳粹德国赢的话，世界和现在就不一样了，就会按纳粹的方式了。那才真正是一场灾难呢。

周：那是要遭到全人类的反抗的。

　　崔：你不可能真正建立规矩。为什么美国的法律这么丰富？也许就因为美国人最杂，各式各样的人都有，所以它才需要法律，需要律师。律师那么可恨，可你还是要用他。各式各样的人在美国都有机会。

周：这也使它的规则更健全了。

　　崔：对。没有一个人没有毛病的。后来我就想，如果按纳粹那样去发展的话，肯定是灾难。秦始皇建一个长城，死这么多人，又丑陋，而且也不管用，军事上也不是成功的，该打进来还是打进来，浪费了多少人力和资源。他只想和别的民族隔绝开来，对别的民族的优点不屑一顾。现在有些人也这样，不肯学人家的好东西，只是在压力大的时候才学。包括对高科技，只是因为有压力了，没面子了，这才去学点儿。我觉得这不是中国人本性里的东西，而是至今遗留下来的一种封建意识。两千年了，没有真正的文化上的活跃，只有少数几个人点缀一下，社会总体上欠缺。这都是我的直觉。

周：闭关自守的后果的确很严重，没有了对外的交流和竞争，内部就必然不会活跃。

反思是一个好老师

崔：我觉得反思是一个非常好的老师，当你跟年轻人在一起的时候，不断地想想你自己的历史，你自己的经历，就这种过程。当你有这种能力的时候，你可能就会变得自然而然，其实你并不是中国的或西方的，你就是一个自然的人。

周：对，实际上就是跳出来，站在高处看，你就会发现，什么人种呀，国别呀，这些区别对于你是偶然的，所以是不重要的。作为一个人来说，真正重要的东西在东西方是一样的。

崔：说得浅点的话，好像反思是西方的文化，比如宗教里的忏悔，好像我们不鼓励反思，而是鼓励一走了之和诡辩。

周：孔子还说"吾日三省吾身"呢，反思的目标不一样，中国人的反思确切地说叫反省，那完全是道德上的，比如和人相处得好不好，做人处世是不是符合祖宗传下来的规矩之类，西方人是追问一种看法、一个行为到底有没有根据。

崔：后来我仔细想，中国人从个人看有好多方面是很强大

自由风格

的，相比之下好像是很聪明的，实际上是诡辩能力的强大。在这点上西方人不如中国人，看上去是笨拙似的，但实际上笨拙是他们的一种优点。他们有反思的能力，而有些中国人长期以来不反思，总是要诡辩，不服气，强词夺理，总是要找一种狡辩的模式，要找出压力让对方去反思，然后洋洋得意，结果时间长了，自己反而没有发展。所以，我们是赢了小头，丢了大头。

周：中国人的这种聪明，其实应该叫做精明。精明和智慧完全是两回事，但都被笼统地称作聪明了。精明是利益上的算计，人和人相处怎么样占便宜。智慧是从大处着眼，就是要使自己活得有气度，有尊严，有价值。

崔：就像有些中国人一旦到了任何一个国家，首先就看看有没有空子可钻，通过什么方式能够得到。前不久在报上看到过一篇报道，就是说为什么中国人都说外国人是傻帽，到哪儿都一样。为什么？分析一下，才发现实际上是中国人自己在那儿聪明，其实那是别人已经想过的东西，别人已经不愿意这么做了。比如信用卡，中国人实际上没有那种信用卡的文化，就是什么都想逃。有一个在美国生活的人，他有一个朋友，用人民币五分钱的钢镚儿作停车场的投币，美国人是拿一块美元。这个人还对他说，我算是好的呢，还有人拿纸往里塞呢。

周：占一点小便宜，还自鸣得意。这种小事情其实很能代表一个人的生活态度，在小事情上这样，在大事情上就大气不到哪里去。

崔：所以我就发现，那些中国人认为自己聪明、认为西方人傻的时候，他们首先就跟人玩错了一盘棋，其实下的不是一盘棋，彼此棋的规矩不一样。别人不理会你小人的时候，别人用别人的规矩相信他的时候，他就认为别人傻，就这种概念，这种错位。有些中国人内心深处好像有一个信条，就是诚实无效，你要是诚实，别人就不愿意跟你合作，说你这人不可靠，因为他觉得你没有做事的技巧。

周：对孩子的教育也是这样，只关心他怎么样在社会上不吃亏，有一技之长，有处世待人的机灵劲儿，认为这就是成功，很少关心一下怎样让他成为一个有丰富的内心世界的人，自己内心就有使自己幸福的能力。

崔：我感觉这幸福观的问题在中国历史上还没有人问过，幸福观早就给定了，而且不是他们定的，好几代以前就定了，拼命给孩子压力。他们就没想一想对孩子来说最重要的是什么，孩子对我们最大的感谢，也就是父母真正的养育之恩是什么。他就必须成才，当我们老年的时候可以老有所养了，他们就得孝顺了。他们都有这样一个模式，当然这不是一个完全错的模式，但他们从来不重视孩子幸福不幸福，而且是内心真正为孩子高兴，你的幸福就是我的幸福。他们觉得你现在的幸福全是吃亏的，全是你不懂，我比你活的时间长，你的那个幸福是暂时的，你玩两天就知道了，都是这么个概念，一代一代下来，所以年轻人总是错的。

周：他们觉得自己真是为了孩子着想，这都是为了他们将来好。中国人的幸福观目的性功利心特别强，没有那种享受生命就是幸福，生活愉快就是幸福，没有这种概念，物质生活比别人强那就是幸福。

崔：所以，其实是特别简单的问题，就是我们的生存环境到底是愚昧还是开放。许多问题需要反思，我们的教育、我们自身的问题、我们对孩子的责任、我们生存的意义、我们能为与我们有共同文化的那些人做些什么。想来想去，发现你有这个能力的时候，你是个自然人，当你拒绝这种能力的时候，你就发现你自己是一个畸形人，因为你在拒绝反思，拒绝看自己的问题，拒绝看别人的优点，就是这么一个区别。哪怕你搞的不是艺术，你也有这种选择，而且非常非常平等，这是非常强的一种挑战。只有你不断地去反思，才能真正发现问题。这种能力对生命有重大影响，长期不想的话，就真麻木了，你完全可以随波逐流。

周：按照惯性生活下去了。人很容易这样，不动脑筋地活着，或者动点小脑筋，对付每天遇到的具体问题，不跳出来看看自己的总的生活状态。

崔：而且你可能生活得很好，更好，只是在物质上，但你的这一面完全麻木。这个东西也许不是一个生活环境的问题，只要你选择了这样的生活方式，你在世界上任何一个国家和地区都是一样。

周：所以我觉得，人与人之间的最大区别真不是人种上的、国别上的，而是灵魂上的。

信任和仗义是两回事

崔：我还有一个没有完全想好的感觉，信任这两个字在中国的文化里是外来的，就是人与人之间的信任。仗义和信任是两回事，信任这个东西是很严肃的，是结构性的，是人品上和能力上的综合的东西。仗义不是，仗义不需要你有能力。要是真的信任一个人的时候，信任是很残酷的。比尔·盖茨著名的一句话就是给钱比挣钱难，他做过很多赞助的事或是说让什么人富起来，他就发现给钱比挣钱难多了，这也是所有基金会面临的难题，大部分开销都在调查，怎么信任一个项目的接受者，有的要做几年的调查，是很难的。

周：信任和仗义的确很不同。仗义是以某些具体的利益为基础的，而信任是有共同的规则的。所以，信任是心里有底的，到什么时候彼此都讲得通的，仗义是心里没底的，一旦利益发生冲突，就可以不仗义了。

崔：仗义只从感情上讲，咱们时间这么长了，你干吗呀，就这种逻辑。什么这人好，这人实在，我特怕别人这么说我，我特别尴尬。

周：仗义这种心理非常狭隘，没有宽容，我对你仗义，你就必须什么事情都和我一致，否则我就说你不仗义，你伤害了我。信任是有宽容的，互相都是独立的个人，能够对话就可以，根本不需要样样都一致，有差异还更好，对话更丰富。

崔：中国的武侠小说里面主要是提倡仗义，整个恩恩怨怨，什么我为兄弟你两肋插刀，什么你一句话我上刀山下火海，都是建在这个原则上。

周：归根到底区别在个性，信任的前提是有个性，并且互相尊重个性，仗义没有个性，并且容忍不了个性。

崔：仗义是不需要交流，不需要沟通的，交流在仗义中不起作用。为什么中国很多好朋友在一起，他们总讲荤段子，从来不讲正经事，一旦讲正经事就会有非常激烈的争论，我仔细观察过这个现象，发现就是没有真正的交流。中国人的伴侣关系，在最后分手之前不会拌嘴，只有到彻底受不了的时候才互相伤害，这是中国文化吧。为什么不能这样：今天我还爱你，但今天我看你有毛病就要说出来？

周：你对中西文化的优劣想得很到位，那么，你有没有考虑过移民呢？

崔：你这问题正好让我从另一个角度谈信任这个词。前几天我的一个朋友突然移民加拿大，而他给我的感觉就是在中国受过非常好的教育，说话非常小心谨慎，非常爱家庭，爱中国文化，突然有一天就要求移民了，而且是在申请批下来以后，他才告诉我的。这时我就发现，他这个人完全没有牢骚，但他内心对自己的生存环境不信任，对文化不信任，他张嘴可以说爱这个文化，但根本就不信任。后来我发现，其实有很多人对我们自己拥有的这个文化不信任。不过说到我自己，我没有想过要移民。真去那里的话，我觉得自己会感到压抑，会有你自己选择不了的压力。我觉得所谓民族不是一个狭隘的概念，大家判断你的时候，如果给了你很多不愉快的感觉，那往往不是因为你的民族，而是因为你自己都没有能力把自己的事做好，你自己是个逃跑者。我发现真正尊重我的人，都是因为我在国内干了他们想象不到的事，但你要是个逃跑者，他们就不愿意尊重你了，内心里觉得你没有能力，没有灵魂上一种真正的平衡能力。你可能很聪明很厉害，而他们第一眼看你的时候，甚至不知道你是谁，在那儿是特傻的人，没什么本事的人，都会看不起你，而且非常非常自然，给你压力很大。

周：我也这样想，不管我觉得中国文化和中国的生存环境有多少问题，我在这里生活比在任何地方生活更能够找到生活的意义。

周：如果要你给中国文化的特点做一个概括，你会怎么说？

　　崔：我这虽是班门弄斧，还是斗胆说说我的直觉。这是我
　　做音乐成功以后最大的好处，能够接触很多的人，他们都
　　愿意跟我讲，讲我没有看过的书，没有想过的问题，我听
　　了就自己琢磨。可能中国文化是个人文化，应该正面承认
　　这一点。中国文化的五千年历史，也许人们没有意识到，
　　它在往前走。不是恶性地往前走，而是进步地往前走，实
　　际上就是进入环境意识。这是一种环境文化，它超越了所
　　谓群体，但官僚政治恰恰是最落后的文化，它想利用群体。

周：你说的环境文化不是指环保文化吧？是不是指自然的？

　　崔：是的，是指自然的。自然的文化是以个人为出发点的，
　　这才谈得上自然。它和民族主义根本不同，恰恰是民族主
　　义在利用这些东西。

周：但我觉得中国的主体文化不是这种东西，老庄在中国从来不是占
　　统治地位的，占统治地位的是孔子，是儒家的一套东西。在这种东西

里，个人是没有地位的，它强调的是家庭的稳固、社会秩序的稳固、等级关系，为了这些可以牺牲掉个人。

崔：可当我几个月前去曲阜时，有的概念有了根本改变。太个人化了。首先，孔子当时他不是一个文人形象，而是一个游侠似的，有一米九高，奇丑无比。他周游列国，想从政推行他的思想，可是斗不过人家，才回到曲阜教学生。第三代后才有了孟子，六十四代以后才真正产生影响。我们想理解真正属于孔子个人的东西，而不是被解释过的孔子的东西。

周：被解释过的孔子成了中国文化的主流了，而孔子本人真性情的东西倒没了，这的确是事实。这个问题后人也提到过。宋明理学虽然也强调孔子讲秩序讲道德那一方面，但同时强调孔子的学说是一种人生态度。孔子确实有他非常真性情的一面。《论语》里有一段，讲孔子跟几个学生谈理想，问他们将来最想做的是什么？三个学生一个想搞政治，另一个想做将军，还有一个学生叫曾点，说想在暮春三月，带上几个同伴一起到郊外去游山玩水，然后一路唱着歌回来。孔子说：我的理想跟你一样。孔子很喜欢音乐，把音乐的地位看得很高。不过，我的理解可能跟你不太一样，我觉得中国文化里个人的东西是不是太少了一点，这一块可能并不坚实。

崔：理论上可能少了一点，可我说的是思维方式。我感觉中国人是非常自私的，个人利益至上的。

周：对，是很自私的，但与西方的个人主义不一样。西方的个人主义是讲，在这个世界上我是独一无二的，是别人不能代替的，所以我得珍惜我这一辈子，我得照自己的心愿活，别人不能强制我。这其实是所谓的个性主义。这种东西中国还是太少了一点。

崔：理论上少。其实，不管跟谁待时间长了，你会发现人人都这样，他自己的活法特别清楚，而且跟任何人都格格不入。

周：对这个东西你是反对的还是肯定的？

崔：肯定的。原来是反对的，后来发现你根本改变不了，你只能正面承认它，并把它说出来。从来也没有这种理论。你得说：就是这样，就是沙子文化，这就是美，就是对的。

周：说到个人主义，我觉得中西方的一个重要区别是，西方人把私人领域和公共领域分得很清楚，在私人领域，每个人都是独立的，个人的自由不可侵犯，在公共领域，每个人都负有责任，对公共事务的责任不可推卸。一个是私人领域里的自由，一个是公共领域里的责任，界限很清楚，两样东西都不能缺。中国人在这两方面都很不够，私人的事情自己不能做主，要去麻烦别人，公共的事情又不肯负责，喜欢袖手旁观。我不知道这是不是中国文化里固有的东西，至少在漫长的历史中积累起来了。不少中国人去国外就带着这种东西，所以惹人讨厌，倒不完全是种族歧视。

崔：中国还是有好东西的。有时候我觉得，中国的文字比任何文字都丰富多彩，我看翻译的东西，确实不如中文的原创作品。

周：那是翻译的问题。文学的成就，我觉得中国远不能和西方比，也不能和俄国比。

崔：哲学呢？

周：哲学更糟。中国有没有哲学，这是一个问题，我是指学术意义上的哲学。

崔：可能你的哲学概念是西方的哲学概念。

周：我承认我这么看是受了西方哲学的影响，不过，是不是哲学，总得有一个衡量的标准。中国的哲学与政治、道德联系太紧。西方的哲学问人为什么活，中国的哲学问人与人怎样相处，所问的问题完全不同。文学也一样，实用性强，精神性弱。

> 崔：那你说那些有国粹思想的人，靠中文为生的人，他们骄傲什么呀？

周：在他们看来，西方文明已经走到末路，西方人虽然很富裕，但是精神上没有了支柱，不知道怎么生活了，我们中国人能够教他们怎么生活。

> 崔：拿什么东西教他们？

周：还不是儒家那一套，最响亮的是"天人合一"，据说中国早已实现了人与自然的和谐，完全是生搬硬套。事实上，生态思想、环保思想是西方人首先提出来的。

> 崔：我还是头一次听到这种说法。我一直以为，中国的文科是最强的，理科比较弱。

周：从比例来说，文科的确就很强大。

> 崔：可是，我们都会觉得我们内心有一种说不出来的东西，来自中国的东西，这东西是什么？按我的理解，就是一种环境的思维方式。

周：我觉得这东西是你个人的，不是民族的。

> 崔：中国有一种非常个人环境的东西，就是在任何困难的情况下，一定要把个人利益放在至上地位，不过往往是被动的，因为他们没有对建设性产生信心，是没有信心的个人环境文化。

周：你的意思可能是说，中国文化也很关注个人和个人的生存环境，只要把破坏性转变为建设性，就能够同西方看齐了。

> 崔：我不知道我内心中为什么对中国文化这么有感情，如果一点没有的话，那我们生活的尊严在哪里？

周：为什么一定要是民族的尊严呢？个人的尊严不一定和民族有关。

> 崔：我没有说民族尊严。我为什么转到尊严上呢，因为尊严是个人兴趣的一个重要组成部分，人没有尊严是没有兴趣生活的。在国外，中国的护照非常受歧视，可能是这种压抑使我产生了一种民族情感。

周：这我能理解。

> 崔：很多人能够说出中国人的种种毛病，但认为把这些毛病说出来不是我们的工作。那好，作为一个艺术家，你能做什么？

周：我对中国文化的态度是批评大于肯定。有时候我会想，如果我是一个西方人，我对西方文化的态度会怎么样？一定也是批评大于肯定。如果你是一个敏感的人，生活在一种文化之中，你对这种文化再有感情，或者说正因为你对这种文化太有感情，你就会格外真切地感觉到它的毛病，因为这个毛病实际上就是你的毛病，你会感到痛。当你有病的时候，你就说这个病，你用不着强调你还有哪些没病的器官。

> 崔：所以说中国的传统知识作为一个表达有障碍的文化，是不是因为你越有文化就表达越有障碍，越感到困惑，到最后你就带着非常恋恋不舍的感情去背叛这个文化。很多人已经表现出来了，带着对这个文化的爱，而确实这个文化是很美的东西，完了去诋毁这个文化。有很多知识分子都在诋毁这个文化，通过各种各样别的文化，甚至通过西

方的宗教，在诋毁这个文化，不要说诋毁吧，就说是所谓进一步发展这个文化吧，发展的结果就是把这个文化变成了另一种东西。后来我发现其实非常简单，实际上都是自然文化，这个文化即使再高深的、再伟大的、再神秘的，最后你发现它是自然的。只要是自然的，就非常非常的平常，平常得什么人都可以去骂，什么人都应该有资格去谈论它，这就叫享受，享受的一部分就是可以去骂它，在享受这个文化的过程中有权利去批判它。这个文化中的任何人都有这个权利，这是文化给你的，当你享受它的同时你就有权利去批判它。特别是中国文化最需要这种东西，在这批判过程中你就找到了你自己。我并不想拿任何奖，我也并不想做任何研究，但是在我们的生活中有没有这种东西？如果没有的话，说明这个文化是失败的。如果我们的骨头里面不存在五千年那么长时间的历史给我们的熏陶，那说明这个文化更失败。实际你仔细想，每个人身上都有，我们不用看书都有，而且不光是我们，也可能比我们更小、更没文化的人身上也有，甚至更多一些。怎么办？你从什么地方开始？你只能从一点开始，就从你自己开始，而且从什么时间开始，就从现在开始，去表达自己，每个人都能去说，我发现这才是公平的，你才享用了这个文化。

周：我们曾经谈到，与西方相比，中国的音乐教育和音乐环境都太差。你觉得这是不是因为民族性格不同？

　　崔：我至今认为，中国人是很爱听音乐的民族，说中国人不爱听音乐，这是特别大的误区。我们听音乐基本上和国际是同步的。

周：那你认为原因在哪里？

　　崔：我不相信中国人不爱听音乐，而是文字过于强大了，文字的终极审判的权威造成了各个感官的关闭。很多在文人看来很粗俗的举止，实际上是最美的举止，只因为控制的需要，才被视为没有教养和没有文化。这跟当时白人说黑人一样。在西方，因为音乐太强大了，写文字的人就有约束，不敢轻易地乱写。现在这帮文人肆无忌惮，因为有市场，在西方根本不敢，音乐这么强大，人家不理你。中国文字发展特别快，我是指对摇滚乐的评论，都在炒作摇滚乐，但摇滚乐的现场演出特别差，粗糙至极。唱片制作也是，盗版，是生活环境让我想这么多，否则我才不会想这些呢。这和音乐实际没有关系，音乐本身是高兴的事情，这些东西跑到我面前了，使我愤怒。所以，为什么谈论政治？是因为愤怒，不愤怒是不会谈论的。

周：那么，愤怒是音乐之外的东西，不是摇滚乐本身的特征？

崔：摇滚乐的本能也是愤怒。

周：可是你刚才说，你之所以愤怒，之所以思考政治，是因为你的音乐本能的东西，也就是快乐的东西受到了压制。

崔：当我表达愤怒的时候，我感到更大的快乐。我能马上发现我们的力量，不光是魅力、诱惑力，还有煽动力，它使你受到精神上的鼓励，感到你是在做一件有意义的事，这当然有膨胀的危险，但的确是巨大的快感。这是一个人知道自己是在做一件对的事情，同时又受到鼓励，是这样的一种快感。

周：你刚才说中国文字太强大了，能不能把你的这个想法展开说一说？

崔：文人是既得利益者，文字有很多机会，中国十分之一的人直接或间接从事文字工作。美国唱片的营业额，一年是 140 亿美元，中国 1 亿多人民币，差多少啊。这种生活真的是一种缺陷。其实，是人就要听音乐，就像长嘴要吃饭一样。这听起来好像有些矛盾，说中国人不是不听音乐的民族，同时又说中国的音乐落后。我觉得听音乐的角度应该完全放在个人的立场上，个人的出发点上，不是因为爱国主义、民族主义，也不是因为政治原因，而完全是出于个人原因，这才可以开始谈论音乐。音乐必须 51% 以上是个人的，否则的话不是音乐，是工具，或者说不是好的音乐。世界上只有两种音乐，好的音乐和坏的音乐，对音乐家来说是认真做和不认真做的音乐，风格什么的都不用谈。中国人什么样的音乐都可以听，但他不爱听的时候，说的就多了。他可能因为长期的麻木，他已经不知道自己想听什么样的音乐了。只能是依靠另外的一种东西来安慰，文字真的能够安慰各种各样的疾病，中国的文字强大，能够钻到各个领域里。这点是一种优势，对这点我是外行，我也没时间看。但我在看一本好书的时候，我特别容易激动，激动完了，我又发现自己特别幼稚，因为他们比我看的书多多了，但我还是要与他们争，因为这是我的权利。我主要不是看书，而是听音乐。后来我发现，这也是一个政治关系，文学中的上下级关系，高层与低层的关系，就是种政治。有些文人大唱民主，大唱理想，一旦得到某种东西，他们会用那种亵渎民主的方式去处置后代。一代一代都是这样。

周：我对这种现象也很反感，中国的文人爱唱拯救天下的高调，却很少想到需要拯救一下自己的灵魂。不过，这不是文学的罪过吧？文学本身就会造成这种情况吗？

　　崔：在中国恐怕是这样。中国文字有一种腐朽性，它有一种权威性，首先是因为这种权威性，才造成这种腐朽性。

周：你认为文字与音乐是对立的吗？

　　崔：我没有说对立，也许是我用词不当，我是说文字造成了其他感官的关闭。

周：尼采有一种类似的看法，他说音乐是最原始的艺术，直接就是本能，诗和戏剧之类文字形式的艺术都是从音乐里派生出来的，时间一久，与音乐的联系越来越弱，越来越没有生命力了。所以，应该回到音乐的源泉去汲取营养，才能获得新生。文字本身的确是很抽象的东西，文字太强大了就会远离生命，甚至造成对生命的压抑和扭曲。我觉得你的提醒是对的。

崔：中国的文字太强大了，所以说人们到最后都要得到文字的承认，文字的证明。这包括政府，也包括艺术家本身。美术界的评论人地位比艺术家还高，音乐界也快成这样了，很可悲的。人家说中国真正有学问的人，都是搞注释的，而不是搞创作的。这是很糟糕的。创造是要有痛苦的，而搞注释的人没有痛苦，只有赞美。创造需要付出一些代价。说中国人勤奋，在创造上可真不勤奋。而且任何一个成功的创造者，一旦得到他想得到的东西后，马上就改变了方向，不继续创造，开始长肥肉。

周：我是搞文字的，我有时候会有一种省悟，问一问自己，我是不是只是在做文字的排列组合，而并不是真正在思考。文字的确会给人一种错觉，让你自以为在进行精神的活动，实际上你很可能什么也没有想，你的精神是处在麻痹状态，你只是在习惯性地写。

崔：音乐与文字的不同，我想出了一种说法：音乐直接来自生命的质量，文字却要靠数量的积累。

周：这个说法很好，很到位。

崔：所以，语言往往会造成障碍，音乐却一点儿障碍也没有。

周：当然，虽然文字不是一个好的工具，但我们还是离不开它，无论是日常生活，还是人类文化，主要是靠语言和文字进行交流，进行传承的，你没法什么都通过唱。

> 崔：可能谈论文字本身就带着文字的局限性，这没办法。我自己知道，我对文字做的很可能是一种矫枉过正的批判，因为文字有很多东西，特别是你看不到好的书，拿着书看不下去的时候，你感觉到压抑。并且确实有些人，说三道四的那种，满嘴都是大道理，让你没话说的感觉，而这些确实往往是知识分子。通过看书积累出来以后，会给你带来知识分子的思维方式，这种东西很可怕。做音乐就没有这种感觉，做音乐做得舒服的时候，就像躺在大地上晒太阳的感觉，爱谁谁，喝醉酒，晒太阳的感觉。特别是早期的摇滚和现在的 Hip Hop，更向下更底层的东西，从根里找你做人的感觉。这种东西我现在已经说得太多了，我应该做出来才能够让人有这种感觉，在中国没有 Freestyle 这种大众的文化，相反有很多知识分子的东西，我自己已经被潜移默化了，变成一个思考者、观察者了。

周：音乐的确比文字优越，它和灵魂的关系更加直接一些。

> 崔：人们要是不理解人类为什么要用文字的话，要用笔的话，文字可以是任何一种东西。文字和音乐之间实际上是平等的，实际上我不是说音乐要超过文字，也不是说我们要真正去反抗文字，不是那意思，真正的意思就是当文字不能代表灵魂的时候，音乐却代表灵魂，这时候你就要服从灵魂的需要。

周：有时候，搞文字的人比做音乐的人更感到压抑。

> 崔：你说为什么诗人的自杀率那么高，他们对苦难特别敏感。

周：对文字不能一概而论。

崔：不能一概而论。我只说的是文人实际上有非常好的基础，他有无止境的空间去开发自己，因为看书是最简单的，你要是喜欢文字，实际上你能够无止境地去看到很多东西，这是最自由的接受和创造的方式，没有比这种方式更自由的了。电影受限制，音乐也受限制，听好的音乐的机会不如看好的文字多，你写出好的文字在技术上要比写好的音乐容易，没有什么成本，写音乐你最起码要有好的琴，好的吉他，录音。

周：对，需要成本。文人只要买书就行，工作时也就一支笔和一张纸，现在换成了一台电脑。

崔：这个成本没法比，你要有录音机，跟别人合作，做排练，这都是很高的成本。作家只要有房子，你在咖啡厅里、饭馆里都可以完成创作。所以我觉得，我自己如果单纯地去引起另外一种无聊的音乐和文字之间的矛盾的话，我就会陷入比较尴尬的境地。音乐同样有很多问题，我所说的只是在当今的生活现象里，我所产生的对文字的看法，不是一个根本的音符和字之间的矛盾，我只是结合当前的现实来看的。我不是在搞学问，去研究一个音符和一个文字对一个人的影响，甚至要去测试你的一刹那之间的反应，不是这回事。我只是谈现实，我看到的文字和音乐之间所产生出来的一种矛盾，同时带来的一种遐想和一种思考，一个艺术家、音乐家所应该受到的提醒、关注和受到的刺激，搞文字的人应该受到的刺激和关注。甚至应该变成共同利益，在有良心有道德的人之间，达成最基本的一种引人向上的那种东西的联合，这样来造成一种共同的发展和开发。这才是我们真正要发现的东西，就是借用这种方式来共同探讨已经发生的矛盾。

周：我相信音乐中确实有一种发自生命本能的原创性力量。我理解你的基本立场是，立足于这种力量，对脱离音乐本原的纯文字进行批判，目的是为了复活文字的表达能力。作为一个以文字为业的人，我当然在谈话中感受到了诘问和挑战，但我欣然面对。我的直觉告诉我，我听到的是来自健康的生命本能的一个提醒。我的确觉得，包括我在内，每一个舞文弄墨的人都应该对文字保持一种警惕。

崔：其实我也是很尊敬文字的。总之一句话：音乐也罢，文字也罢，只有两种，就是好的和坏的，从自己这方面来说，就是认真的和不认真的。

中国需要一个自我
表述的革命

周：我们谈到过中国传统文化的一些弊病，也谈到过因为现行体制和商业化过程所造成的一些现实问题，这些因素都对我们的生存状态发生着负面的影响。要改变这些东西肯定需要多方面的努力，我们可以讨论一下艺术家在这个过程中能够起些什么作用。

崔：中国有一些人，包括国家利益至上的某些人也一样，真是非常棒的人，我特别佩服。真是吃苦耐劳，为革命做贡献，腰疼得不行了，躺在硬地板上还在看文件。他们有可能把这些看成是人的价值的一种体现。包括他们在内，也包括许多平民，普遍不理解艺术家。他们内心里都没有被艺术家真正打开过一扇窗户，问一问自己，到底什么样的生活方式更有价值。这都需要艺术家来证明，也只有艺术家能够证明。实际上这个问题每个人都会碰上。有的人是为了学问，有的人是为了兴趣，有的人是为了一个抽象的、隐隐约约的理想。

周：一般是不知不觉就被一种生活方式占有了，包括家庭、教育、职业，种种自己不能支配的因素把人纳入了一条固定的人生轨道。要从中跳出来看一看自己的生活方式到底有没有价值，这不是一件容易的事。要改变自己的生活方式，真正换一种活法，这就更难了。要做到这些，恐怕只能靠哲学和艺术，哲学就是教人跳出来看自己正在过的生活，艺术就是让人体验一种与正在过的生活完全不同的活法。

崔：大部分人被既有的规则限制住了，甚至不会表达自己了。年轻人说话也一样，他们基本上不交流，他们的自我表达能力在某种程度上是有障碍的。他们都有一种生硬感，跟所有人说话都保留一些，少说多听，基本上是这种模式。没有那种张扬的东西，觉得张扬特丑陋，是吹牛，会招人恨。他们用这些东西制约自己内心的表达，反正有特别多的拘束。一旦出口就伤人，要面子，没有能力把事情看清楚再好好说，走到了另外一个极端。

周：为自己的无能报复别人。

崔：对。我就跟他们说，真正的表达不是这样的。真正的表达很少有过，现在唯一可以用来表达的东西是流行歌曲、电视剧、小品之类，为什么那么多人喜欢？因为它像顺毛驴似的，确实微妙地表达了个人的情感。只有这样一些方式，没有别的了。这种文化制约着你，使你在生气的时候不能表达你自己。你在冲动，但你不能表达你自己，结果就犯错误，甚至犯罪。不给你这个机会，不光是社会不给你机会，亲朋好友也不给你机会。你在家里说都不行，家里都制约你。我说有些话，我爸爸会马上制止我，他就不觉得那话说完后我高兴，我那是幸福。他只想你这么说会带来后患，就是这种文化。后来我想，我们对孩子也一样。

这种制约就像坐车必须系安全带一样。"你怎么没系安全带?"他觉得这是在保护你。可能我觉得我没开起来,或者是开在广场上,不需要。有时候,我希望地球上有这么一片土地,不用你系安全带,你要是开的是敞篷车的话,你可以把头伸出来,享受一下自然的空气。他们就没有这种意识,必须给你系上安全带,在座位上坐好,所有人都告诉你这个。

周:所有这种自己快乐的事情,都要引起旁人的紧张。中国人的这种自我封闭、自我压抑,的确太严重了。其实我也是身受其害,和你们这些音乐家、艺术家在一起,我就发现我自己是一个特别放不开的人,都已经积重难返了。

崔:这是对人性的压抑,什么中国人有韧性,能忍,还说什么退一步海阔天空,认为这就是博大精深。根本不是,说这个话是特狭隘的,博大精深就不会说这个话,博大是宽容的,精深应该是有突破性的。

周:中国人在精神上受的束缚的确太多,不敢冒险,不敢做试验,不是狭义的科学试验,是各种各样的人生试验,尝试不同的活法,不同的人生可能性。也不敢张扬个性,其实真正张扬个性不是侵略性的个人膨胀,而是找出自己最好的活法,每个人都活出自己最精彩的状态来,这样每个人在别人眼里都成为一种风景,世界会变得多么美好。

崔:我发现我们实际上有很多问题可以谈论。例如性,中国人在这方面最开放,最早有色情行业,但同时对性又一直在压制,是最不能公开谈论的事儿。这里存在表述方式的问题。我认为中国需要一个自我表述的革命,而对此肩负最大责任和拥有最多机会的是艺术家。所以,中国艺术界是世界上最幸运的，还有革命的机会。你瞧，中国有这么好的语言，却自己说不清楚自己，越有学问和思想的人越说不清楚自己。而且，受过这种压制的人还在毒害下一代，让四五岁的孩子背唐诗宋词，以为是弘扬中国传统文化。来人了，快给叔叔阿姨背一首，小孩不懂，受了夸奖，以为这就是聪明，往后就这么做了。我接触过一些人，跟他们说话是享受语言，那种幽默感一触即发，笑半天，别人听不懂。还有一种有双语能力的人，他们从别的语言所反映的生活方式中得到了一种借鉴。要不是这两种人，吵架都吵不明白，莫名其妙发了一通脾气，说出来的都不是他想表达的。我欣赏商业活动中开门见山的语言，不要浪费时间，上来特别简单，好莱坞也是，一个电影从策划到实施，最快的十分钟二十分钟，特别直接，行就行，不行就不行，再见。当然这是一个比较过分的例子。其实人与人之间就是这么简单。在中国，太费劲，自我表达的障碍，没有说清自己的能力。

周：你说的自我表述的革命，这个革命怎么做呢？

崔：从现在开始，每天少说一句谎话，到一百天就是一场革命。我就是想听你说实话。

周：少说假话、废话、跑题的话、回避问题的话。回避问题的话太多了。

崔：对。

周：那么，你认为许多人是有自己的东西，只是说不清楚？

崔：从来没有开始过，不会说了，没这能力了。

周：很多人都没有需要说这样一种动力了。你的摇滚倒是一种很直接的表达。

> 崔：对，实际上不是暴力，是最和平的一种方式，但和平得很暴力。我建议你们多去听音乐，找音乐里能够让人的表述能力复活的那种东西。表述这个概念也挺操蛋的，挺知识分子化的。反正别忽视你的精神要求，你要表述的是这个东西，要记住这点。什么叫交流，交流就是你认识我，我认识你。中国人交朋友的概念是你必须同意我，我必须同意你，其实明明不是朋友，是一种生意。有的人有很好的语言基础，很丰富，开玩笑都很棒，说黄段子，讽刺，骂别人，听起来很过瘾。可是，一说自己的经历就显得特别无能，要不就瞎吹。

周：中国人羞于说自己，不好意思说自己。

> 崔：自闭。音乐是一种力量，中国诗人要有音乐的这种力量，海子就不会自杀了。中国诗人太压抑了，不是物质生活上的压力，他们不懂音乐，找不到方式，身体里有能量，但发泄不出来。

周：普遍的自我封闭。你一直强调音乐是一种本能的力量，我相信你是有针对性的。在中国，音乐本能的乏弱不仅仅是音乐的问题，也反映和导致了包括各种艺术在内的整个文化的疲软状态。摇滚能把这个墙打破吗？

> 崔：摇滚已经很难说了。中国现在的摇滚都已经形式化了，虽然我更愿意说它还没开始呢。中国艺术家生存环境最大的问题是体制弊病，你要是不敢说这个就基本上可以闭嘴了。这是生存环境问题，脾胃不和，大便干燥，什么样的病都会出现。我愿意干嘛干嘛，这是个基本要求。我算是

有福气的，是个在地上地下之间晃的人，因为有一些很忠实的听众在，这是我的幸运，但根本不是中国艺术家的幸运。艺术是非常有功能性的，艺术放开了，中国会有天翻地覆的变化。再重要的诗人，再伟大的评论家，再高级的画家，不谈论这个问题，对不起，我就放到另一个档次上了。这是非常严格的要求，因为活人不能被尿憋死。有些人在饭店大厅里撒不出尿，能把自己憋死，这就是现在某些艺术家的状况，就这么没有勇气。

周：有没有比较好的？

崔：当然也有棒的，例如姜文、王朔。民间有些作品出来也很棒，你从来没有发现过有写作才能的这帮人，这帮人写作震撼人。

周：你觉得张艺谋怎么样？

崔：张艺谋的质量好，风格有点不太适合我，不是我喜欢的那种风格，但他质量好，他是独立制片里好的。他不应该用大制作，大师级的不必是大投资。大投资中国目前就有两个或三个好的，陈凯歌的《霸王别姬》，还有就是《阳光灿烂的日子》、《鬼子来了》，这是真正的大制作电影。在我看来是无拘束的，把自己所有的想法都拍出来了，没有金钱压力，没有政治压力，甚至突破政治压力的这种片子。很多人对《霸王别姬》的"文革"场面评价不高，但确实好看，讲的故事也很好。电影的成功，西方电影有这么一句话：一个浑蛋的成功是电影的成功。看完《鬼子来了》以后，你发现在中国不同，一个被扭曲人的成功是中国电影的成功，中国艺术的成功，像阿 Q 一样。因为不接受浑蛋，只接受被扭曲的人的成功，所有人都利用这种方式。王朔为什么成功，他把自己的角度放在很有反抗的那种角度，完了以后产生一种张力，产生一种反弹力量，我认为他自己是很严肃的一个人。

周：前一阵话剧《格瓦拉》炒得挺火，你去看了吗？

崔：去了，它能够在这个社会里起到一些启发人的作用，但它本身对格瓦拉的认识有很大曲解。做得太粗糙，不过它开始用现场音乐了，这是不错的。很认真做事的，我觉得他们在这一点上很好，但我不想再看第二次。

周：诗歌、小说你看不看？

崔：偶尔看，最近看了一点余华的。

周：喜欢吗？

崔：我觉得他跳跃太大了。我很喜欢他的《十八岁第一次出门》，很棒。

周：那是他早期的。他的小说的确好，到现在为止，我认为他是中国当代最好的小说家。

崔：我喜欢刘真的一个中篇叫《隔绝》，少有的震撼。上海的一个女作家，她真的很牛，是第一个宣布与同性结婚的。但她后来的小说我就没有看到过。我说，我希望你的小说是你想象的，不是你的亲身经历，这样你还能写出第二部好小说来，她说是一半对一半。小说没正式出版。她的语言真狠。还有，尹丽川的语言也特痛快，特震撼，我觉得有一种残酷的美。你看过她的作品吗？

周：我看过她的几首诗，几个中短篇小说，很喜欢。许多人把她比作王小波，我觉得她比王小波棒。二十来岁的这一代人特别有希望，他们没有任何文化包袱，无论在生活中还是在写作上都没有，心态非常自由，写起来特别无拘无束。不像我们这一代或者比我们年轻些的一代，包括王小波在内，事实上要费很大的力气去和文化包袱作斗争，你在他们的作品中可以看到许多做这种斗争的痕迹。

崔：中国经济开放以后，就是要开放文化，中国文化是一个巨大的财富，中国通过文字的人文关怀情绪特别高。中国有多少人会讲故事呀，一旦让中国开放讲故事，什么样的故事都会讲出来。我有一个预感，中国将会有一场真正意义上的文化革命，不是政治上的，是真正人文的，能够出现一些举世瞩目的作品。我特别相信中国的艺术家有这个机会。

周：我不像你这样乐观，因为这确实有一个文化积累的问题，西方至少经过了两百年的积累，创造的基础已经非常雄厚，中国的传统一直是阻碍这种精神文化的积累的。我估计中国在文学、艺术、哲学、人文科学上要真正出世界级的大师，不是出一两个，而是出一批，还需要很长时间。当然，我相信在文化开放以后，局面会非常活跃甚至壮观，是现在难以想象的。

崔：我不敢说我的观点能完全推演下去，但我相信这个实力，并且这个文学的底子能够影响到其他方面，比如电影，音乐就不好说。总之，我相信中国文化一旦开放以后，中国就会有巨大的变化，真正的变化。

人类在向职业化发展

崔：最近我在想一个问题，想的时候特别有冲动，觉得应该把它记下来。我在想，人类向前发展，肯定会越来越职业化。现在不是邀请国外的教练吗？包括参加奥运会，代表国家的体育，也请国外的教练来训练。这说明人们越来越相信职业化，越来越不相信血统造成的那种给人信任的理由。不是说，我们是同样的血统，这就成为信任的基础。以后肯定不会是这样的。有可能将来的总理也可以是外国人，你干得好，拿出很好的规划或是很好的成绩，我们就雇用你。将来奥林匹克的概念也不是以一个国家一个国家为单位，而是俱乐部与俱乐部之间比赛那样的方式。

周：这个想法的确很有意思。现在人与人的组合，最基本的组合是国家、民族，这是由地理、历史、血缘等因素决定的，而不是由人性决定的。

崔：而且实际上往往牺牲了很多个人的利益。中国的乒乓球只能有三个人拿奖牌，或者只有少数人能参加国家队，其实，中国的某个省队可能比很多国家队要好。从个人利益上说，如果我不能拿到中国的名次，就没有机会到世界上去拼了。如果俱乐部化了，我在这儿拿不到，在另一个俱乐部也许就可以。这是小例子，以小可以见大，道理是一样的。不同民族肯定有不同的长处和短处，非洲独立越晚的国家越富有，独立越早的越穷，其他的例子也很多。欧洲国家也一样，有自己的弱点，有些事就做不好，适合别的民族来做。不过，只要我们一谈论民族问题，自身就有很多的障碍，很多你死我活的残酷事实，往往一个国家刚刚独立完了就内战，实际上造成倒退。

周：在历史上，或者在当今的世界上，民族隔阂导致的战争最多，往往也最残酷。当然，在其中起作用的还有宗教信仰的差异和经济利益的冲突。我觉得这在总体上表明了一种蒙昧和落后，在经济和文化都发达的地区，民族冲突明显就少得多。所以，我想，只有随着整个世界的文明程度的普遍提高，民族问题才能真正解决。一个文明人是不会把自己属于什么民族看得很重要的，他更看重个人的真实需要，包括物质上的和精神上的，并且面向世界来满足自己的需要。一个文明人更是一个个人，也更是一个世界人，而不太是一个民族人。

崔：我就是觉得人类发展会越来越职业化，职业的利益更多地接近个人利益，民族利益却远离个人利益。有一个商业电影叫《保镖》，那个保镖最后用身体挡住了子弹，他说这是我的职业，我应该先比你死。这要是个中国电影，就会说因为你是伟大的人民音乐家了。做同样的事，却是另外的感觉，而且没感到撒谎。我们活在这种逻辑里，很多人都活得不真实。我相信将来有一天，开放到了一定的程度，我们对别人的背景会不太在乎，主要是看他的成绩，然后聘请什么样的人给自己服务。人家该说我是无政府主义了，但这和无政府主义还是不太一样。无政府主义我没研究过，我想象就是那样一种主张，相信人的理性在没有政府的情况下能够发挥更大的创造性。不过，这种东西会造成国家危机，国家机器有充分的理由要制止无政府主义。在西方也一样。

周：无政府主义的基本主张是废除国家。但是，作为历史上曾经有过的政治派别，它强调的是立即废除国家，所以无政府主义者在行动上非常激进，搞暗杀什么的，与政府势不两立。其实，马克思主义也是主张废除国家的，它不叫废除，叫国家消亡，也就是说，不能立即废除，先要用国家来反对国家，条件成熟了就自然消亡，进入共产主义。在西方和中国的历史上，许多思想家都认识到国家的坏处，把取消国家当作一个理想。取消国家有两个含义。一个是取消国界，世界大同，现在欧洲就在朝这个方向走，取消欧洲内部的国界，把整个欧洲变成一个国家。另一个是取消任何利益集团对于社会管理权的垄断，对这方面的理解就有很大的分歧了。你的想法与历史上的无政府主义肯定是两回事，不过与取消国家的这两层含义都沾边。你的意思好像是说，人们不通过血统、国家、民族来联合，而是通过专长爱好来联合，结成一个个团体，这样结成的团体能够最好地维护自己成员的利益。

崔：我说的是互相服务，我这个爱好是你没有的，又是你需要的，我就向你提供这方面的服务。就好比有个大公司专门培养、出口总理，成绩好，各个国家就都来聘用，这些备用人选也可以拿出计划来竞选。不像现在这样，不是凭有关的专长，而是要顾及种种关系，包括国家与国家之间的关系，有很多的考验，在这方面浪费特别大的精力，浪费人力和财力。从根本上说，事情是可以简化的，比如一个好的足球队教练，他是巴西人，当他带着一个异国的球队跟自己本国的球队比赛的时候，他肯定向着异国，因为是他带的，这是人性的一种。韩国的曲棍球教练就是这样，当时中国和韩国的曲棍球队都有进入奥运会的机会，韩国的球队闹翻了，教练就来中国执教。这个运动在中国还没有开展起来，第一次参加世界性比赛，结果中国队打出了很好的成绩，打败了世界冠军队和亚军队，得了第五名。我的意思不是说这个事，我想说的是，实际上国家利益在很多方面可能会违背个人利益。

周：合理的机制是让每个人的能力得到最佳的发挥，同时也就是他的个人利益得到最大的保证。这就要打破国与国的界限，而整个社会在总体上也是受益的。你是不是认为，这个前景在体育领域已经出现了曙光？

崔：当然，目前不能说人们已经不在乎是不是某个国家的人了。你要真出国了，国家还是很大的保障。实际上你是在享用着国家带给你的好处呢，所以它还在制约着你。

周：这是因为你是在另一个国家里，那个国家不把你当作自己人，因此你需要你所属的国家来保护你。所以，国别的淡化不是单独一个国家可以做到的，必须是世界上各个国家同步发展，大家都淡化。这恐怕是整个人类发展到很高的程度才可能做到的。

崔：那个时候会节省下来很大的资源，这节省的程度现在可能都想象不到。现在，宇航方面的研究就已经是这样，各个国家的研究资源都是有限的，就互相交换信息，交换资料，不重复，不浪费。我觉得一个国家和另一个国家之间主要是较量系统和培训。谁早意识到了，事先做了准备，就成为强者。比如说武术，并不是中国自古就有武术，而是中国人天生比较弱小的身体在外来高压的条件下，必须弄出一种力量。它实际是一种身体力学，对身体的一种调训，怎么样去四两拨千斤。追踪到根源上，有一种非常个人化的来源，而这种东西为什么不可以交流呢？正是因为有国家概念。音乐就不这样，谁也不可能把音乐当成武术那样去用，你掌握了，有一天就把我打死了。音乐和所有艺术都有交流的功能，然后才产生了这种美好的东西。

周：所以，**体育比赛特别容易激发民族情绪，音乐比赛、画展之类的就不会。**

崔：看了奥运会的开幕式和闭幕式吗？太丰富了。可是在看世界杯足球比赛的时候，球迷对自己国家的那种狂热，我觉得是因为内心里有一种民族脆弱感，才造成那种反差很大的表现形式，好像我们国家队一定要怎么样争光，才能证明我们的民族是最伟大的民族。这是奥林匹克精神里没有完全说透的东西，如果不改的话，可能有一天我们会觉得，奥林匹克运动是一种很丑陋的运动。

周：包括最后谁胜了升谁的国旗。

崔：那一刹那特别丑陋，我越来越不愿意看。

周：竞技的整个过程都很有看头，直到最后，这是一个伟大的过程归结到一个很渺小的结局。

崔：所以我觉得，将来更有意思的可能就是俱乐部参赛式。

周：会不会出现很多俱乐部爱好者，他们要求升俱乐部旗，不同俱乐部的人又会互相打起来？好在俱乐部与国家毕竟不一样，国家是固定的划分，而俱乐部是可以变的，就不容易有固定化的宗派情绪。

崔：实际上最高水平的足球赛是俱乐部赛。看世界杯赛时，看的不是足球，不是体育，而是在看另外一种东西了。

周：那是不同的爱国主义在斗争了。

崔：代表国家踢球，这也应该有，但那只是表明国家在体育比赛中的意义，这应该慢慢减少。可是人们如此疯狂，甚至有点愚昧，被人利用。我觉得刘璇特棒，得奖后记者问她想没想到她的父母，想没想到她的第一个教练，她说我什么也没想到，我就想把动作做好，脑子里是空白的。又问她想不想她妈，她说我想我妈，可我不想在这儿说。

周：日本人好像也只关注他们自己国家的选手。

崔：我觉得很多中国人已经不这样了，还特别想看别国选手的比赛。对体育运动的国家操纵，正是这个才使我想到刚才说的爱好者俱乐部。

周：个人能力的自由表现和自由发展是最美的，而且允许所有个人都有这样自由表现和自由发展的社会是最好的。

崔：所有人都干自己最喜欢干的事。为什么有些人工作效率那么高呢？是因为他们希望把事赶快干完。干自己不喜欢的事才需要有领导，有外来的压力。当一个人拿起自己喜欢的事情来做的时候，才真正开始享受生活了。我现在不知道自己怎么样才能再好了，就是有时候我没有压力，做音乐的时候，其实那是更大的压力。有时候我拿起鼠标，开始自己做音乐的时候，压力更大。因为我知道这是我最喜欢做的事情，我必须把它干得更好才行。在某种程度上，血型、遗传、基因等决定了人的性格，人们能越来越具体地分析出各人最适合做什么。如果在战争面前，在必须国家利益至上的时候，这种东西是不会被意识到的。现在网络很好，所有人在上网的时候都是主动的，非常愉快的，可以找到自己的一伙，与自己喜欢的人聊。这就有点那个意思。网虫肯定觉得这是自己有安全感的一种社会环境。

周：我还没有这种体会。网络的确提供了一个自由的渠道，但是，就网上交流来说，我觉得低水平的居多。

崔：在任何一个领域里，真正能达到精华部分的人，实际上也只有那么几个。但精华未必有幸福。

谈友谊和爱情

友谊的前提是
没有错误信息

周：我想听听你对友谊的看法。

崔：我觉得没有一个艺术家是为下一代人生活的，爱和恨是同代人的事。所有艺术家都是爱同代人的，即使不是艺术家，感情也都是针对同代人的。所以说，每个人都喜欢有朋友，这是肯定的。所有人都需要朋友，需要与同代人有交流，有友情。这一点有时候特矛盾，比如说有时候觉得孤独，你想的东西多，别人不理解，别人再说点风凉话，马上就觉得自己不应当生在这个时代，应当生在下一个时代。这是弱的表现。你没有能力去说服同代人，去影响同代人，有可能是两个原因，一个是你没有表达清楚你自己，还有一个就是你自己没做好，没把事情做透，所以别人不理解你。

周：另外还有一种可能，就是你做好了，也表达清楚了，可别人还是不理解你。这种情况是存在的。

崔：那就是有些人不愿意理解你，故意不理解你，他们就不是朋友。

周：不光是愿望问题，有时候是没有这个能力，就是理解不了。

崔：作为朋友，中国人特别好面子，面子包含着一个特别大的文化问题，就是人们把友谊当成一种公式去看待，去维护。我觉得朋友的概念是，他给你的那一段友谊也是有时间价值的。在这一点上我是比较西化的，就是我交一个朋友，没有什么具体公式，不存在给不给面子的问题，实际上我是很不给面子的。时间长了以后，我发现，如果你不愿意伤害他，又不愿意产生误解，只有一个办法，就是牺牲掉一点你自己的利益，如果是因为利益的话。或者就跟他谈最后一次话，说我们之间一直有误会，你可能因为什么原因不喜欢我，或者因为我有什么东西伤害了你的利益而嫉恨我，但最重要的一点你要记住，就是真正伤害你的是一个时间值，我占了你的很长时间，你占了我的很长时间，结果发现对我们都没有意义。真正的伤害是这种伤害，就是互相占了时间却没有意义。

周：对，浪费了感情，说到底就是浪费了时间。

崔：有时候你跟一个人聊天，你真的会发现，你听他说话还不如去说服他呢，还不如告诉他咱俩不是一样的人，这样就变成了一种正面的交流。

周：这真需要放得下面子。中国人常常为了面子付出代价，付出了代价最后也没有保住面子，结果互相更加怨恨。

崔：所以我发现，如果你永远保持真诚的话，实际上你没有敌人。真诚是需要具备创造的智商的，只有不断地创造才能维护真正的友情。你要不断地创造，因为任何公式都不好使，你看的任何书都可能没有用。怎样才是对朋友真诚，就是把你的真实感觉告诉他。结果你会发现，当你跟他谈完这次话以后，他并不恨你。或者你根本就不在乎他恨不恨你，因为他已经不是你的朋友了，你心里非常清楚这一点，就是他根本不理解你。凡是朋友成了仇人的，都是因为有误解，一开始就没有以诚相待过，然后互相用公式，你用你的公式，我用我的公式，来维护这种友情。像这种友情都是为了达到自己的目的，到了一定的时候，发现两个人根本就不认识，又在一起待了那么长时间。在这个凑合的过程当中就有特别多的恨，一回想起来，这家伙怎么看不起我，怎么不尊重我，都是因为时间的问题，因为他占了你的时间，他不应该占有，但他没有说实话。

周：有时候两个人自己都并不知道他们不是一类人，倒也不是存心欺骗。我接触人主要凭直觉，我相信自己的直觉。但直觉也有不准的时候。

崔：我喜欢话说多一些。现在的年轻人，与他们交流多了累，他们的交流能力特别差，自我表达能力特别差。我喜欢把话说得多一点，说得透一点。我也喜欢不说话多干事的人，但如果我不说话，不会因为我不说话，结果丢失东西了，完了我嫉恨别人，这种事情特别不公平。如果你不在乎一件事，在事情发生以后，你就不应该变成在乎。比如说，有些人在干活时说没关系，你怎么说就怎么干，可是事干完以后，他们就不是真不在乎了。如果你说不在乎，事后又来找我，我就会特别痛苦。已经成了友情一样的关系，偏要做出生意一样的事情，特别累。如果事先你预感到要在乎，你必须学会表达，这是你必须强迫自己要增长的能力。要想做一个事，又不想失去朋友的话，事先必须得说清楚。没有这个能力，就得练，练好了以后再去跟别人合作，这是对别人的一种责任。这样的话，你们中间就永远没有错误信息。

周：你这是说的朋友之间的合作，我觉得特别有道理。如果是更加亲密的关系，感情上的关系，是不是也这样呢？

崔：包括男女关系也一样。我现在交女朋友，甭管是什么，我都发现是这个原则。你可以不爱我，我也可以不爱你，我们可以互相需要，当然也可能互相爱。相爱首先也是这个原则，两人之间没有错误信息，尽可能避免错误信息。有错误信息，到最后你说是我骗你，或者我觉得是你骗我，这种伤害是第一伤害，而且是无法医治的。跟那种人交流是最累的，你正面问他（她）有什么看法他不说，但他又隐隐约约让你感觉他有看法，忒累！不如公平交往，开诚布公，我能做的坏事你也可以做。不管怎样，能理论的爱情不是真的。当你真的爱上一个人时，你说什么也没用。

周：两性之间的情况复杂得多，我们再专门讨论。

周：现在我想听你谈谈与两性有关的话题。我觉得，两个男人在一起严肃地谈这个话题未免不同寻常，至少我会感到尴尬。如果有一位女性在场，一定会自然得多，你也会更有兴趣谈。所以，我请涂玉艳加入有关这个话题的谈话。

涂：我想知道崔健的初恋大概是在什么时候。

崔：在我小学的时候。

涂：上小学就初恋了！你说的初恋是指什么？

崔：就是真的爱一个人。

涂：那时候你有多大？

崔：就十一二岁吧。

周：那只能说是性觉醒吧。

崔：那是我的隐私，但我越来越发现，我没有必要把它当作隐私了。其实在七岁的时候就有过一次。

涂：七岁？

崔：后来我发现很多男孩都有过。对异性的抚摸，她们也愿意我们抚摸，而且有冲动。完了见了那个女孩就不好意思，她见了我也不好意思。后来哥们儿之间谈论起来，他们说他们也有过。我还看到书里面也写过，那是生命中早期的一次性发育预示。

周：按照弗洛伊德的说法，还要早。

崔：其实很自然的，我觉得特别美好，和小女孩互相偷偷看，眼神里都有好奇。

涂：好奇是有的，但是我觉得不会有任何生理的快感。

崔：当时玩过打针的游戏。

涂：是不是男性与女性就是不一样。

崔：可是如果女孩没有兴趣，她就不会玩了。

涂：女孩对你有兴趣，我觉得是好奇心。我也曾经玩过这种游戏，但是我并没有觉得是生理的快感。

周：男孩可以早得多。

涂：这就比较有意思了，现在许多家长都不愿意正视青少年的性教育，往往低估自己的孩子在性的方面早期发育的事实。

崔：但确实是事实，打针的时候也偶尔会有反应。我们有一次玩的时候，被对方的家长看见了。

涂：你爸爸是什么反应？

崔：当时我爸爸不在，对方家长告诉了我爸爸，当时我爸爸很生气，但后来我们之间没有敌意，甚至对方家长对我也没有敌意。

涂：你爸爸当时很生气？

崔：我记得很清楚，我爸爸当时对我很严厉，在此之后我觉得是一件不光彩的事，但之前我没觉得不光彩。

涂：后来怎么觉得不光彩呢？

崔：是一件不好意思的事，不愿意告诉别人。小时候看画报，特别有兴趣看《红色娘子军》《白毛女》。我觉得它们是对我最早期的人体美的启蒙教育，包括我父母的同事，我妈妈是跳舞的，那么多漂亮阿姨，就是这种很自然的东西。我现在勇于公开谈论这个问题，这种勇气是从我长期做音乐里不断产生出来的，使我觉得不是一个见不得人的事情。我们对我们自己的孩子也应该这样。西方有一个十七八岁女孩的父亲特别酷，孩子去约会的时候，自己跟女孩讲，我现在还不想当爷爷。

涂：你七八岁的时候只是一种身体的生理反应，那么，刚才你还说到十二岁时候的初恋，那是不是有别样的感觉？

崔：初恋的感觉，现在说起来有一点肉麻。就觉得她什么都干净，真想吃了她，是这种感觉。就像当时觉得伟人都不拉屎。当然这是很可笑的。

周：不算太可笑，我小时候也那样想，想象力一到这里就短路，觉得伟人和美女拉屎都是不可思议的事情。

崔：我觉得初恋就是一次性崇拜。后来她总跟别人在一起，我特嫉妒。她特别漂亮，最漂亮的。

周：那是你当时的感觉，不是现在的吧？

崔：在那时候她绝对是最漂亮的女孩，开朗、爱笑。

周：一般初恋的时候好像没有性要求。发育期当然有性冲动，很强烈的性冲动，但不会和自己崇拜的对象联系起来，而且觉得这样联系是亵渎。

涂：你那时候特别想见她，特别想跟她待在一块？

崔：对，那时候见她也特别不好意思，但特别想见到她。你仔细想想那种十一二岁的女孩，那种天真，那种劲儿太美了，真令人遐想。后来，上了中学后，终于有一天放学骑自行车送她回家，生怕她受伤了，坐后边还不愿意，就愿意她坐前边，甚至一边骑自行车一边吻她。

涂：你有没有觉得比较成熟的初恋，就是你长大了以后真正有感觉的初恋？

崔：其实所有恋情的感觉都一样，觉得对方是一个前途无量的女孩，从爱到崇拜。我觉得男人对女人的爱很大程度是性崇拜，对她浑身散发的气息的崇拜。

周：初恋的确这样，那是一种发现，对异性世界的发现，充满欣喜之感，觉得少女那么美，世界那么美，朦胧地感觉到一定有某种特别美好的事情在等待着你。实际上初恋的对象是谁真是不重要，甚至有没有具体的对象也不重要，最珍贵的是当时那种无往而不美的心情。

涂：记得有一次和崔健聊，关于女人的问题……

崔：差点儿没吵起来，终于发现……

涂：终于发现崔健很固执，有些问题带有他自己非常强烈的观点。

崔：来自生活。

涂：来自生活不一定很真实，我觉得是代表男人看女人。

周：他只能作为男人来看女人。

崔：代表一个男人看一个女人。

周：对，只能代表自己。如果代表所有的男人来看所有的女人，就很虚假了。

涂：我肯定只能代表我自己。我觉得我的看法和很多女人是不一样的。

崔：那是你碰到了好老公呀。

涂：那是相互的。人生来不是坏与好的问题，如果你好他就好，如果你坏他就更坏，一定是这样子。信任也是这样，一旦信任产生危机的时候，就会变成一种恶性循环，然后你看他什么都不像，其实他明明非常诚实地告诉你这件事，但你变得彻底不相信了。

崔：信誉没有了。

涂：对，信誉没有了，因为你的不信任，他那时候又特别坦诚地告诉你这件事，他遭受的打击就更大。然后就是造成这样的恶性循环，怀疑他任何事都没有基础。

崔：阶段性的。感情有了相对的一个归宿，有了着落的时候，就是和没有着落的时候不一样。或者不可靠的一个对象接受你的感情，你怀疑一个女人，但同时你又必须和她生活在一起的时候，又是另外一个样。

周：实际上你对异性的那种判断，和你自己在异性那里的遭遇是分不开的。遭遇又是会变化的，此一时也彼一时也，所以你的判断也会变。

崔：男人的感情方向是前后摆动，女人是上下浮动。这两个人正好是这时候一个上去，一个下去，就出问题了。男人有的时候想进入，有的时候想逃走，女人就是情绪低落和高涨。这是《男人来自火星，女人来自金星》这本书上写的。

周：我看女人现在左右摇摆的也越来越多了，比以前多多了。不愿意在一个位子上，她还是愿意有一个更大的空间。

涂：随着女人经济上的独立，她就越来越不依赖于男人，谁也不愿受人控制。

崔：你还是把男女关系看成了一种经济上的东西了。

周：现在有的女人非常独立，完全不是经济上的原因。

崔：我觉得这种东西不是你自己选择的，当你自己不想选择的时候，你的身体告诉你，不是说你想选谁就谁。爱情永远是被选择的，不是选择的。我看过一个法国电影，有一句话说得特别好。一个男人已经受伤了，这时他以前的女朋友还是打了他，打了以后他就哭了，他说你冤枉我，实际上我爱一个人不是我想爱就爱的，你爱我没办法，我不爱她也没办法，爱情不是我能选择的。

周：是爱情选择了他。

涂：那个女人能接受吗？如果那个女人觉得这不是爱情，问题就复杂了。对你来讲爱情是不可以选择的，对她来讲爱情也是不可以选择的。

崔：如果能把理性融进爱情里的话，这需要双方的宽容，就是在男人想摆脱的时候。男人经常有摆脱心态，女人要理解。但女人在上下浮动的时候，情绪最低落的时候，男人也应该理解。实际上两种人肯定是不一样的，大家在一起生活，要付出共同的努力，特别的和谐只是阶段性的。

周：两个人再相爱，他们各人的感情节奏是不一样的，这就特别容易发生矛盾。怎么样去共振，但共振肯定只是一段时间，不可能老是共振下去的。

崔：对，对。

涂：那就不是相爱，是相处。

崔：但是说一千道一万，爱情大部分是年轻人追求的事。到老了，当你以为你真正明白的时候，你是否还有勇气继续追求它。

涂：我看梁实秋七十多岁时候的爱情一点也不逊于年轻人。

周：我觉得有点做作。那时候他需要这种感觉，所以他拼命地往这种感觉上面靠。他这种年龄写少年人那种风格的信，我觉得是可笑的。

涂：你觉得不真实吗？

周：不真实。他很多地方是用文字在欺骗自己，自己得到一种陶醉。我那时看了个开头，就看不下去了。他就是感情真，也不应该用这种表达方式。你看他写文章多理性啊，他以前的散文都是很理性的，他是很明白事理的人。

涂：但这是感情啊。把感情看成年轻人才拥有，我觉得这不是一件很好的事。

周：感情当然不只是年轻人才拥有的，不过方式肯定不一样。

崔：我觉得大家都说初恋是最美的，实际上不是的，也许黄昏恋也是初恋，每次都不一样。譬如毕加索，他最后跟小女孩结婚的时候他一样疯狂，那女孩才十九岁，他一样把自己当成二十岁的小男孩，非常投入。你自己看一个女孩的时候，就是自己在照镜子，你就觉得你跟她一样，就是这种感觉。

周：对，疯狂不受年龄限制，真正在恋爱的人不分年龄都是年轻的。我受不了的是那种文字，何况收信的人也四十好几了。毕加索就不会写这样的信。我觉得女人的年龄是重要的，除了很少的例外，能够让不管什么年龄的男人疯狂的必是年轻的女子，那样才会有一种自然的挑逗力量，否则的话，往往就是比较理性的关系。我不是说这种关系一定不美好，但肯定是比较理性的。

崔：我发现我总是接触二十二岁到二十七岁之间的女孩，觉得这个年龄是又成熟又前途无量的，有些女孩再大一点儿，她们就慌了，没有信心了，这个东西是女人总要想的问题，实际上男人不一定在乎她的年龄。

涂：不在乎她的年龄，可是你自己说喜欢二十二到二十七岁这个年龄段的女人。

崔：如果女人不是浑身散发着那种健康的风骚，而是颓废的风骚，就不对了。但是到三十岁以后，她自己就会觉得光骚不风。这就是女性要解决的问题。

涂：你把所谓女性要解决的问题描述一下。

崔：就是不自信，三十岁以后的女人没有自己真正爱的男人，她就觉得自己嫁不出去了，没有孩子，没有着落。父母的压力，社会的压力，包括男人对女人生理上的排斥，自己就不自信了。男人到四十岁的时候还可以重新开始，而女人到三十岁的时候就不太容易了。不是说我看到所有女人都这样，有些女性真是有信心做事，这种朝气在职业上在很多地方都能体现出来。很多年轻小伙子崇拜成熟女性，他能看到这种朝气，总是在寻找这个，也许我们没有找到，也许我们的行业跟人家不一样。

涂：有更多的年轻女性。

崔：不过我发现，你自己内心里面真正在乎的性是平等的。

涂：我还发现很多搞摇滚的人是跟外国的女孩在一起，我看到很多，这是一种时髦，还是因为外国女孩能理解他？

崔：也许是能理解，摇滚音乐来自西方，西方人是愿意接受这种信息的一个圈子。但也有很多人感觉不合适，生理上不合适。我有一个想法就是，相对于中国女人与外国男人之间的性关系，中国男人与外国女人之间的性关系是平等的。但是，我觉得到最后来说，实际上都是个人的，不管西方和东方，都是个人与个人之间的关系，不是人种差异。

爱情不是盲目的

周：你曾经谈到，你在男女关系上也坚持一个原则，就是互相不能有错误信息，一切都要开诚布公。我很赞赏这个原则，但是我认为真正实行起来相当困难，会发生很大的麻烦。

崔：我觉得应该诚实。我最不喜欢这种人，自己干了坏事，对方以为你特别忠诚，也按他的模式走，后来突然发现不是这么回事，就出事了，产生出了没法抑制的那种仇恨。

周：这种方式需要双方都有很高的觉悟，能够互相理解和包容。

崔：我发现，这样靠真诚建立起来的感情和友谊是很牢固的，而且没有伤害，即使后来分开了，彼此也还是朋友。

周：你说的这种方式一是开放，二是平等，三是透明，当然是属于高层次的。我觉得还有一种高层次的方式，仍然是开放和平等，但不必透明。就是双方有一个约定，我们之间有这种关系，性友谊，或者说性爱，同时都不干预对方的自由，我和别人的事情你别问，你和别人的事情我也不问。在这种情况下，互相都还是诚实的，不存在欺骗，没有说谎，只是不说出所有的真相而已，而这是互相默许了的。事实上，两个人再开通，在性的事情上总是有嫉妒的，这是本能。所以，透明意味着互相折磨，当年萨特和波伏娃也实施透明，他们两人够开通的了，一旦对方告以别的外遇，仍免不了痛苦和吵架。我就想，如果真的开放，还不如开放到互相不管对方的事。

> 崔：但我发现如果你特别爱一个女人，把心袒露给一个女人的时候，时间长了，你就特别不愿意伤害她。不愿意伤害，等于你不愿意做这些坏事了。当你做了这些坏事，看到她难受的时候，下次真的不愿意再做了，把自己制约了。

周：这真是爱上了。真的爱上，就一定会珍惜，觉得你们之间的这种爱是最宝贵的，不愿意因为别的不那么宝贵的风流韵事而损害它。

> 崔：特别特别自然的，绝对不干了。特别喜欢一个女孩，她也一样，她跟我说的时候，我也嫉妒得不行，挺公平的。实际上在爱情上人追求公平，公平的爱情、公平的性生活是最幸福的。没有公平的性生活只是一夜情。

周：困难在于公平有时是追求不到的。

> 崔：这就是为啥需要艺术家。

周：公平的前提是两个人感情的程度一致。如果不一致，我特别爱你，可你并不特别爱我，就没法公平。

> 崔：那就再见，再换一个，下一个，这么多男孩女孩，世界上不就有两种性别吗？

> 涂：有时候你的性生活并不是有爱才有性，而是有感觉就可以有性，是不是这样？

> 崔：有的男人是这样，基本上先有性后有爱。

周：常常还可以只有性没有爱。

> 涂：那你接触的女人里面有多少同样觉得有性就可以？

崔：随着年龄增大，越来越注重感情了。

周：比较起来，在女人那里，肉体和感情结合得更紧密一些。

崔：她可能也会有男人的那种心态，但必须是在社会地位特别高的情况下，造成了那种差别的时候，女人才会有那种性侵犯的欲望。完了是你男人产生感情了，这种情况也有。

涂：更多的情况下是很不公平的，这是两性结构的不公平。

周：什么不公平？

涂：男人可以有感觉就有性，不一定有爱。

周：这个问题我现在还想不好。从生理上说，女人的性快感是弥散性的，更接近于身心交融，男人就比较集中，身和心可以相对分开。不过，这只是一种解释。这种差异很可能和观念也有关。事实上，西方包括现在中国就有很多这样的女孩，她对性的态度很轻松，并不在乎爱不爱。

涂：你说过你在女人面前最喜欢做一个孩子，做被关怀的角色。那你愿意去关怀一个女人，把她也当孩子去疼爱吗？

崔：特别愿意，这样感情有了一种归宿感。中年人实际上是特别累的。所谓爱在这里就变成了别的一种东西，就是一种归宿感。我不愿意保护别人，我一开始就不喜欢这个保护。我写《山走》就写过一句，说怕你说你爱我。一说爱我，我就感觉到一种负担，一种不平衡。

涂：你不愿意承担这份责任？

崔：不是，这么多年过去，我发现实际上是不愿意被爱情盲目。

涂：你认为爱情是盲目的？

崔：我不认为爱情是盲目的，我认为爱情是一个好老师，真正的爱情是一个好老师，是让你明目，让你看清楚事物的。这是最理想的爱情，我一直在追求这种爱情，我不相信那种稀里糊涂的盲目的爱情。

周：那只能是你一时的感觉吧？这种感觉在一个人身上不可能永远延续下去。

崔：在一个人身上不能，但这种道理能延续下去。

涂：你真正爱起来的时候，肯定是没有理性的，是盲目的。

崔：我觉得这种爱情观念是很可悲的，成了一种模式，被人描写了上千年的模式。我觉得我追求的爱情观也许是属于未来的，也许是完全不可能达到的，但也可能自然而然就实现了。

周：从艺术史上看，爱情已经做了许多艺术家的好老师，把他们领到了一扇又一扇陌生的门前，使他们看到了新的创造的可能性。不过，在多数情况下，他们的爱情是必须不断更新的。

崔：我现在还没想清楚，唯一的障碍是家庭和孩子，我这种追求方式是破坏家庭的，是破坏父母共同养育孩子的一种东西。我到现在还不敢说找到了一种方式，怎么样让孩子面对现实，愿意接受我的父母就是生我，没必要一起抚养我。这种挑战对孩子、对很多父母来说都太复杂。最残酷的是 teenager（十三岁到十八岁的少年）的父母离异，青春期父母离异的孩子很可能自杀，本身青春期的压力就特大。成熟的年龄越来越提前了，现在是二十岁，有可能过些年就该降到十八岁，再过些年降到十六岁，逐渐往下降。包括性教育也一样。这个东西是潮流，少女怀孕率，少年人做爱率和犯罪率，问题太多了。社会不可能靠遮遮掩掩。

周：不能自欺欺人。

崔：我早就想到了我的孩子的教育问题。到青春期以后，肯定是非常大的挑战。到后来可能就是一种朋友间的关系。我和她之间只能是一种朋友间的关系，我会告诉她我怎么处理事的，你怎么处理事的。绝对不能给她压力。她要是不想听的话，你只能寻找别的时机，否则她就会产生逆反心理。

涂：确实会有很大的压力。像我儿子，他属于性格内向的，有时他都觉得人生没什么意义了。

崔：我小时候也经常哭着睡觉。比如有人非常微妙地噎你、侮辱你一句，就受不了，那种暴力的心态就已经有了，总有一天就释放了。当时就想，有机会就打死他，流着眼泪睡觉，不过第二天早晨就过去了。

我在感情生活上没有凑合

涂：说说你的生活。除了你的艺术生活，你现在的私生活是什么样的状态？

崔：我的生活状态非常好，有时候不知道怎么活更好了，我现在是最佳的生活方式。真的不知道怎么样活更好了，这话一点也不难听。我觉得很高兴，演出生活再多点就好了，感情生活也特好。一个人的感情生活，有共同语言，有和谐的私生活，就够了，再深的东西都是短期的一刹那的，阶段性的东西，终于想明白了。

涂：你怎么想明白的？

崔：对爱情的无止境要求实际上是对爱情的损坏。我是善始善终的。年轻人的形容是爱得不得了，实际上长期生活就是：生活和谐，共同语言，真正是朋友。不是说让着你，不是说认识了那么长时间的情分，不是这样的。真是朋友，真是异性的哥们儿，女哥们儿，这种感觉。愿意在一起生活，愿意接吻，这很幸福。亲吻是特别重要的生活内容，不是简单的做爱，要抚摸亲吻。*All you need is love*，这是最重要的。你要有了这个，就没有什么可以让你动摇的。最怕就是你没有幸福生活，会产生另外一种念头，或者说你有新欢，内心里很愿意跟别人，这在现代男女身上是很容易发生的。

涂：那你现在不会发生这种情况了吧？

崔：这要看你怎么样去找朋友，怎么样去交流了。从一开始你就交流，她肯定不生气。你一方面想得到男性的那种自由，同时又怎么样去制约你自己，从内心里去珍惜你的关系，这时候你的制约是情愿的，诚实的，就像上帝在你旁边一样，干不干都一样。一个女孩要是爱你诚实的话，她真是你的亲人，她知道她会影响你。遇到漂亮年轻的姑娘，她们总是在吸引你，这是肯定的，那么你怎样去摆脱，或者你要尊重对方同样的权利。

周：应该是对等的。那你会嫉妒吗？

崔：肯定会嫉妒的。

周：你嫉妒了怎么办呢？

崔：你怎么样去制约你自己，让对方也制约她自己，每天都会有新的课题，寻找两人的感情共同语言，什么叫谈恋爱，这就叫谈恋爱。

涂：你现在还谈不谈恋爱？

崔：这东西没有典型的模式，看跟谁谈的，和有的人试两下就翻了，宁愿单独待着。有的人爱你，你得到后会觉得原来是这样的。但是，一旦有了对等的爱，你会很珍惜的。

周：你是不是觉得，两性之间最好的相处方式是两人成为特别好的朋友，互相谈得来，性生活和谐，同时两个人又都是自由的。

崔：但这有个压力，就是当你有了孩子的时候，是不是还能这样，这很困难。爱情是一株植物，这植物每天都要浇水的，这样才能活。你只能浇一部分，对方再浇一部分，缺一不可。可是有了孩子以后，就像把爱情放进了温室一样，会缺氧。对孩子的责任总是最大的。我还没有想明白，孩子怎么样成为给爱情的一个营养。

周：也许可以成为一个有利的而不是有害的因素。孩子又是一棵新的植物，要两个人一起去浇，两个人之间又多了一种宝贵的经历。当然，前提是两个人之间确实有爱情，如果没有，单是孩子的存在并不能真正加深感情，最多只是成为一个共同的责任而已。在许多情况下，孩子的确是两人继续在一起生活的最主要理由，如果没有孩子，不知多少家庭会立刻解体。爱情的专一性和情欲的多向性是一个特别复杂的问题。爱情在本性上是专一和排他的，你真正爱上了一个人，在同一时间内你就不太可能对别人发生同样强烈的感情。但是，一个好的爱情未必总是处于高涨的状态，它会有起伏和间歇。同时，爱情的排他性不等于排除了别的异性对你的诱惑，情欲是有寻求新鲜刺激的天然倾向的。怎么样保护好爱情，同时又调节好情欲，这个度不易掌握好。

涂：你觉得这是可以用技巧来处理的吗？

崔：可能是性制约，就是 sex control。实际上，当你的终生伴侣发现孩子的母亲或孩子的父亲不是最佳的伴侣时，这是对你的家庭的最大威胁。

涂：也许会出现这样一种情况，就是你现在的比较固定的情人或者爱人，虽然你们之间的性生活比较和谐，但不一定是最好，而你跟其他人可能会更好。那么，你放弃后者是不是很大的牺牲？

崔：我觉得性生活最和谐的时候可能是亲吻，如果亲吻抚摸是你真正情愿做的话，这就是非常重要的，而不光是技巧。性生活还有另外一种性发泄，当一个男人需要性服务的时候，他可能不需要亲吻，妓女也是不愿亲吻的。这就说明爱情和性欲不是一回事，是可以分开的。

涂：那么，你能够同时对两个女人都有这种肌肤亲近或者接吻的愿望吗？我觉得女人对男人是很难这样的。

崔：这种排斥的东西实际上是爱情的一个主题，是艺术创造所围绕的一个中心。所以，我觉得女双性恋是特别美的，两个同性之间互相爱，同时又接受男性。

周：爱上一个人，同时又不嫉妒他的别的性伴侣，不把她们当情敌，恐怕非得是同性恋不可。两个同性恋女子爱上同一个男人，这对那个男人来说也许是最理想的吧。

崔：就有这么一个故事，一个男人有两个女人，她们是同性恋，借用他的精子生了一个孩子，然后人家两人特火热，在一起生活。

周：我也觉得女同性恋比较美。

涂：我接触过一个美国性专家，他说真正的同性恋是天生的，不过女人的同性恋还可能后天培养，男人却几乎不可能。

周：你对婚姻怎么看？

崔：一个结过婚的朋友说过，婚姻就是这样一种东西：一年以后打嗝、放屁和抠脚丫都可以公开进行。当然，谈恋爱时期的爱情和婚姻以后的爱情是不一样的。

周：现在艺术家里单身族特别多，一般也有比较固定的情人，时间或长或短。这种方式的好处是自由，还可以避免婚姻形式带来的强制的虚伪。但是，我觉得，那种天长日久的爱情是最美好的，如果你不去寻求这样的爱情，你的自由就失去了目标。

崔：现在很多人问我的生活，在我找到一个特别好的女朋友之前，我首先就不愿意很肤浅地谈论它，因为怕说不清楚。我不能说肤浅，就说是面对感情体验一般的人吧，你三言两语说不清。如果我愿意说这个，总是对能够理解我说什么的人说。一般人问我，你现在生活怎么样啊，我自己也不知道怎么回答，觉得是最难回答的问题。要么我就说挺好的，确实也挺好的，后来我发现最好的回答就是我没有凑合，我的潜意识就是说我还在找，但是也挺好，我没有对付着和一个不爱的人生活，跟一个不爱的人生活在一起就是在对付。

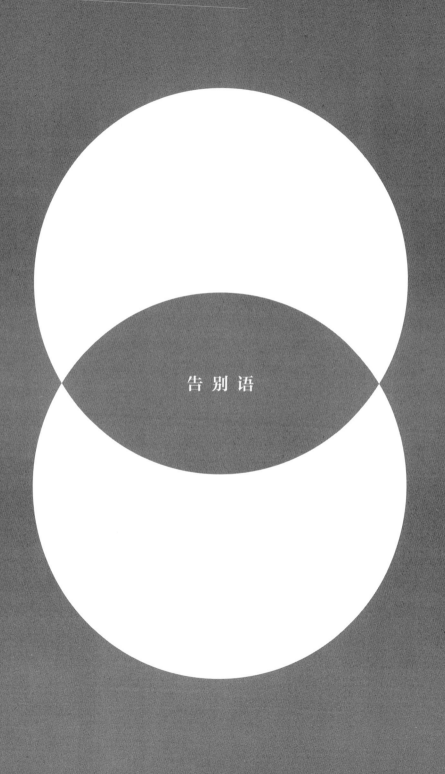

告 别 语

周：我们的第一次谈话是在年初，转眼到年底了。我马上要去南极，在那里待两个月，走之前我们再聊一次，把谈话告一段落。你刚从某个城市演出回来，有什么感想？

崔：那是这样一种城市，在最现代化的高楼大厦里面，酝酿着一种特别保守的气氛。也不是狭隘，许多人都嗡嗡嗡，在干自己不喜欢的事情，干自己不喜欢的事情时也特别有效率。他以为自己喜欢，那种效率！我觉得里边有种特别伤感的东西。

周：表面上有一种自豪。

崔：其实很伤感，在晚上看特别明显。布景一样，高速公路，立交桥，等等。

周：其中上演着许多平庸的故事。

崔：特别伤感。我觉得这是错位的，季节被打乱了，不知道什么原因被打乱了，秋雨当成春雨下了。应该是一场秋雨一场寒，他却觉得自己暖和了，实际上根本还在冷着呢。

我们的演出，反盗版的演出，来自各大洲的演员居然全都是假唱，只有我们一个乐队是真正拿琴唱歌的，自己带着音响师。我们一分钱都没拿，所以我们还敢跟他们吼，拿钱还不好意思吼呢。

周：前几天你在电话里说的那个调查，我没有看到。那是怎么回事？

　　崔：你也没有看到？调查青年人的志愿，反正位居第一的是市长。

周：这很奇怪，可能是因为当市长有实权吧。

　　崔：前十名里，就别说想当艺术家了，连想当明星的都没有。

周：这种调查不一定准，现在的青年人也是各式各样的。你有时和搞文字的青年人辩论，他们不属此列吧。

　　崔：回头一想，这种辩论也没什么内容。但好像是一种对抗。

周：什么与什么对抗？

　　崔：体能对文字。对方若真是想辩论，那倒好办，但笼统地说，我们都是在狡辩。没有什么具体的题目，后来就变成了一种互相说服的游戏了。我觉得，在讨论问题时，西方人往往是清澈见底，然后撒手不管，中国文人相反，清了会暴露自己，所以故意把水搅浑。

周：这次我整理的谈话稿，你删掉了一些很精彩的话，我觉得挺可惜的。

　　崔：那种较劲的地方显得婆婆妈妈的，我不喜欢自己这样。其实我不想跟任何人较劲，只想自己快快乐乐地玩音乐。

周：最近有什么计划？

　　崔：前段时间，我自己构思了一个电影剧本，本来想让你帮我一起弄。你的文笔可能不像很多文人那样。现在你要去南极，就没办法了。你以前没有写过剧本吧？

周：没写过。

崔：可能很有意思，完全用一种新的方式做。我觉得你能写好，把那个意思表达出来。这种东西有哲学性。我发现在哲学家那里，因为他长期思考这个东西，比舞文弄墨的人实际上更有文学的味道。因为他带着血，有那种韧性。搞文字的人，他看书越来越多，接触文字越来越多的时候，你能感觉到他越来越软弱。他虽然多了一个方法，但实际上多了一个束缚。

周：还有杨炼说的那种文字的近亲繁殖，就是那一堆文字自己在那里不断地复制和延伸。

崔：没错，没错，还有思维方式的近亲繁殖，不透气，在某种程度上已经观察不到非他们那种方式的语言了，只能那样了。我们做音乐的也一样。做音乐的人的那种幽默，只有同行才能理解。比如说鼓手，个性太强，在舞台上都是别人在前面，把他挡着。还有贝斯、吉他，性格都不一样，就跟一个家庭一样。每个人的工作不一样，如果说一个乐队是一个身体的话，鼓手是骨头，贝斯是腿，吉他是肌肉，键盘是服装，主唱是灵魂。有些人就觉得自己是灵魂。纯音乐的东西也是个无底洞，如果真进去的话，有另外一种技术性的美。悉尼奥运会组委会主席说了一句话：我们这个民族实际上是欣赏技艺的。做音乐也这样，有一种东西很重要，就是音乐的表现技术。

周：你那个电影有计划了吗？

崔：故事和歌词都有了，我已经请人去写剧本。黄色、红色、蓝色，刻画三种音乐，其中最严肃的东西是一样的。当你真正严肃的时候，只要内心里是为了艺术，就都是一样的。我写的舞蹈剧明年 2 月在香港开始演出，基本上也是把这三种颜色表现出来。包括剧本在内，也是给你一个梦，但这个梦是真实的。坚持梦想，就是坚持理想主义。好像是一个童话故事，实际上是一个反对颓废的东西，内心里都是很健康的。我就坚持做这种东西。

周：我觉得我能够理解你为什么讨厌较劲了，你的确不是一个较劲的人。一切健康的艺术、健康的心灵在本质上都是友爱的，都是在寻找朋友而不是在寻找敌人。在生活中也是这样，心理健康的人往往比较宽容，心理有病的人最爱和人较劲。当然，健康的人遇到有病的人也会发生冲突，但他自己并不喜欢如此。我希望我们的谈话能够向人们传达一个信息，就是让我们通过音乐、艺术和一切健康的文化而消除人与人之间的隔膜，共同创造一个更加适合每个人自由发展的世界。

自由风格

音 乐 的 元 素

在本书的谈话稿基本整理完成以后，应涂玉艳的要求，崔健于2001年4月8日对音乐问题发表补充谈话。以下是这次谈话的主要内容。

音乐的内容必须是原创的

摇滚音乐有三个要素：技术、力量和内容。技术来自训练或者说实实在在地学。它是真正听觉美的东西。我们对于西方音乐，技术上的东西必须学。音乐需要力量，力量来自身体，也就是体能。另外一点是内容，内容必须是原创的，不能是复制，也不能是学来的。在这一点上中国人恰恰应当免谈西方文化，西方爱怎么着怎么着，甭理它，而应当仔细地看中国的音乐与中国的社会之间关系是什么。

我个人认为，我们的音乐在技术上是尽可能学西方最好最优秀的东西。包括我们做音乐公司，都不是抱着很商业的目的，而是要通过商业成功达到稳定的发展。按我们的年龄来说，在技术上我们已经很努力，我们的问题是不知道该怎么样更努力。在国外我们尽可能与好的乐队同台表演，这也是对我们在技术上的努力的一次检验。后来我发现，整体音乐落后的现状跟社会体制有密切的关系。

力量是很多人谈论的话题，也是很多年轻人批判老一代的一个问题。他们认为自己有力量，或者说他们的力量就是来自年轻的身体的，而老人就是没有："先什么都别说，看你们那样儿就知道你们没有力量。"他们没有任何别的道理，先就直接这么说了，一帮年轻人现在是这样的，这也和我们当初一样。

我们乐队的成员都是非常好的乐手。我们做的音乐也很混杂，各种各样的风格，哐！就像废物利用一样，各种元素弄一块儿，这就是我们的音乐。说我们另类，不是；朋克，不是；爵士，不是；乡村，不是……但又都是。我们都觉得这个好听，各种音乐都用一下。从技术上谈论音乐的话，我们的音乐主要是这样的；刘元是爵士，艾迪是Reggae、Funk、非洲，贝贝（鼓手）喜欢爵士和拉丁，又喜欢听Hip Hop，张岭（贝斯手）喜欢的是节奏布鲁斯，他同时也是一个非常好的主唱。张岭、艾迪和贝贝同时还有一个乐队叫"Rythem dogs"。

最近我们把很多电子音乐都去掉，把很多民间的打击乐都去掉。我们乐队最多的时候有十七个人，现在是最少的乐队编制，五个人。能不用鼓机就不用鼓机，找最最原始的感觉，但元素要多，民乐能少用就少用，尽可能拿手上的乐器模仿，这样已经能达到音乐的需要。民族乐都用太多了，后来只觉得是一时的需要，现在觉得真正好听的音乐使用的乐器越少越简单越好。我觉得我们的音乐力量够，冲击性不是那种像朋克的，我个人觉得那种音乐没劲，它们是西方

80年代的音乐，但年轻人玩的时候我喜欢看。

力量就是本能的，我不反对年轻人学这些东西，我只是说我不想做这些东西。这是音乐上力量的说法。

我刚才已经说过，内容上谁也不能模仿，我们每天都在想新的方法、新的方式、新的感觉、新的技术，来面对现实。每天都会碰到敌人，碰到不愉快的事。你即使拿摇滚圣经来也没用，什么列侬、猫王，根本不能解决任何眼前的问题，不愉快还是不愉快。唯一能解决的办法就是面对它，说它，表现它，讲这个故事。慢慢地，你会找到创作的激情。

真正的修养是清楚地表达你自己

我说的内容是音乐的整体，包括歌词、音乐，它跟你的生活有关系。现代艺术必须产生社会功能，艺术家必须这样，你不是匠人，没有面对市场也不能说你姿态多高，不想进入商业，这是一种虚假的高姿态。事实上，有些人没有商业化，面对实际困难时没有办法生活下去，只能去维护他们那种所谓纯洁的状态。他们不能让自己去复杂起来或让自己去掌握另外一种纯洁的状态，就是说，较劲的状态，也是另外一种钻牛角尖的状态：一定要让自己解决自己的生活问题！在这方面他们都是软弱的，他们把自己饿病了，饿疯了，然后去骂没有病没有疯的人，脱离社会，造成一种状态。这就是我谈的内容的一个方面。

真要面对这个社会，就必须去创造，必须产生社会功能。音乐艺术，任何现代艺术，都必然与媒体有关系。不是说去拍媒体马屁，而恰恰是要反对媒体的虚假东西。现在很多媒体自身首先就是烂的，很多媒体的人居然视而不见，拣没有挑战性的东西去批判，达到自己媒体的一种声势。就像挑柿子专拣软的捏一样。

我写那个序的感觉是这样的：也许我们想要的是一个共同的东西，想要一个自由的气氛。我们并不是非想要一个共同的观点，谁都可以互相说不喜欢，我也不在乎你是不是不喜欢。但谁都不敢说最根本的问题，他看你是最没能力反抗的，最没能力去真正威胁他的人，而且最远离他内心那种最深层的恐惧，东方式的恐惧。

这种东方式的恐惧就是：每个人都知道自己是在玩一种游戏。我写的时候就知道我在玩，就是已经预想到我在玩文字游戏。难道我就因为预想到了就要躲开吗？或者去继续玩？或者逃跑？后来我想也许我们真正想要的就是这样一种状态；你爱干嘛干嘛，高兴就行。你能把你自己表达清楚，又不使你周围的人感到尴尬，而并不是总要犹豫是说实话还是给对方面子。

所谓修养，并不是要说谎，也不是要无止境地倾诉。真正的修养是怎么样把一句应该说的话说出来，应该表达的东西自由地表达出来。清楚地表达你自己，同时不伤害对方，不破坏平等、和谐的气氛。同时也给对方提供一个真实表达自己的机会。

我认为这就是艺术与生活的关系，艺术是要不断地提醒人们警觉起来，代表一些人去表达自己，诚实地表达自己。这两天又有人批评我，说我是倾诉狂，倾诉欲过剩，脑子里什么都搁不住，实际上根本就不成熟。她说得也对，让我反思了。

甭管是什么，我把我的脑子腾干净了，我自己就又能回到自己的状态了，这也许是一种自私，是我个人的性格所决定的。

在音乐技术上没有必要人为地标新立异

摇滚时代的人们在听音乐时有一种状态：摇滚就是大地、泥土的感觉，西部的感觉，穿着脏脏的大 T 恤衫，发型也是乱的，是思想简单、身体放松的感觉。其实我自己不愿意说"摇滚"这个词，我觉得这是个陷阱。我更愿意说是当代音乐，咱们要的都是一种气氛，谁都愿意听自己喜欢听的音乐，就跟做爱喜欢自己有感觉的性伙伴一样。没感觉，再怎么看杂志，乐评再说什么，都不可能改变什么。感觉状态来了，它自然就有了，就自然喜欢听这种音乐。

我想说目前在音乐技术这条途径上，在音乐风格、音乐品种上，中国人没什么别的选择，只能选取西方的。可能应该说是在西方火起来的东西，什么 Reggae、非洲、古巴、拉丁爵士、中东音乐、印度、巴基斯坦音乐、Hip Hop，都是在西方火起来了。说什么要坚持中国风格，纯属是要标新立异，纯属是一种功利心态。人为地标新立异，没什么必要，唯一能做的是，唱你自己的故事，让人意识到你的社会和你的音乐有关，这时才会感觉你的音乐和你的灵魂是相通的，人们才会愿意听，那时人再轻松才是自然的。现在都是崇拜偶像，拿着小旗，拿着蜡烛，懂都不懂在那儿起哄。没有人用本质上的那种心灵真正沟通的态度，没有，我觉得都是起哄。

就说音乐教育，都从农村直接考上大学的，可不就听港台流行歌曲吗，真觉得摇滚是噪音。他从农村来的，没听过什么音乐，刚刚有了录音机，可不就挑舒服的听嘛。比如有人爱喝汽水，就不喜欢带酒精的东西，更不可能喜欢喝白酒。

人在一种状态中，自然能碰上一种能代表他们的艺术。我正好赶上了我们的时代。但很多 70 年代出生的人认为：60 年代出生的人似乎是有内容的人，但已经老了，70 年代的人就不该有内容，有任何内容都是老了。

"我买个古筝，演出时我们砸了它"

《新长征路上的摇滚》用了中国乐器，这是一个自然的过程。当时用的人多了，还有一台电子音乐样板戏的晚会呢。当时这是个新的音乐技术，不是文化。我们用中国乐器跟中国传统用法没关系。我们用中国乐器，是因为我必须用中文唱歌，是为了增加整个音乐的感染力。但摇滚乐精神与中国传统乐器演奏方式没有关系。传统乐器是一种配合，一种点缀，因为任何一种语言都是一个乐器。这并不是什么古为今用、洋为中用，民族的艺术其实是一种口号，实际上那种口号迷惑人的地方很多。这种东西不是我有意骗人，但它产生的结果是骗人的。使用任何一种民族乐器的意义就是为了增加音乐的感染力，什么弘扬中国文化、民族艺术，我没那意思。在有限的乐队的编制中，是因为没有更好的选择才选择那些乐器，你不能老是用吉他，不能老是用合成器，这些都不能满足内心的需要，传达不了你自己的生活中的感情。你只有面对你自己的生活时，才需要使用这些乐器。不是什么文化符号，就是音乐的直接感觉。要说是文化符号，也只能说我先有了感觉，后有了符号。不能说这是一个现成的符号，我去抓这个符号。

我现在还在用民族乐器，我现用的是采样，采样的民族乐器用起来方便极了。不过还是比过去用得相对少一点儿。我现在主要选取西方的，对于中国乐器有些抵触。这就像现代舞一样，第一反芭蕾，第二反民间。

其实已经有很多人尝试过传统乐器的改革了。我问弹古筝的一个女孩："你恨不恨那个乐器？"她说恨。一天十几个小时，不能转调，换个曲子就得移码子，一首曲子里没法儿转调，这跟西方乐器没法儿比。太不丰富了。我说："我买个古筝，演出时我们砸了它。"她说："我不敢，我也不知道会不会砸。"这是很顽固的东西，它把人们制约住了。就像我恨过小号，我被它控制住了，音乐想法展开不了。

用不同的乐器，是你的想象力在要求你。音乐有一种感染力，会激起想象，会感染人或刺激你人格的亢奋，或者让你酸下来，感受一种温情。东方的唢呐可能有一种亢奋感，黄土高坡的那种亢奋感。你是吃这饭长大的，你跟这些一起长大，与这些人聊天，自然就有这种信息的储存在你的记忆里。跟你玩儿电脑似的，电脑里有这些软件，你时不时地碰到那儿，就会看它一眼，就是那个感觉，并不是刻意要怎么着。

这种东西不能太强调这是中国的，这东西好听就行。就像听印度音乐一样，全世界人听，不觉得这是印度音乐，印度音乐只是一个词。也有很多人玩儿电子音乐时直接就和 Tabla（印度的一种鼓）一起玩儿。Tabla 跟现在流行的一种电子音乐 Drum 'n Bass 特别和谐，有一种东方的东西与科技的东西的一种神秘结合。谁也不说是印度音乐，就说这是现代的音乐。这种音乐在英国特别火，有一个很好的乐队叫 Asian dub Founation，就是在英国长大的一些印度人，我没觉得它们是印度音乐，我觉得就是现代音乐。这个年代就是搅拌、混合，看谁搅拌得好。

我最崇拜的是爵士音乐家

说到现代音乐教育，内地官方的音乐教育不接受西方的现代音乐，而在西方体制下回归前的香港地区实际上是媚俗文化的大本营，它创造出大量媚俗的东西，在咱们这儿又造成这么泛滥的影响，谈论它就仿佛跟谈论能够看得到摸得着的中国音乐的未来一样。

祖国内地的娱乐媒体越来越像香港地区媒体，群体的职业意识比西方差远了，内地的这些媒体基本上就是吹捧，谁有钱有势就拍谁马屁，媒体基本上就是"霉体"，发霉的霉，基本上没什么原则。

我目前比较偏向于音乐技术。有很多人批评我有爵士感，我是特别喜欢爵士，这我都承认。而且我认为如果说中国的音乐不可能快速发展起来，那很可能是因为它没有爵士，它断档了。西方在古典音乐到现代音乐之间，中间有非常强大的爵士乐过程，当时爵士在美国有一段时间是主流文化。有一个爵士音乐家叫 Dizzy Gillespie 的都想竞选总统，听说他已经参加搞了，当然是开玩笑。他去了很多非洲国家，当时有不少非洲国家反美情绪非常高，他去了以后竟是受到总统接见。美国记者问他：你觉得你是美国大使吗？他说我比美国大使还要伟大，因为我能代表美国，给美国一次赎罪的机会。

爵士乐从来就没有贵族过，第一次进白宫是因为克林顿的邀请，克林顿自己吹萨克斯。有人喜欢爵士乐是因为听着它还可以坐着聊天，听摇滚就根本聊不起来，但我听爵士乐从来不聊天，就是全神贯注地欣赏。对我来说，爵士乐是对人的技巧的挑战，对演奏的技巧、音乐的想象、音乐的思路、和声和节奏的要求都特别高。你必须完全理解这些和声，才能谈得上即兴。可以这么说，我最崇拜的音乐家都是爵士音乐家，他们真的特别全面。

悉尼市市长在奥运会上说："我们澳大利亚人民喜欢技能。"这句话说得特别好，"技能"这个词从没在这么严肃的场合出现过。这些伟大的运动员所体现的只能是技能，还能体现别的什么？思想？开玩笑！不过是能力与技巧。音乐也有这个方面，我是本能地欣赏，听一个好的 Solo，真像在你口渴的时候吃了一串儿酸乎乎、甜滋滋、水灵灵的葡萄一样，就那种感觉，真过瘾！好音乐一听，它那信息就到了。有这种感觉并不是摆资格，就我有，实际上人人都有，只不过在中国这个机会被阉割了，一开始从音乐教学那里就被阉割掉了，不给中国人受爵士乐训练的机会。很多年轻人认为自己没有才华，也有很多人说我们是吃不到葡萄就说葡萄酸，说我们不喜欢爵士乐是因为从来没有听过，没接触过，以为自己不喜欢。

当然在美国不一样，1995 年美国爵士乐唱片的销售占唱片总量的比例是 8% 或者 11%，这是多大的一个数字，爵士音乐家还在抱怨美国人不听爵士呢。8%，11%，这会影响很多的音乐家。很多音乐家由于生活所迫玩爵士音乐玩不了，玩摇滚乐就玩得特棒。像 Kenny. G，没有多少音乐家重视他，他就是玩爵士乐玩不了，但他走流行就特富余。像雅尼，也特典型。可能技术越好，商业就越失败，大部分人会认可但接受不了，所谓雅俗共赏就算是好词了。Rolling stone 也是，玩黑人音乐布鲁斯没玩好，玩出个偏道来，玩火了，猫王也是。

最早的音乐都是黑人玩的，玩布鲁斯，白人一玩就加上社会内容，加歌词加宣传加生活方式，白人生活方式是全世界主流生活方式，所以人们才选择白人去唱任何一样东西，因为人们想模仿他们的生活方式。但音乐是黑人的，可是黑人的生活方式不是主流的，人们对他们不屑一顾，一旦黑人的东西被白人用了，就变成主流了，但根都是黑人的。黑人曾经有很多很好的音乐，听起来很有意思，但是不录音，只表演。曾经有一个黑人音乐家，别人看他吹号时，他捂着不让看，怕偷招，但他是特别好的一个音乐家。后来出现了像 Loise Armstrang 这样的人，出现了一些其他人，他们爱表现，当面给人吹给人唱，所以这个音乐就火起来了。但最早的好些人就没出来。

目前我最在乎的是技术

目前我最在乎的是技术，我花时间最多的是技术。我花大量时间研究电脑，硬件和软件，我现在的制作方法是现代的家庭制作方式，我自己一个人都能完成，我那个舞蹈剧的音乐都是我自己一个人完成的，但这种做音乐过程在某种程度上是很孤独的。

在很多人眼里，我生活上比较放荡，但常常是他们打电话来，我正在家里干活儿呢，问他们呢，正在玩儿呢。我老是在家里工作、写东西。我并不喜欢这种生活方式，他们打电话说来酒吧吧，别在家待着了。我一般都不说我在工作，我都说孩子在家里，我真的不想去。

要有人在这方面批判我真能接受，懂音乐的人能听出来，我已经不白天黑夜地泡在社会上了，这点儿我承认。我真的是关心技术，但我还是尽可能地去关心、去写社会。我的生活方式变了，完全可以生活在这样一个环境里：成天看着阳光，有三五个朋友每天打打电话，有个女朋友，有个孩子。对这个我愿意接受批判。但在内容、创作方向和能力上，我有不服之处，愿意跟别人较劲，接受别人的指点。说我现在不是摇滚，我本来就不是摇滚，是独立的东西，我做的音乐都是这种东西，是独立完成的。

这不是年龄问题，而是生活方式问题，生活方式变了。我现在并没有疯狂地排练，非得有想法才去。但每次排练都特高兴。我们到法国演出时，有法国人批判我们音乐老，这对我们来说是挑战。我们自己也有不满足的地方，我们的音乐即兴的地方多，每首歌又特别长。也许我们太想表现内容，这是我们的一个特点，同时也是我们老了的一个表现。就跟爵士音乐似的，当时就是没有可以言传的内容，就是技巧和想象力，爵士不是甜蜜蜜的那种，西装革履、茶余饭后，不是那种概念。真正的爵士乐在我印象里根本就是漆黑的小酒馆里一帮人在喝着酒，是这种气氛，很地下，阴暗，角落里的一种音乐，表现一种力量。就跟武术一样，真正练功的人没有一个欣赏武打片里的花拳绣腿。真练功的人都藏着自己的招。但现在真正的爵士乐已经走出来了，以前有的黑人演出的时候常常不让白人进，怕白人偷，白人有段时间就是想学，被黑人拒绝，怕白人用了以后白人火了。

回到那个问题，就是我关心的是技术，不是单纯的演奏技巧。实际上中国现在是一个没有音乐的国家，所有人都没意识到这个问题，一个没有音乐文化的国家，所以我说这些根本没用。确实不懂音乐，不懂就等于没这种东西。对我来说，他们是完成偶像塑造的一个工具，本身没有音乐的内涵。音乐能让人无止境地去享受，其中包括从音响技术到演奏技术，永远没有尽头。

大家肯定都只接受我的内容，不一定接受我的音乐，这是没办法的事。这我不反对，都是我的东西。我的歌词内容实际上都一样，像《一块红布》《时代的晚上》《无能的力量》，都是一条线上的，只不过音乐形式变了，很多人就认为我后来的内容都变了，其实根本没变。我把《时代的晚上》换成《一无所有》再唱一遍，他们就喜欢了，当然我没有用那种方式唱。他们不接受《无能的力量》，是在音乐技术上接受不了。感染力不够，这个我承认。事实上我做得很苦，完全是做试验。网站上有一帮朋友，全是喜欢《无能的力量》的，一群年轻人，十八九岁，他们看明白了，有的留言特精彩，能给我很多启发。

我们需要真正的现场音乐文化

我现在搞了个特有意思的东西。除了演唱会很难让我如此激动，甚至有的演唱会也很没劲，但想起这件事我确实挺激动。我和北京的几个工程师一起，做一个公司，他们已经做出一套录音系统，估计中国还没有。这是一个组合，把国际上最好的软件和硬件用现有的方式组合在一起，一个现代化的数字可移动的多轨专业录音系统。我们用实验品录的音都把我震了。

我想造成这样一种气氛：所有的乐队都可以现场录音，录完不行，回去知道怎么排练了。不像现在，谁都想赶紧找个公司签约，签完就出专辑，都这样。我是想让人练真功夫，不是说你学点花拳绣腿，表演一下就完了。我觉得我做的这个公司特有意思，如果成功，我就定期地让看中的乐队到任何的地方演出和现场录音，现在深圳已经有一个点了。一星期就能出专辑，甚至更快。喜欢就出，不喜欢就再努力，下次再录。再培训他们一些怎样编辑的方法，因为全是硬盘录音，可以剪切，可以后期补录。这样乐队的气氛就能起来，只要是现场音乐都可以去做。还可以打盗版，因为制作成本低。客户也完全开放，乐队随便来。所有唱片公司的艺术家都可能需要录现场。现在包括很多电视台的现场音乐节目都没法听，因为没有人重视现场的拾音和调音的质量。现场音乐水平的提高，能提高整个音乐制作和欣赏水平。就像一个人能玩好一种乐器，马上就能提高音乐修养。

我觉得"摇滚"这两个字很容易玩成文字游戏。摇滚乐是什么？是吉他、贝斯、鼓三大件？是现场？有劲就行？爱唱什么唱什么？我不管别的，有形式就行？很多人说，摇滚乐必须批判社会，要是歌功颂德你就别唱。还有人说摇滚就是一种生活态度，诸如此类。所以我特别不愿意说摇滚。将来有一天大家说我不是摇滚，我也不会说什么，无所谓。严格地讲，我的很多音乐不是摇滚，像《混子》《时代的晚上》是说唱的东西，还有《超越那一天》。

中国现在的摇滚乐队，我了解的，也比较欣赏的有十个左右。技术、力量、内容这三个东西都具备并不多。有的乐队有一个，有的有两个，有的有三个。好的乐队要有三个。我觉得"子曰"就是三个都有，是一个很好的乐队。广州的王磊也是。还有好多乐队，像"舌头"，音乐技术和力量都特别棒，他们的音乐有一种悲壮的感觉。还有内容好音乐技术不好的，像"二手玫瑰"，特别狠，态度也特别有意思，主唱化装成女人，用东北二人转的方式唱歌，二人转摇滚，特别好听，有意思。另外还有"美好的药店"、"废墟"、"木推瓜"，等等。外地也有很厉害的。今天我想说，我在某种程度上跟年轻人客观上是有距离的，他们的圈子可能是我极不熟悉的东西。上面说的也是一年以前跟他们接触时对他们的感觉，可能现在已经不准确了。

我的事业在中国

　　我们出国演出，去任何一个地方，都会有很多华人在，而且大部分是华人。邀请我们的都是跟中国有关的当地人。很多人觉得我们是慰问当地华人去了。很难说我们到底是到了西方没有。

　　我觉得我们这一代中国人，基本上别想拿技术怎么着。我们现在就是学生。我现在要是二十五岁，我能学得更多。但现在经常在想：算了吧，别再装嫩了，就这样了，能创作就行了。但实际上技术上差得太多，真该学。现代音乐西方确实强，千万别觍着大脸说是中国独创的了。我们到西方是去学习和表演，根本不想花太多精力去那边开拓市场。真正有意思的事在中国。我现在事儿特多，又弄公司，又弄电影，还演出，忙不过来了。中国是世界的一部分，希望有一天我们做的音乐他们当自己的音乐听就行了。而且我听他们的音乐的时候，也没当是西方音乐。你会觉得甘地是印度总统吗？他是人类的一分子，他独创的思想是人类的财富，不管以怎样的方式记载下来。所有人潜意识里总有一种民族意识，实际上是病态的民族意识。谈到民族文化，就说我们看的是方块字，跟他们的不一样。只有明白这种字的人我们才有交流的可能性，否则免谈。恰恰相反，正因为我们不一样，才互相交流。都一样了的话就不叫交流，就在一起调侃。为什么很多艺术家见面儿侃荤段子？因为他们互相太了解了，没有交流的必要性了。

　　我觉得我有这样的一个恐惧：个人害怕群体，就像人们怕谈论政治一样。说到这个问题时，有些人会觉得我鲁莽，总是哪壶不开提哪壶。但这就是恐惧的一部分，因为我已经开始想我自己有没有

　　　　　　　　　　　　　　　　　　　自由风格

问题了，并且试图挖掘我内心深处恐惧的根源，同时也观察周围的人是否也有同样的恐惧。我后来意识到，这种解决恐惧的方式是对的，是和平的，不去玩那种更危险的游戏。摇滚乐能起到这种作用，让人用简单的方式去表达，简单地去交流，但不要用简单的方式去思考。我觉得我的脑子信息处理量挺大的，但交流方式比较简单。别人经常觉得我太直接，因此不愿跟我合作，因为我把事情说透了。几年前有人这样说：老崔你怎么那么直接，怎么跟我们谈非艺术上的东西，怎么着你也是个艺术家。可是在我看来，这也是对艺术家的一个培训：你在艺术中和生活中要处理方方面面的问题，你在任何文件上签了字，你就得负责任。恐惧就是你要负的责任的一部分。当人们有恐惧时是不敢谈论原则的，更别说是坚持了。

我与国外音乐家交流的机会很多。有时在别人眼里，一个中国人，还要搞摇滚乐？他们不知道我是谁，在没听过我的音乐的情况下交流，我觉得不太舒服。我觉得好像我在利用他们这个关系，我要到美国怎么样。其实我到美国没有任何目的，只是想看看，学习学习。我确实觉得必须靠内容上的努力，我没时间想别的。我根本不觉得他们高高在上，我在这方面挺自信的。我没有机会去国外重要的场合表演，如果我能去，我会这样问我自己：我能代表中国吗？如果他们喜欢我们的音乐那会引起他们什么样想法呢？可能是：中国的年轻人还行，还能玩儿一点音乐。或者是：他们对自己的生活不满意，所以才有了感觉做音乐。

经常有国外记者这样问我：你的歌词要表现的是什么？我一般都会选《红旗下的蛋》给他们介绍。有的时候就直接给他们翻译最后一段：

现实像个石头
精神像个蛋
石头虽然坚硬
可蛋才是生命
妈妈仍然活着
爸爸是个旗杆子
若问我们是什么
我们是红旗下的蛋

自由风格

把崔健的歌词当作独立的文本解读，这是一个冒险，崔健自己也许会反对这种做法。在他看来，歌词是从音乐中生成的，音乐是源，歌词只是流，不能脱离他的音乐来谈他的歌词。但是，我只能做我力所能及的事，而把完善的评论留待行家们去做。我这样做也不无收获，结果我的发现是，这些在狂热的演唱中呼啸而过的句子有着丰富的思想含量，它们是值得在安静中仔细玩味的。

一

80年代中期，中国仿佛刚刚从漫长的冬天中苏醒过来，大地和人心开始回春，坊间流行的是来自港台和模仿港台的甜歌软曲，人们久被压抑的心灵在脉脉温情中品尝着解放的喜悦。就在这个时候，二十五岁的崔健带着一支苍凉激越的歌踏上歌坛，一举成名，从此开始了他不断引起关注和争议的艺术生涯。

从歌词的内涵看，《一无所有》在当时之所以能够收到振聋发聩之效，是因为它触及了解放的更本质的方面。当许多人陶醉于解放所带来的实惠之时，崔健站在解放的终点上极目四望，他看到的不是歌舞升平，而是失去传统之后的荒凉，荒凉中的自由，以及自由中的追求。

"一无所有"的含义是丰富的。它使人想到遭遇体制转变的一代青年的处境：没有了意识形态所规定好的现成的人生目标和理想，也已经或即将失去体制所安排好的现成的谋生手段和饭碗。在同期作品《出走》中，崔健更清楚地表达了这种因传统的断裂而产生的无所依凭之感："我闭上眼没有过去，我张开眼只有我自己。"但是，在崔健心目中，"一无所有"更是一种新的人格理想：真正的男子汉恰恰不愿意也不需要别人给他准备好现成的一切，他因此而有了自己的追求和自由。整支歌的基调既是在诉说自己一无所有，又是在反驳那个姑娘笑他一无所有，使得"一无所有"的含义更加不确定。

> 我要给你我的追求
> 还有我的自由
> 可你却总是笑我，一无所有
>
> 脚下这地在走
> 身边那水在流
> 可你却总是笑我，一无所有

在无所依凭中依凭自己，在一无所有中创造，在广阔的世界上走出自己的路来，这样的男人究竟是贫困还是富有，姑娘究竟是在笑他还是在爱他呢？

我要抓起你的双手

你这就跟我走

这时你的手在颤抖

这时你的泪在流

莫非你是在告诉我

你爱我一无所有

崔健从一开始就显示了他不可能是一个新的青春偶像，他用沙哑的嗓音吼出的是转型时期新一代人中那些富有男子气概和创造精神的人的人格宣言和爱情宣言。

二

可是，作为生长在红旗下的一代人，崔健对于他从小耳濡目染的传统并非可以简单了断的。在他的早中期作品中，反思与这一传统的关系是一个经常出现的主题。

从小接受老长征的教育，现在又听到了新长征的号令。把新时期的任务喻为新长征，当然明示了传统的继承。如果把人生也譬作一次长征，那么，一个刚刚踏上人生征途的青年如何来加入这个传统呢？在《新长征路上的摇滚》中，崔健唱道——

听说过，没见过，两万五千里

有的说，没的做，怎知不容易

埋着头，向前走，寻找我自己

走过来，走过去，没有根据地

　　半个世纪前的长征毕竟是一个"听说过，没见过"的遥远的传说，一个"有的说，没的做"的抽象的榜样。人生的长征之路怎样走，还得靠自己来思考。一个巧妙的置换发生了，长征由一个意识形态概念变成了一个人生哲学概念。长征的目的不是要寻找根据地吗？在这社会变动的时代，"走过来，走过去，没有根据地"是新一代人的真实处境，因此每一个人的首要使命正是寻找自己精神上的根据地，这个根据地就是他的真实的自我。这是一个艰难的使命，在寻找的过程中必定会常常产生困惑："怎样说，怎样做，才真正是自己？"但是，目标已经确定，不论多么艰难，都要"埋着头，向前走，寻找我自己"。

　　这个早期作品预示了作者后来的全部创作的基本主题，就是要寻求一种真实的活法。情况往往是，一个流行的句型被说得越多，就被想得越少。于是，在无人质疑之处产生困惑就成了罕见的诚实。作者在这个作品中已经表现出了构成他的艺术特色的一种技巧——解构和巧用流行话语，通过语境的转换给它们注入独特的个性内涵。

　　时轮转到了 90 年代中期，市场化进程在中国大地上急剧推进，社会场景为之一变。在拜金之风盛行的口子里，崔健又出人意料地审视起了自己这一代人与红色传统之间的割不断的血缘关系。《红旗下的蛋》贯穿着一种严肃的幽默感，这个独创的生动比喻是他对这一代人的定位，也是他的自我认知。在金钱和权力的双重笼罩下，这一代人的软弱（"虽然机会到了，可胆量还是太小"），幼稚（"挺胸抬头叫喊，是天生的遗传"），暂时迷失方向（"我们没有理想"，

"看不见更远地方"），都可以追溯到这个血缘根源。

我们是"红旗下的蛋"，这是一个我们无法否认的事实，谈不上好坏。"我们的个性都是圆的，像红旗下的蛋。"这好像是在讽刺。"看那八九点钟的太阳，像红旗下的蛋。"这又好像是在勉励了，令人回想起一个曾经如此激动我们的声音："世界是你们的……"不过，在这里，甚至讽刺和勉励之间的界限也是模糊的，勉励似乎仍有一种讽刺的意味，而讽刺却似乎又有一种原谅的意味。最后，崔健用哲理的语言做出总结——

> 现实像个石头
> 精神像个蛋
> 石头虽然坚硬
> 可蛋才是生命

恰当的价值对比是在蛋和石头、精神和现实之间进行的。软弱、幼稚、迷惘都不足悲，只要你仍有一个活的灵魂。崔健当然不是在提倡以卵击石，而是在提醒同代人保护好精神之蛋，不要让它被坚硬的现实之石击碎。

如果说《红旗下的蛋》是把自己置于传统之中的反省和自励，那么，《盒子》就是对同一传统的尖锐批判了。这支歌用诙谐的语调讲述了一个关于理想的寓言：我的理想在那个红旗包着的盒子里，骄傲的胜利者坐在那盒子上，盒子里装的是什么，人们从来没见过；为了找到我的理想，我咬破那个旗子钻了进去，才发现这些盒子是一个套着一个的；我踩破了所有这些盒子却一无所获，突然听见我的理想在背后叫我。这个寓言在叙述过程中带有卡夫卡式的冷峻和荒诞，但结尾却是温暖和光明的。这也许是因为，崔健从来不是一个虚无主义者，在否定了虚假的理想之后，他始终还相信真实的理想。

三

人们常常谈论崔健对于现实的不妥协的反抗立场，然而，在我看来，反抗本身不能构成为一种立场。一切为反抗而反抗的立场只能沦为一种姿态（如在某些自命的前卫艺术家身上），或者一种观念的演绎（如在某些文人身上）。任何有意义的反抗总是有所坚持的，是对某种价值的肯定、捍卫和追求。在崔健那里，这种价值就是真实的人生。在传统崩溃之际，他不是做简单的肯定和否定的判断，而是强烈地感受到了发现自己一向活得不真实的苦恼和不知如何能活得真实的迷惘，这是极其深刻的内心经历。从此以后，一种健康的生命本能在他的身上觉醒了，指导他形成了真正属于他自己的价值理想，使他拥有了一个坚实的精神内核。在他的早期作品中，我们已经可以看到，正是这种内在的真实和坚定使他在变化着的时代现象面前保持着清醒，自然而然地拒绝一切虚假的生存。

《让我睡个好觉》是为一次义演写的，义演的目的是为修复卢沟桥募捐。卢沟桥之出名，是因为战争。修复卢沟桥，是为了经济。那么，歌的内容应该是不出这两个方面了。崔健在这里又一次显示了超越常规思维的本领。设身处地为桥本身想一想，战争和经济都不是它的本性所需要的，它已经"受够了马车花轿汽车和大炮"，"很久没睡过好觉"，它的心声是："该让我听见水声，听见鸟叫，该让我舒舒服服睡个好觉。"这当然是在借桥说人，表达了对一种更加合乎自然的生存状态的渴望。

在《不是我不明白》中，崔健对于世界正在发生的变化表示困惑："我曾经认为简单的事情现在全不明白，我忽然感到眼前的世界并非我所在。"兴建中的座座高楼，人的海洋，交通的堵塞，这些景象表明人的生活方式正在日趋复杂化。"过去我幻想的未来可不是现在，现在才似乎清楚什么是未来。"这是困惑，同时也是清醒的质疑，所质疑的是人类究竟应该朝哪里发展，怎样的生活才是合乎人性的生活。

一颗觉醒的灵魂，它的觉醒的鲜明征兆是对虚假的生活突然有了敏锐的觉察和强烈的排斥。这时候，它就会因为清醒而感到痛苦。我对这种痛苦是熟悉的，但是，崔健在《从头再来》中的表达仍然令我吃惊。歌以一个豪迈的句子开头："我脚踏着大地，我头顶着太阳，"可是，接下来却是："我装作这世界唯我独在。"立刻把那个豪迈的开头变成一种自嘲了。然后是："我紧闭着双眼，我紧靠着墙，我装作这肩上已没有脑袋。"后面还有："我越来越会胡说，我越来越会沉默，我越来越会装作我什么都不明白。"一再出现"装作"这个词，面对自己的清醒，面对周围虚假的生活，他不得不装作不看见，不思想，不明白，他用假盲目、假糊涂、假麻木来逃避清醒的痛苦。

这表明了虚假生活的势力之强大和面对它的无奈，在这无奈之中，产生了"从头再来"的渴望。我注意到作者在迭唱中反复使用"存在"这个哲学概念，并且完全是自发地把它用得很有哲学意味。

　　　　我不愿离开，我不愿存在
　　　　我不愿活得过分实实在在

我难以离开，我难以存在

我难以活得过分实实在在

这里的"存在"相当于黑格尔的"存在"概念，是一种缺乏精神性的简单的存在，也就是动物式的"活得过分实实在在"。

我想要离开，我想要存在

我想要死去之后从头再来

这里的"存在"相当于海德格尔的"存在"概念，是一种体现了生命意义的丰富的存在，也就是作者所渴望的从头再来的真实的生活。

也许我的解释有些牵强。不过，我的理解不是来自理论分析，而是来自直觉印象，我确实感觉到这首歌具有一种不寻常的哲学深度。

寻求真实的活法是每个人在天地之间固有的自由，但享用这个自由却需要勇气。从前有过太多的受人操纵和做给人看的虚假情感，使喜怒哀乐成了哭泣、演戏、虚伪和忏悔。在《不再掩饰》中，崔健鼓励自己和人们首先要有自我表达的勇气，如此才会有真实的情感："我的泪水已不再是哭泣，我的微笑已不再是演戏……我的坚强已不再是虚伪，我的愤怒已不再是忏悔。"这不是哭泣的泪水，不是演戏的微笑，不是虚伪的坚强，不是忏悔的愤怒，不但是更真实的，而且是更有力度的，"不再掩饰"正来源于并且证明了人格的力量。

四

90年代初，在《快让我在这雪地上撒点儿野》中，崔健给我们讲述了一个病人的故事。这个病人光着膀子，迎着风雪，跑在逃出医院的道路上。他痛苦地叫喊着：别拦着我，我也不要衣裳，给我点儿肉，给我点儿血……

给我点儿刺激，大夫老爷
给我点儿爱，我的护士姐姐
快让我哭快让我笑吧
快让我在这雪地上撒点儿野

歌中反复吟唱的句子是：

快让我在这雪地上撒点儿野
因为我的病就是没有感觉

什么样的人会因为麻木而感到如此痛楚呢？一个人把没有感觉感受为一种尖锐的病痛，岂不正因为他的感觉过于敏锐？所以，问题出在这个世界不能让人痛快地哭、痛快地笑。最使一颗优秀的灵魂感到压抑的当然不是挑战，而是普遍的平庸和麻木。于是，在众人宁愿躲在医院的暖被窝里养病或装病的时候，他独自跑到风雪中发出了尖利的呼叫。

在同期作品《像是一把刀子》中，作者就直接向社会的麻木宣战了。手中的吉他被譬作一把刀子，用它割下自己的脸皮（也许他恨脸皮是人体最容易装假的部位），只剩下一张嘴（对于崔健来说，嘴只是用来唱歌的，而唱歌必是真实的，不真实就不是唱歌），目的却是——

不管你是谁，我的宝贝

我要用我的血换你的泪

不管你是老头子还是姑娘

我要剥下你的虚伪看看真的

那种普遍的麻木已经令作者透不过气来了，他无论如何要把它捅破。其实世界上发生过某些重大事情，人们却装作什么事也没有发生一样。"人们面带微笑和往常一样仍在这周围慢慢地走着"；我又何尝不是这样，"我面带着微笑，和人们一样，仍在这世上活着。我做好了准备，真话、假话、废话都他妈得说着。"（《北京故事》）一切都可以原谅，不可原谅的是灵魂的萎缩，麻木的病症由表及里，虚伪下面不再有真诚的核心。"我想唱一首歌宽容这儿的一切，可是我的嗓子却发出了奇怪的声音。"（《宽容》）在接下来的"呵呵"的怪声中，压缩着多少无法说清的痛苦。

《飞了》的歌词比较费解，我相信它表达的也是灵魂被粘滞在平庸的现实之中的痛苦。面对周围的现实，包括过于紧密和琐屑的人际关系（"一股人肉的味儿"，"它只能让人琢磨人之间的事儿"），人们的像是烟雾的眼神（"它们四周乱转但不让人在乎"，反映了内心的空虚和软弱），以及缺乏力量的发牢骚（"在无奈和愤怒之间含糊地烧着"的无名火），我觉得"浑身没劲儿"。这种晕的感觉驱使我"孤独地飞了"。但是，我终究不能生活在空中，只好又回到现实中，再飞不起来了。（崔健注：《飞了》是一个反对吸毒的作品，我经常在音乐会上唱这首歌之前这样说："我们用不着毒品，只要我们有音乐我们就能飞起来。"）

　　　　　　　　　　　　　　　　　　自由风格

在较晚创作的《缓冲》中，作者对灵魂被粘滞在平庸的现实之中的感受有更加生动细致的描写。我"从天上飞了下来"，不过那大约是一次旅行归来，回到了熟悉的环境中。这环境化作一片叫人腻味的声音，副歌反复唱道——

周围到处传出的声音真叫人腻味

让我感到一种亲切和无奈

周围到处传出的声音真叫人腻味

软绵绵酸溜溜却实实在在

我首先产生的反应是格格不入，不想看见朋友，不想再说废话，要跟所有的人保持距离。我发现我挺喜欢这种有脾气的伤感，因为它使我"还能看见我的生活的态度，还能感到我的灵魂似乎还活着"。在作者看来，灵魂活着是人生最重要的事情。我浑身骚动的热血与这环境的对比令我疯狂，我愿把这种疯狂永远保持下去。可是，第二天早晨起来洗完了脸，疯狂不见了，我像以前一样无所谓地走出了家门，和所有我的熟人打着同样的招呼。我不由自主地开始装糊涂，这使我感到一种比疯狂更加强烈的恐惧。

这些描述真正具有一种令人震惊的深刻。普遍的平庸之可怕就在于它让人感到一种亲切，这种亲切具有死亡的气息，这种死亡又仿佛是有灵魂的一样，它对那些不甘让灵魂死去的人发生着强大的威慑作用。

我把以上几首歌放到一起评述，是因为它们使我清楚地看到，崔健的确是一个灵魂的歌者。他在这个时代里真实地生活着，既没有逃避，也没有沉沦，他的灵魂始终清醒地在场，经历了最具体的磨难和危险。他对灵魂的关注绝非空洞的，他不是居高临下地要拯救众生，他关于灵魂所说的一切都是他自己的灵魂中所发生的事情。正因为如此，他的歌才会在别人的心灵中引起震撼。

五

在崔健的作品中，有两首歌如同摄像机镜头一般，生动地摄下了90年代中平庸的生存状态的两组画面。

《混子》把镜头聚焦于这样一种类型，其生存状态的特征是：一、得过且过，每天的日子都是"白天出门忙活，晚上出门转悠"，只生活在眼前，只考虑挣钱，对过去和将来一概不关心；二、故作潇洒，有一股机灵劲儿，自以为对世事"看透了琢磨透了但不能说透了"，万事不固执，不较劲，脸上挂着"无所谓的微笑"；三、玩世不恭，到了以任何严肃为羞耻（"说起严肃的话来总是结巴兜圈子"）和虚伪（"别跟我谈正经的，别跟我深沉了"）的地步，以没有理想为时髦，视理想为过时之物。这些特征可以用一个词概括，就是"凑合"。

凑合的生活是典型的虚假生活，因为灵魂始终不在场。当凑合成为社会上的普遍心态和风气时，一个热爱生活的人就不得不承受巨大的寂寞，于是他发出了由衷的呼喊——

> 我爱这儿的人民　我爱这儿的土地
>
> 这跟我受的爱国教育没什么关系
>
> 我恨这个气氛　我恨这种感觉
>
> 我恨我生活除了"凑合"没别的目的

那么，谁是混子呢？应该说，谁都有可能成为混子。有一些人曾经似乎很有理想，有自己的精神上和艺术上的追求，后来又似乎是为了使理想的实现具备必要的经济实力，便全力以赴去挣钱。正是从这些人中产生出了许多混子。作者如此描述他们的心理演变过程——

　　多挣点钱儿　　多挣点钱儿

　　钱儿要是挣够了事情自然就会变了

　　可是哪儿有个够　　可是哪儿有个够

　　不知不觉挣钱挣晕了把什么都忘了

并且剥夺了他们为自己辩解的理由，尖锐地指出："我看你比世界变得快多了要么是漏馅儿了。"一个人的精神追求和艺术追求这么容易被金钱消解，这只能证明他的追求原本就不坚定，甚至原本就是自欺。不过，精神上的诚实和坚定是很高的要求，人是容易被环境支配的，因此《混子》仍是一面人人应该经常照一照的镜子。

　　在《春节》中，崔健如同一个局外人来到神州大地，摄取了今日中国人欢度这个传统节日的典型场面——

　　恭喜你发财　　是最美好的祝愿

　　祝你平平安安　　八百年都不会变

　　听听酸歌蜜曲　　永远把温情留恋

　　这是生存的智慧　　这是福海无边

　　一年一度，举国上下，人们以"发财"、"平安"互相祝愿，并坐在电视机前收看千篇一律的晚会节目，这成了一种固定模式。作者当然不是反对民族节庆，他讽刺的是通过节庆方式反映出来的社会心理和生存状态。会心者自会明白，他不是故意要置身局外，而是本能地无法融入。这种节庆方式是传统文化与市场经济结出的怪胎，张扬着一种既中庸知足又精明实际的生活哲学——

老老实实地挣钱　这是光明的前途
搞好那人际关系　那是安全的后路

问题仍在由此反映的生存状态之缺乏有生命力度的爱（"身上有了股春劲，却没有爱的体验"）和灵魂的参与（"忘掉了灵魂的存在，生活如此鲜艳"），使得快乐和苦恼都流于肤浅。歌以一段情感复杂的干吼结尾，像是戏谑的模仿，也像是愤怒的讽刺，会使一切想发财和不想发财的人听了都不舒服，也许还会使他们因为这种不舒服而好好想一想——

OH YE
一年到头来
OH YE
恭喜你发财

对于 90 年代，崔健感触良多。他觉得自己"心中早已明白"，却又苦于"语言已经不够准确"，所以只好等待，"一天从梦中彻底醒来，回头诉说这个年代。"（《九十年代》）在 90 年代，中国在精神层面所发生的变化的确一时难以说清也难以评价。一个显著的现

象是，人们在对意识形态表现出冷淡的同时，也对一切精神价值表现出了冷淡。所谓的价值多元，本应是鼓励一切个人独立寻求生命的精神意义，现在却成了许多人放弃任何精神追求的掩饰。这就是90年代的时代精神吗？崔健断然否认：别说这是时代……周围到处不过还是一些腐朽的魅力。"(《笼中鸟儿》)这种腐朽风格的特点是"用谎言维护着平庸的欢乐"(《新鲜摇滚Rock'n Roll》)。我认为我们有理由与崔健一起相信，平庸不是90年代所酝酿的新的生活方式，而是一种腐朽。有一天我们回过头来看90年代，应能发现某种真正的新的健康的生活方式是从这个时代的变化中生长出来的。

六

在崔健的作品中，有相当部分涉及性和爱情，我把它们都算作情歌。他的情歌富有象征意味，总是在唱着爱情的同时，也唱着比爱情更多的东西。那多出的东西是什么，不同的耳朵所听到的也必然不同。那么，我只能说一说我所听到的。

其中有一类歌的主题比较明确，大致围绕着爱情与自由的关系，而且往往是强调两者的冲突，在较晚的作品中才开始寻求两者的统一。

在《花房姑娘》中，花房与大海构成了一个鲜明的对照。花房是舒适和安宁，大海是自由和解放。化房是单纯、质朴、美好的爱情，大海是丰富、广阔、伟大的精神追求。我走在通向大海的路上，花房姑娘就站在路旁。她带我走进花房，走进爱情，爱情的魅力太大，"我不知不觉已和花儿一样"，忘记了大海。可是，当姑娘要我真的和花儿一样留在花房里，我立刻警觉不能这样。那么，我应该怎样呢？我的心情是矛盾的：我想要继续走向大海，才发现我已经离不开姑娘；我明知已经离不开姑娘，但我仍然要继续走向大海。正是在冲突中，花房姑娘和大海、爱情和自由都最充分地显示了各自的特殊吸引力，最后是大海勉强占了上风。

世上有一心奔赴大海的人，他对路旁的花房视而不见。也有一心迷恋花房的人，他对远方的大海听而不闻。可是，如果一个人既向往大海，又迷恋花房，他就免不了要经历两者争夺他的斗争了。

《假行僧》也描写了爱情与自由的冲突，但作者选择自由的立场已经异常坚定了。这是一颗独立不羁的灵魂的自白，无比的诚实、坦率，也无比的坦荡、有力。对于他来说，自由地行走就是生活，就是目的。面对可能的爱情，他把话说在前头，毫无隐瞒，毫不含糊——

> 要爱上我你就别怕后悔
> 总有一天我要远走高飞
> 我不想留在一个地方
> 也不愿有人跟随

因为"留在一个地方"不自由，"有人跟随"的行走也不自由。他的立场极其明确：绝不会为了爱情放弃自由。

> 我要从南走到北
> 我还要从白走到黑
> 我要人们都看到我
> 但不知道我是谁

"我要人们都看到我，但不知道我是谁。"这个心理很耐寻味。想让人们对我感到神秘吗？不是。"人们"从来都是以一种方式来"知道"我是"谁"的，就是把我看做某种角色。可是，我不是任何角色。任何角色都是虚伪，都是对我的歪曲和背叛。我要人们都看到一个不是任何角色的我，那才是真实的我，但人们恰恰因此而不知道我是谁了。我甚至不肯扮演情人这个角色，扮演了这个角色也必定会虚伪，所以我对那可能爱上我的人说："你别想知道我到底是谁，也别想看到我的虚伪。"

　　为什么题目叫"假行僧"呢？因为行僧也是一种角色，我不是任何角色，包括行僧。

　　在《出走》中，我们看到一个离家出走的人，他不知道要去哪里，只是遏止不住地要走。他不停地走，发现自己始终是走在老路上，看到的仍然是旧风景。他没有过去，没有同伴，心中充满莫名的忧愁和渴望，攥着手只管向前走……

　　这首歌严格地说不是情歌，涉及爱情的只有寥寥几句，非常质朴，但意味深长——

　　　　望着那野菊花

　　　　我想起了我的家

　　　　那老头子，那老太太

　　　　哎呀

　　　　还有你，我的姑娘

　　　　你是我永远的忧伤

　　　　我怕你说，说你爱我

虽然坚定地选择了自由，但绝不是铁石心肠，爱情仍是隐秘的忧伤和牵挂。这就对了，这才是一个真实的有血有肉的男子汉。

爱情与自由是否一定互相冲突呢？作者后来对此有了新的思考。在《另一个空间》中，他安排了这样一个场景：一个男人和一个女人相遇，各怀着不同的心思，男人只有欲望没有感情，女人却需要有人真正爱她。

> 这是一个美丽的紧张的气氛
> 天空在变小　人在变单纯
> 突然一个另外的空间被打开
> 在等待着　在等待着我的到来

在这个气氛中，女人如同"一面能透视的镜子"照出了男人身上"看不见的空虚"。他听见一个严厉的责问："你是否有那么一点儿勇气得到一个真正的自由？"他还听见一个箴言般的启示："爱情就是自由加上你的人格。"这责问和这启示是来自女人，也是来自他自己的灵魂。这的确是一个突然被打开的"另外的空间"，是灵魂中的一种顿悟：爱情不再是对自由的威胁和剥夺，相反可以是自由的实现。在两性之间，如果说有一种关系既能体现自由又能体现人格，那只能是爱情，因为真正的爱情就是两个独立人格之间的自由结合。

七

如果说上述几首歌的主题是爱情与自由的关系，那么，崔健另一些涉及性爱的作品的含义就不这么明白了，其中交织着对性爱、对现实、对人生的复杂感受，因而充满着模糊性和不确定性。

不过，在读这些作品时，我仍能感到它们在内涵上有共同的东西。在男人身上，作者最看重的是一种内在的力量。但是，由于存在的困境或社会的困境，这种力量往往无法实现。于是，性爱一方面被当做困境中的慰藉，另一方面被当做力量的证明。

人活世上，大约有两类困境。一是有了机会却没有目的。这类困境基本上是存在性质的，因为生命本身只是由许多机会组成的过程而并无终极目的。《投机分子》开头便是——

　　突然来了一个机会，空空的没有目的
　　就像当初姑娘生了我们，我们没有说愿意

然而，"我们有了机会就要表现我们的欲望，我们有了机会就要表现我们的力量。"在此意义上，每个人都是"投机分子"。这首歌并不是情歌，但歌的一头一尾都以性作譬，表达了一种识见：在人生中，在两性关系中，意义都不是现成的，而是欲望和力量的创造。

　　朋友给你一个机会，试一试第一次办事
　　就像你十八岁的时候，给你一个姑娘

另一类困境是有了目的却没有机会，这目的当然是一个人在特定社会环境中为自己树立的具体目的，但社会很可能没有提供实现它的适当机会。这是社会性质的困境。崔健的作品更多涉及这一方面。

眼前的问题很多，无法解决

可总是没什么机会，是更大的问题

我忽然碰见了你，正看着我

脑子里闪过的念头是先把你解决

《解决》的这个开头幽默地叙述了一个典型思路：用性来悬置那些无法解决的问题，同时又证明自己具有解决问题的能力。接下来的故事若明若暗，好像是一个更有力量的角色出人意料地上场了，那也许是爱情，于是结尾发生了戏剧性的转折——

噢，我的天，我的天，新的问题

就是我和这个世界一起要被你解决

《这儿的空间》透着一股无奈的情绪，那是面对周围平庸现实却无力改变而感到的无奈。在无边的空虚中，似乎只有性爱的此时此刻才是唯一的实在。

在同类题材中，最有代表性的作品是《无能的力量》。一个男人怀抱着改变这时代的梦想，他的梦想暂时还实现不了，很可能永远也实现不了。他在做爱时问他的爱人——

风像是我

你像是浪

你在我的身下

我在你的身上

你是否感觉到这

无能的力量

这是要爱人证实他的性能力吗？是，又不是。是，因为他现在一事无成，他的力量只能用性爱来证明。但显然又不是。"无能的力量"是一个悖谬的概念，这个概念是崔健发明出来的吧，其中大有深意。对它可以有两种读法。其一，重音放在"力量"上。实实在在有力量，但施展不了，所以是无能的"力量"。其二，重音放在"无能"上。怀抱着改变时代的梦想却实现不了，这是无能。可是，与那些不想改变时代的随波逐流之辈相比，这种无能恰好内含着一种力量，所以是有力量的"无能"。我觉得这两种读法都对。

《时代的晚上》可以视作《无能的力量》的姐妹篇，也是无处施展的力量（"我们生活的这辈子有太多的事还不能干呐"），也是只好通过性爱来得到慰藉。"时代的晚上"这个标题亦耐琢磨，它似乎给人以诗意的想象，其实表达了一种批判的立场。

八

我认为，对于一个艺术家来说，最重要的事情是：第一要有真实的灵魂生活，第二要为他的灵魂生活寻找恰当的表达形式。前者所达到的高度决定了他的作品的精神价值，后者所达到的高度决定了他的作品的艺术价值。

作为一个艺术家，崔健对于形式是重视的，在音乐技术上，在音乐和歌词的创作上，都认真地下了功夫。不过，他在我们这个时代的意义的确更多地缘于他的作品的精神内涵。不少论者指出，在原创性作品的精神内涵方面，中国当代歌坛还没有能够与崔健媲美的人。我是相信这一判断的。

当然也有不同看法。在一些人看来，爱想问题反而是崔健的一个缺点。事实上，历来有人主张，艺术是纯粹感性的活动，理性思考会对艺术造成损害。我承认，太逻辑化、太思辨的思考是可能对艺术家的创作发生不良影响的。但是，不能因此认为，艺术家根本不需要和不应该思考。恰恰相反，不思考的艺术家肯定是一个浅薄的艺术家。不过，这应该是一种原初性的思考，是直接由灵魂发动的思考，表现为对最根本的生存状态的敏感，以及随之而来的对社会状况和时代境况的反省。崔健的歌词清楚地表明，他的思考是属于这种性质的。

在一切精神创造中，灵魂永远是第一位的。艺术是灵魂寻找形式的活动，如果没有灵魂的需要，对形式的寻找就失去了动力。那些平庸之辈之所以在艺术形式上满足于抄袭、时髦和雷同，不思创造，或者刻意标新立异，生制硬造，而不去寻找真正适合于自己的形式，根本原因就是没有自己的灵魂需要。

我期待我们有更多的有自己的灵魂需要的艺术家。我期待有更多的歌手让我们感到，在这个时代里，灵魂似乎还活着。

2001.5.31

自由风格

2013 年版增补

周国平按：

　　这个增补部分，主要根据崔健和我的近期对话以及他在《自由风格》出版签约暨版税捐赠仪式上的谈话整理。为了比较完整地呈现崔健的新的思考，我还从他近十年来公开发表的言论中摘选了若干片断，在文字上做适当的精简，融在了对话之中。崔健给这个方式取了一个名字，叫"虚拟采访"。当然，他对相关文字做了审定。我是觉得这些内容精彩，表达也好，漏掉了可惜，又没有必要重述，就"虚拟"了一小把。严格地说，只有我的提问是虚拟的，崔健回答的内容则是完全真实的。我把这些段落用符号 * 标记出来，以便读者辨别。

为
了
和
平

周：《自由风格》这本书初版是在 2001 年，距今 11 年了，在市场上早已绝迹。近几年里，常有出版人和我联系，想重新出版，但我们都忙，就搁了下来。今年 6 月 23 日，我们共同的朋友梁和平遭遇车祸。

和平是一个好人，一个可爱的人，他善良热情，爱生活、爱艺术、爱思想、爱朋友。因为有他，许多不同领域的朋友有了越界的聚合和沟通，生活变得丰富而有趣。作为他的朋友，我们一直受惠于他也喜爱他。和平又是一个笨人，我说的笨，是指他无能应对这个功利世界。他是一个不可救药的性情中人，虽然才华横溢，但从来不知道用自己的才华谋取利益，不懂得筹划自己的生计。现在，他突然面临巨额的医疗和康复费用，我们愿意也理应帮助他。这是我们现在出版这个增补本的缘由，可以把版税捐赠给朋友们共同筹建的和平生命基金，尽我们的一份力量。

> 崔：和平这件事让我们看到，生命的困境实际上离我们很近，之前这种事总是觉得发生在很遥远的人身上，没想到这么近的人发生了这样的事故，命运如此咄咄逼人地靠近我们，让我们觉得生命其实是很脆弱的。那天在"字里行间"书店举行出版签约和版税捐赠仪式，看到满架的书，我就想，我们祖先为我们留下的文化遗产给我们画了很大的问号，到底是让我们的生命去荣耀我们的历史，还是让我们的历史去荣耀我们的生命。其实所有的东西都应该融入到生命里，在生命受到威胁的时候，我们应该采取一些行动去保护生命，这不只是对某一个人的命运的影响，而是对所有的人的提不，我们应该关注生命和生命的健康。

周：关注生命是你的作品的一贯主题，也是和平平时生活和言谈的基调。我曾经写过一篇谈和平的文章，题目是《生命在说什么》，多年前发表在《中国青年报》上。我说，要解读梁和平，生命是一个核心的关键词。很难遇见比他生命力更旺盛的人了，他似乎有无穷的精力，永远不知疲倦，对一切都感兴趣。他的专长是即兴演奏，他的整

自由风格

个人就像是一种即兴演奏，他的生命总是处在现在进行时态。他随兴所至，或画画，或弹琴作曲，或带着一拨人疯玩，都有精彩的表现。他身上有一个活泼的生命，那个生命总是在说着自己的各种感觉和需要。他曾经想写一本书，书名也有了，叫《生命宣言》。

崔：是吗？

周：是的，不过书好像没有完成。他还约了几个朋友各写一篇文章，准备放在这本书里，我的那篇文章就是为此写的。在文章里，根据他平时的谈论，我把他的生命哲学归纳为两条原理。第一，对于人来说，生命是最高的、终极的价值，其余的一切，例如政治、经济、文化、科学、宗教，等等，都不能代表也不能高于人的生命。第二，生命本身是一个内容丰富的组合体，包含着多种多样的需要、能力、冲动，其中每一种都有独立的存在和价值，都应该得到实现和满足。对于这两条原理，我是完全赞同的。和平是有感而发的。在当今的时代，很少有人还记住这两个基本的道理了，与之违背的现象比比皆是。譬如说，其他种种次要的价值取代生命成了人生的主要目标乃至唯一目标，人们耗尽毕生精力追逐金钱、权力、名声、地位，等等，却从来不问一下这些东西是否使生命获得了真正的满足，生命真正的需要是什么。又譬如说，多少人的内在潜能没有得到开发，他们的生命早早地就被纳入了一条狭窄而固定的轨道，并且以同样的方式把自己的子女也培养成片面的人。

崔：和平关心的东西和我关心的东西是一样的。回想起来，我过去写的所有的歌，我甚至觉得国外已经去世的人写的歌，都跟和平是相通的。我认识和平是因为音乐，我想我们这些音乐人可以定期地给他做一些自己喜欢的音乐的专辑，比如说，我做的第一张专辑会是 *Give Peace a*

Chance——《给和平一次机会》，从第一首歌到第十一首歌都围绕这个主题，最后一首歌是《断背山》，我想借用一下这个名字，因为和平确实断背了，歌曲的名字是—*He Was a Friend of Mine*。

周：我觉得在和平身上，艺术和生命是融为一体的，他的整个生命有点像是一个行为艺术。原初意义上的艺术本来就不是一种职业，而是生命的自由表达。和平经常说，艺术能够把人的生命内部的各个通道打通。

　　崔：和平的热情散布在当今社会几乎所有的领域，他记录和收藏了许多珍贵的资料。

周：他比最敬业的记者更勤奋，在任何场合都举着摄像机，在漫长的时间里拍摄和积累了无数珍贵的影像资料。他的仓库里堆积了如山的原料和半成品，但是他实在太有活力了，永远被新的事物所吸引，永远停不下来对这些原料进行加工整理，把它们变成产品。

　　崔：其实和平这个人就是一个企业。

周：非常准确。所以，现在的捐助只是权宜之计，在他渡过了这个难关之后，我们要协助他来经营这个企业。

　　崔：应该找合适的人帮他整理，变成财富，这样就不是我们养他，而是他养自己，而且造福社会。他给了我们许多能量，现在我们是把能量反馈给他。

周：以前他的生命如同一道积聚了太多能量的激流，汹涌地朝各个方向泛滥，他自己也控制不了，好像也不想控制。用我这个吝啬人的眼光来看，一直替他惋惜，觉得是一种浪费。

　　崔：他这是健康的"堕落"，越健康就越"堕落"。

周：现在这个灾祸使他不得不停止"堕落"了，我觉得这真像是天意，我仿佛听见上帝在对他说：你一直在玩，现在应该开始工作了，把你的积累变成产品吧，也变成钱吧。我对他的非凡生命力充满信心，即使他再也站不起来了，从此要在轮椅上生活，他的内在生命力仍是压抑不住的，他的灵魂中蕴藏着巨大的能量。他的头脑比他的身体更加闲不下来，时刻都在闪烁思想的火花，现在身体不能走动了，头脑仍完好无损，而且作为一种代偿，会更加活跃。所以，我们还可以期待他在思想上和写作上的成果。

　　崔：让我们等待我们的新的和平的到来吧。

岁
月
中
的
变
和
不
变

周：这些年来，中国变化得很快，人也在变。我身处学术界，我的感觉是，认真做学问的人少了，忙着当官或赚钱的人多了。演艺圈直接受市场影响，人的变化想必更甚。但是人们看到，你始终在认真地做音乐，常常有人用"坚持"这个词来形容你，甚至说你是在苦苦地扛着摇滚大旗。

　　崔：我这不叫坚持，我是快乐，乐在其中。不要说做摇滚是"坚持"，好像在吃苦，干体力活，其实不是。在所谓的坚持的过程当中，最大的回报就是享受生命。你没必要去想，到底坚持是为了什么，这个过程本身就是快乐的。我觉得自己比那些我认为颓废的人要快乐得多。有些人为了迎合市场改变了自己，虽然赚了很多钱，但我不觉得他们快乐。如果人一直为了利益而活，到头来，围在你身边的人都是为了利益，那是空虚的。在我看来，那种生活是颓废的，他们才需要坚持。*

周：对，我也觉得，无论做什么事，包括我从事写作，兴趣是第一位的。你真正喜欢，做的过程本身就是享受，这就说明你该做这个事，这个事也该你做。一个人没有内在的动力，才需要用外在的利益来迫使自己坚持。

崔：我觉得真正支撑我把音乐做下去的不是我的理性，而是我的感性。我如果高兴，定期就得这么做，像是一种发泄，这种本能的东西也许是更大的创作源泉。要是把自己固定成一个什么形式，然后沿着这个形式去发展，我觉得这是对自己不公平，没必要。*

周：你搞摇滚，老有人让你给摇滚下一个定义。我搞哲学，也老有人让我给哲学下一个定义。这种下定义其实挺无聊的，没有必要。不同的人搞哲学的方式是很不同的，我想搞摇滚也是这样。关键是要用你自己喜欢的方式去做，你真正做得高兴，这就够了。用不着下定义，甚至也不用去管是否符合人们通常所下的定义，你做的是不是哲学，是不是摇滚，没必要管那么多。

崔：我真的觉得只有自己做的东西才能让自己彻底满足，后来发现这种东西是自己创作的一个回报，你为什么要创作，就是因为任何一个其他的艺术品都不能充分满足自己，你只能靠做自己的东西去满足自己。*

周：人们常常谈论现今我们所处的时代和上世纪 80 年代的巨大反差。我个人认为，80 年代的特点是精神浪漫，90 年代以后是物质浪漫，而且越来越物质化了。比较起来，80 年代还是有可爱之处的。我们可以说都是在 80 年代出道的，一个巧合是，同在 1986 年，你的《一无所有》响遍全国，我出版了《尼采：在世纪的转折点上》。常常有人用"启蒙"来形容那个时代，包括形容我们当年的这两个作品，你怎么看？

崔：如果当初我们唱完了《一无所有》，或者我们做完启蒙了，结果我们自己腐败了，或者成为了一个进入主旋律的人，成为了主流的话，我觉得这个别人说的启蒙我会不好意思，你启蒙了大家而腐败了自己。现在这种文化现象特别多，我特别不愿意看到一些人腐败，你现在跟他已经无话可说了，但是你曾经那么欣赏他的作品。所以在我看来不要对号入座，我更愿意说《一无所有》已经变成别人的作品，实际上我真正的作品是《红旗下的蛋》以后的东西，或者说是《一无所有》以后的东西。如果没有更新的作品，没有《红旗下的蛋》，没有《时代的晚上》，没有《蓝色骨头》，《一无所有》是死鱼一条，死水一潭。就是因为我后期做的东西把它盘活了，为什么大家没有记住当初其他的一些歌曲，比如说《血染的风采》或者《西北风》，为什么没有人继续唱这个歌了，主要的原因是他没有再做《红旗下的蛋》，没有再做那种精神性的东西。

周：说得非常好，一个艺术家只有沿着自己的精神轨道继续向前走，不断有新的作品，过去的作品才能在今天继续生成意义。

崔：我们的历史也是一样的，我们的文化也是一样的。我们这一代中国人，我们受了这些传统的教育，我们看的是方块字，我们是为了弘扬方块字吗？我们是为了弘扬我们的历史吗？还是我们的历史来弘扬我们的生命？只有弘扬生命，你才能盘活我们的祖先给我们留下的财富。如果我们现在什么都不作为，什么都不干，我们中华民族被这几个启蒙大师启蒙完了以后，我们就变成如今这个模样，再没有奋进的意识。不去把自己人性的能量释放出来，那你启蒙的意义是什么？这不能叫启蒙，只可以叫投机。

周：无论创造者个人，还是一个时代，给文化所提供的东西到底有没有价值，一个重要的尺度是看它在人们的生活中能不能继续生长，促成新的东西产生。

崔：所以我始终不愿意给人一种结果，我愿意给人一个开始。《新长征路上的摇滚》的成功就是一个开始，而不是作为一个结果的成功。那时候所有的人都在寻找方向，但是现在不是，现在所有的人都在选择结果当他得不到结果的时候，就认为这个东西没有价值。我最近的一张专辑《给你一点颜色》也是一个开始，传达的是一种方向，不过在现在的风气下，我觉得它是给少数人的，给那些真正理解我、不用沟通就能理解的人。*

周：常常有人说，你过去的歌迷已经和你一起变老了，现在的 90 后或者更年轻的一代就不那么喜欢你了，你自己觉得是这样吗？

崔：我觉得如果不喜欢也很正常，但事实并不是这样。现场音乐会也有很多年轻人来听，我发现他们大部分是第一次来听，来的时候也许有偏见，认为是父母一辈人听的，但他们听了之后就觉得很有劲儿，原来能量是可以跨越时代的。

周：那么，你觉得和 80 年代比，你的歌仍然有叛逆精神吗？

崔：我认为我的歌仍然有叛逆精神，区别在于以前唱的是往外跑，那种比较抽象的要出走的感觉，比如《出走》、《假行僧》；现在的想法很明确，就是在这儿，面对这儿的问题。*

周：很准确。其实在这儿比往外跑难得多，面对比出走难得多，这是一种负责任的叛逆精神。我注意到，虽然你始终在认真地做着自己的音乐，但是，过去由于政治的原因，后来由于市场的原因，你的处境有顺有逆，有特别火的时候，也有比较沉寂的时候，这对你的心情会不会有影响？

> 崔：事实上，在我最火的时候，我没有那么得意，在我比较低潮的那几年，我也没有人们想象得那么沉重。我觉得一个人在社会进程中发挥好自己的角色就可以了，成功不成功不是一个标准，最重要的是你是不是你自己。*

周：在这一点上，我们的价值观特别一致，我也认为最重要的是做好自己，第一目标是优秀，成功最多是第二目标，是优秀的副产品。其实衡量成功也有不同的标准。一个是把自己喜欢做的事做得尽善尽美，让自己非常满意，非常享受，这个意义的成功实际上就是优秀。另外一个是外在的标准，无非是名和利。现在大家都特别看重后一个意义的成功，尤其是物质上的富有。那么，许多人可能觉得，依你的才能和名声，你应该很富有才对，现在好像并不相称，会有所议论。你怎么想？

> 崔：其实在自由表演的音乐家里面，我可能是最自在的了。我愿意把钱花在做音乐上，我们的主要消费就是买乐器和专业的录音设备。至于日常生活，其实不需要多少钱，除非你跟别人攀比，而跟人攀比真的太无聊。你买了一个东西，就等于是削减了你自己的思想空间。你多了一个房子，你就得投入精力，就像多了一个宠物一样。你必须占用时间去考虑它，琢磨怎么样去用它，实际上你是被房子给买了。所以大家没必要总是说老崔住什么房，开什么车，没必要说这些，真的不是一个事儿。*

周：对，简单才能自由。关注精神自由的人，兴奋点不会在物质生活上，就是不想让物质的东西侵占自己的时间。现在许多人说到你的时候，有意无意会谈到年龄，你都很不以为然。

崔：我觉得最俗气的比较就是年龄的比较。我没有在多少年轻人身上看到那种青春的活力，以及那种很容易被触发出来的创造性。有些年轻人的思想比我的老得多，只不过装在一个年轻的身体里罢了。*

周：我们谈论艺术家的生理年龄与艺术生命之间的关系，是针对本来有创造力的人而言的，如果没有，这个问题就不存在。在有创造力的人身上，年龄的影响是因人而异的，基本趋势还是创造力随着变老而减退，仍能保持旺盛的是少数。所以我觉得，年龄终归是一个挑战，一个检验。

崔：曾经有记者问我什么时候退休啊之类的问题，他们会认为做音乐是一种牺牲，到一定的时候就累了，该退役了。实际上做音乐并非一种付出，而是获取，是在玩，放松地玩，真的是玩的话，不会想到退役，因为他玩得很高兴嘛。*

周：对于我来说，是有退休的问题的，事实上我在单位退休好几年了。不过，我也觉得，这种名义上的退休实际上对我的生活毫无影响，我仍和以前一样在做着读书、写作这些事。不过，随着年龄的增长，倒有可能会加深我们的人生体悟。

崔：年龄大了，要肩负的东西很多，就像一条扁担挂两个满载的筐，必须找到平衡点。现在，我的生活和我的精神就是这两个筐，我行动时要寻求平衡。年轻人不需要，因为筐里没东西，他们可能只需要提着走就行了。所以，年纪大的人行动也会慢，但是一旦发力，两个筐里的东西爆发出力量，年轻人是赶不上的。*

周：现在《自由风格》要重新出版，人们都很关心，和这本书里表达的思考相比，你有一些什么转变。

崔：说转变恐怕不准确，准确的形容应该是升级，有发展，有新的发现，但是和过去也是分不开的。我觉得最主要的改变是生活上以及对感情的看法。人们谈自己对感情的看法一般都是形容最近一段时期的，不会是一种总结性的。

周：好，我们接下来谈这个问题。

爱情是寻找一个合伙人

周：在初版《自由风格》里有一个词——"健康的风骚"，你用这个词形容你喜欢的女性。那天记者问你现在还是这种观点吗？你说现在觉得这个词很肉麻。我倒觉得这个词挺好的，把男人眼中的女性魅力概括得挺准确的。

崔：我并不是否定，我觉得我已经超越了这个。我们是做升级，不是要翻盘。

周：还有一个年龄的问题，在初版的书里，你说你喜欢的都是二十二岁到二十七岁之间的女孩。

崔：很多人因此批评我是老流氓，其实我没有说清楚，我经历的爱情是这样的，并不是说我追求的爱情是这样的。我从十九岁到写这本书的时候，我发现自己经历的爱情的对象都是这个年龄的。我现在并不强调这个年龄，我想要的是一个女人能够独立，同时稍微有点互相崇拜，感觉特别舒服。

涂玉艳：用俗话来讲，你现在是要找大女人。

崔：平等是最好的。很多人谈论男人和女人的关系，说音乐家没有文化，我发现我周围的人特别提倡和女孩子平等，不像大款的文化，大款真的是拿钱。我听一个女孩说，今天她生日，接到了一个短信，太好了，让她去查账，是生日礼物。我们跟这个人比好像太小气了，我们从来没有给过自己的女朋友这么多钱，我还想和这个人竞争吗？比如我也爱这个女孩，我拿什么去竞争？没有这个习惯。

涂：现在中国的那些女孩子已经很物质化了。

崔：看眼神就能看出来，把自己的身体看成交易，太可悲了。开始时崇拜一个女孩，突然发现她表现出这个，也许是误解，但是这种误解太致命。你一步一步开始真心愿意和她一起生活了，到最后突然发现，她所有的表现，控制自己所有形象的曝光，控制得特别严密，原来都是交易，你会想以后怎么办？我倒不在乎以前，但要永远这样生活下去吗？还真的不是一个世俗的问题。我非常喜欢世俗，我们应该承认世俗的力量，但是两个人的感情必须上升到理想状态，才能坦然面对。两个理想的碰撞组合特别高级，不应该说是智慧，信仰不应该只属于智慧的人，只属于知识分子，而是属于普通的人。信仰应该是底线，不应该是上限。

周：作为一个生命应该是平凡的，作为一个灵魂应该是有信仰的、高贵的。高贵不是说有多少知识的问题，而是有精神生活。一个人待人处世有平常心，同时又有精神高度，这很可贵。看来现在你更喜欢成熟一点的女性。

崔：这种感觉只有年龄大一些才有，年轻人不可能有。不过关键不在年龄。

周：首先苗要好，然后也要生长到了一定的阶段。

涂：现在你比较喜欢淑女。

崔：我觉得现在淑女有另外的问题，就是不交流，不交流早晚会出事。

周：前面加一个词：智慧的淑女。这样就可以跟你进行水平比较高的交流。

崔：当你和一个人不交流，她偶尔表现出的东西会让你突然觉得，她不是淑女，她的外表，她受到的教育，其实都是世俗的。淑女一般都很坚强，独处能力非常强，长期不和人交流，问题就出在这里，你突然有一天会发现，你认识的她和她本人不是一个人，你以为你认识她，不是的，因为她长期不和你交流。当你特别热忱地表达的时候，要提高交流的质量的时候，对方就不和你交流，甚至讨厌你，觉得你疯了。你为什么事发脾气，她就说她希望不跟任何人争吵，她要找一个不争吵就能理解她的男人。根本找不到，没有一个男人会是这样的，知书达理，不惹是生非，其中包括不关心政治。后来我发现淑女要的是这种东西，淑女的定义基本上就成了一个无作为但是有知识，高智商低能量。

周：夫妻之间能够保持畅通交流的，其实非常少。

崔：我曾经说过，做乐队和组家庭是人生最难的两件事。

涂：我认为两性之间的最高阶段恐怕就是一种妥协。

崔：最重要的是维护。如果说维护一个家庭是虚伪，那很多家庭都在撒谎。昨天晚上我看了一个法国电影，七种背叛自己老婆的方法拍成的短片，当然是喜剧。这个挑战全人类都有的，对家庭的忠诚，忠诚地面对自己的亲人，这种挑战非常大。有各种各样的维护家庭形式的方式，其中包括娱乐方式，比如换妻俱乐部。我看这个片子时就想，为什么人们愿意看这个东西，因为每个人都在面临这种挑战。我不是说每个人都解决不了这个问题，其实很多人解决得非常好。

周：解决得非常好的在你看来是什么样的？

　　崔：很多人屏蔽掉了外界对自己家人组合的诱惑，等于在欺骗自己。这不能用欺骗来说，应该是屏蔽，我看过很多这样的人，拒绝这种诱惑。

周：屏蔽是很准确的，那你说屏蔽对不对？

　　崔：我现在觉得目前为止这个词还很好。

周：这样做对不对？应该吗？

　　崔：在你很清楚你得到的东西要大于你失去的东西的时候，我觉得这个是对的。当然要看对方是不是也这样。我最近就发现，你可以屏蔽，但是你屏蔽的结果是发现对方到最后并不在意你这个东西，或者说她并没有从你这样的高度去看这个，你就会发现你不愿意。

周：第一要双方都屏蔽，第二要欣赏和尊重对方的屏蔽。

　　涂：实际上这里面有一个交换。

周：准确地说是妥协。如果双方对现有的结合是非常满意的，非常珍惜的，那你就得做妥协。一个人不可能什么都得到，一定有取有舍，必须放弃一点东西来保全一点东西。对于你放弃的东西和要保全的东西，你的价值判断是不一样的，要保全的东西一定更宝贵一点，那就要放弃次宝贵的东西，不是说不好，婚外情也是好东西，但是这个好比起你要保全的东西来要稍微弱一点。从人性的角度来讲，性的范围是最宽的，其次是爱的范围，最后才是婚姻。这里面就必须有取舍。

涂：女人不一样。

周：女人也一样。女人不愿意有更多的人爱她，自己也爱更多的人吗？

涂：我觉得如果这个男人能做到百分之百爱她，这个女人也基本上可以做到百分之百爱他。

周：如果遇到一个更有魅力的男人了呢？

崔：也许你当初把你老公抢下来也是通过浪漫，别人要抢你的老公也会通过浪漫，有太多的例子了。

周：所以我觉得这是个千古难题，永远解决不了。

崔：永远需要升级的，永远都要刷新。

涂：既然喜新厌旧是一种本能，不可能改变，那么为什么还要去挑战一种不可能改变的本性呢？

崔：所以现在我觉得所谓健康的风骚有一点儿对爱情不严肃，或者对感情玩世不恭的那种状态。其实我还真不是，我自己特别清楚自己的特点是，有三种状态，100、99和1，你选一个数字，要是我的话我只会选99或者1，我绝对不会选100，太满了。当我有1的时候我就要1了，不要99，没有1的时候就在99的状态里，但是100的状态就是既然有了1还要99，我不会选择100，不要1+99，我回想自己的感情经历确实是这样的。

周：这个说法很好，把感情的取舍说清楚了。有了一个真正相爱的人，就舍弃一切风流韵事；如果没有呢，就不妨尽兴风流。

涂：我问崔健一个问题，你想婚姻吗？

崔：我没有做还用说想吗？

周：她的意思就是说你是不是完全排斥婚姻？

崔：不，我不排斥。

周：有合适的你会接受的。

崔：我相信人的动力是可以在奇迹面前做任何调整的，只要奇迹发生。奇迹还没有出现，我个人是坚决反对婚姻的，不折不扣。我们可以在一起生活，我们可以生儿育女，但是我们为什么要结婚呢？

涂：坚决不要合法的那张纸。

崔：对，就像信仰一样，我一定爱你到死，但我就是不要那张纸。这主要是针对现在那种压抑的传统文化，有没有这张纸，完全就变了。没有这张纸，两个人有距离，有互相欣赏的感觉，一旦纸有了，第三天就翻脸了。

涂：你从来没有向往过？

崔：因为我是从婚姻的生活里面走出来的。

周：法律的婚姻，如果说离婚是完全自由的，那就应该没有什么问题了。

崔：那就不存在这个问题了。

周：按照现在的婚姻法，离婚还是自由的，现在是以感情破裂为离婚的理由，一方不爱了，也可以说是感情破裂。当然，离婚有一些现实问题要处理，包括经济上的分割、孩子的抚养，但未婚同居同样会产生这些问题。

崔：我觉得是这样的，情感的东西，比如始终对一个异性怀有的激情，让你产生和这个人勇敢地在一起生活的愿望，这是特别美好的，是我们期待的。但是有一点，以经济为双方结合的起点，我发现很多这样的，我和受到中国传统教育的人交流起来有特别大的障碍。我不知道是不是有这种说法，传统的教育是鼓励男人养女人的？还有一点是男尊女卑，男人早晚有一天会痛恨自己养的女人，这是一种矛盾。你现在和中国女孩接触时会发现，你们之间不可能成为合伙人，你们只能成为搭帮者，搭个伴过日子。一个合伙人的概念特别有意思，我也希望将来能看到你说的那种智慧的淑女，她能不能和你成为合伙人，因为合伙人的概念就是永远会关注你灵魂的问题，不会在物质上控制你，但是我现在认为这都是理想中的。男人就应该承担大部分的生活费用，因为你收入高，她基本就这样想的，家里面这样教的。这就脱离了现代。你真的爱一个女人会发现，你花钱去养她，你们不可能是真的相爱。一个男人敢不敢说这个话，我现在把这个话放在桌面上，我倒不是说我抠门，不愿意养，实际上我不是这样做的。但是你会怀疑，你内心还爱不爱这个人，最起码是不甘心。因为爱情要给予的是生命，不可量化的，所以我说爱情是奇迹，而且我期待着奇迹发生。

周： 我理解你的意思是说，合伙人就是共同承担对家庭的责任，包括经济上的责任，而这是爱情的一个不可缺少的基础。

崔：爱情必须是平等的，我甚至应该仰视一点，应该崇拜对方。崇拜的情节在我的歌里都能够体现出来，多少有一点，我所有的歌里面出现的女人都是高高在上的，但最起码是平等的。都是在询问对方，哪怕就是说"你就得跟我走"，并不是强迫你跟我走，而是我告诉你我爱你，是男人应该主动承担起来的那样的责任，而并不是控制的责任，可以从我的歌里面找到我的爱情观。实际上生活中就有这种感觉，男人在生活中有点崇拜，其实很舒服。可是当你花了钱买这个崇拜，那还是不是崇拜？

周：也许可以换个词，叫欣赏。

 崔：这说得太准确，说的话就没有激情了。其实最直白地说，我们是在谈论方法论，谈论的不是词汇，就是怎么样调动最大的力量去关注。欣赏没有崇拜力量大，能量不够，欣赏是泛指，你可以欣赏很多人，但是没必要把所有欣赏的人拉到床上。你有非常大的能量，把崇拜的人拉到床上，这种能量完全不一样。

周：一般用的这两个词，欣赏是有距离的，崇拜的距离就更大，很难想象把一个你崇拜的人拉上床就好像有这种念头就已经是亵渎了。

 崔：我说是方法论，崇拜这个词不是你们所想象的，像崇拜上帝一样的崇拜。

周：那么，不是对神的崇拜，她不是一个女神，她仍然是一个女人，但你对她欣赏到了极点，几乎觉得她是一个女神了。你强调方法论，其实等于说你知道她不是女神，但应该有意识地维护一种崇拜的心情，这是强化和保持爱情的一个方法。在实际生活中，你遇到过让你产生崇拜心情的女性吗？

 崔：我觉得我们只能被爱情选择，不可能选择爱情。

周：人之所以渴望爱情，在很大程度上是因为孤独，想要通过爱情来减轻或者摆脱孤独。但是，我一直认为，孤独是不可能完全摆脱的，而且也不应该，逃避孤独会使人变得肤浅。

崔：其实我们每个人必须去面对孤独，如果没有面对孤独的能力的话，实际上就不能独立，总要让人陪，人生会有一种依赖性。

周：一个人没有交往的能力，这只是性格的缺陷，没有独处的能力，这就是灵魂的缺陷了。

崔：太棒了，精彩。

涂：但是作为一个普通的凡人来说，孤独是很难受的。

周：孤独也是享受。

涂：享受孤独必须具备一定的能量，对吧？

周：那些试图去享受孤独的人，他永远不知道孤独好在什么地方。正因为他不知道，所以他要试图去享受，而不是真的在享受。

信仰与方法论

崔：最近我读了一本书，叫《现代化的本质》，在思考一个问题。当你掌握了一个非常好的方法去看人类五百年来的发展，会看到一个很清楚的脉络，五百年来社会的、经济的发展，人权的发展，宗教起了很大的作用。甚至摇滚乐来自西方，是工业文明的产物，而实际推动工业革命的也是新教徒。美国是一个宗教国家，不是一个世俗国家，中国人在批判美国的时候都从世俗角度批判，我们才是真正的世俗国家。当你看到这些问题，同时你在想上帝是否存在，不存在为什么有这么大的能量，后来我就发现他们有很好的方法。

周：德国社会学家韦伯有一本名著，叫《新教伦理与资本主义精神》，可能是最早谈这个问题的，就是新教对于资本主义发展的巨大作用。

崔：我后来开始想这些问题，我更关心的不是宗教问题，而是文化问题，学了不是要信，而是要探究创造的动力。甚至我觉得，宗教最大的善意的谎言就是说上帝的存

自由风格

在、神的存在。其实谁亲眼看到过上帝，谁看见过？我们哪一天没有自然灾害？包括一些信徒，渴望上帝拯救他们，结果上帝没有拯救他们。新奥尔良遭遇洪水，一个黑人律师在纽约法庭上起诉上帝，这么多人相信你，为什么你不来救我们，发生了这么大灾难，美国法院受理了这个案件。

周：《圣经》里有一个故事，一个叫约伯的人，他虔诚地信奉上帝，可是结果遭受了许多灾祸，七个儿子和三个女儿都死于非命，全部牛羊财产被夺走，自己也长毒疮全身腐烂，于是他也控诉上帝。不过，在他终于又坚定了对上帝的信念之后，上帝把儿子、女儿都还给了他，还给了他加倍的财产。这是《旧约》里的故事。其实信仰有两种，一种是对超自然力量的崇拜，《旧约》基本上属于这一种，另一种是对超越世俗的精神价值的信念，《新约》比较接近这一种，强调神在你的心中，新教是进一步的强化。

崔：美国最近有个电影，一个女导演自导自演，讲她是怎么信仰基督的。她丈夫是个搞摇滚的，后来变成了牧师，当他变成牧师的时候，她就受不了她的丈夫了，她爱她的丈夫是在他搞摇滚的时候。她经常哭，因此她和她丈夫离婚了。他们生了两个孩子，最后她探望孩子的时候，孩子在教堂外面玩，丈夫在教堂里面开会。她在外面和孩子玩，后来她走进去，她丈夫希望她讲话，用期待的眼神看着她，她就走近话筒。她丈夫把话筒给了她，在说前几句话的时候，没有人鼓掌，都知道她是被上帝冷遇的人，突然她那么热情主动地讲话，大家就听她说。她说我曾经哭泣过，我真的非常孤独，不知道上帝在哪里，从来没有见过你，请你离我近点。说到最后，她归结到一个话题就是，我被接受了，我现在是一个基督徒，是因为你们都是，这是我的信仰，因为我离不开你们，我信仰上帝不是因为上帝把我领进来，是因为你们都信仰，我没有能力说服你们，所以我相信了。我觉得这代表了很多的美国人，在美国上映后受到特别好的评价。

周：说出了很多人的心里话。

崔：别人都这样，所以你也这样。

周：信仰的恐慌是普遍的，人们之所以信仰并不是因为真的信仰，而是因为必须信仰，没有信仰就会被排除在社会之外，就会受到孤立。

崔：你说的信仰还不是我们谈到的信仰，你说的可能是社会的信仰。

周：对，是社会的信仰，但是大部分人是这样的，在现代西方社会，大部分名义上信基督教的人可能就是这样的。这是一种情况。还有一种信仰的恐慌，是真正从内心里觉得必须有信仰，否则人生就会没有意义。

崔：信仰已经变成一个组织工具了，还是我说的方法论。

周：信仰是一个复杂的问题，许多哲学家有一个看法，信仰分精英信仰和大众信仰。精英必须通过自己思考来确立一种信仰，大众不一样，佛教里的所谓方便，需要教堂啊庙宇啊仪式啊，通过这些外在的东西来造成一种有信仰的感觉。像甘地这样的人，一个虔诚的印度教徒，他对大众信仰也是怀疑的。他有一次参加了一个规模很大的朝圣，而且在朝圣中他是一个核心人物，大家纷纷求他给自己加持，他在自传里面说，我就很怀疑这种大规模的朝圣活动对人们道德的提高是促进呢，还是起相反的作用。我想他的意思是说实际上很多人的信仰是盲目的甚至虚假的。

> 崔：是不是所有宗教里面都有特别伟大的谎言在里面，也许都有，因为知道冲着你没办法说清楚只能骗你一回，但是这个谎言非常有效。

周：谎言不能缺，但是要知道用途，是干什么用的。柏拉图说过，信仰是必要的冒险，或者用另一个哲学家帕斯卡尔的话说，信仰是赌博。上帝存在不存在？可能存在，也可能不存在，但是你必须把赌注下在上帝存在上面，下在有信仰上面，即使你赌输了，和那些把赌注下在上帝不存在上面的人比，你的思想和行为是不一样的，你的人生是不一样的。这跟你说的方法论很接近。

> 崔：所以我说，也许崇拜是盲目的，但是崇拜是有能量的。真正推动社会发展靠的是盲目的力量还是开明的力量，当你明白这是一个方法的时候，实际上你变得开明了，你用这个方法并不是盲目的。最重要的还是要调动你的能量，能量是我们更要谈论的问题，更具体的东西，应该可以量化，可以量化的东西就是开明的。

周：套一句时髦的话，信仰是一种正能量。我觉得我理解你的意思了，就是所信仰的对象是否真的存在，你是因为什么原因信仰它的，这都不重要，重要的是看是否能调动你的能量，产生了好的结果。

> 崔：我们谈的是信仰而不是宗教。我觉得很多宗教是反生命能量的，睡眠式的，无效和低效的。比如很多宗教是反对性的，就是因为这一点我开始怀疑这个事情。

周：能量是标准，对生命能量是调动还是压制是标准，用这个来衡量一切宗教的价值，一切信仰的价值。这个观点和尼采很接近。

> 崔：这又回到了我刚才的问题，爱情中的崇拜问题。实际

上我的想法一旦打通都是全通的，从家庭到社会。

周：你把方法论应用到了自己身上。

　　崔：一说信仰就是神圣不可侵犯的，我不愿意和别人抬杠，抬杠达不到交流的目的。如果真想把这个事情说清楚的话，实际上就是方法论。方法论是公平的，天才不是公平的，圣人不是公平的，圣人不是所有人可以当的，但是方法是所有人都可以拿来用的。

周：从方法论的角度理解信仰，用好信仰，这个观点很有意思，可以好好做文章。

　　崔：我现在理论上还不够，找一个时间专门写一本书，踏踏实实写。我真的觉得中国人如果有信仰的话绝对是件好事，所有的宗教融合在里面，然后你发现在我们已知的宗教里面还没人这么说过。

周：我很期待。

身
体
是
一
座
圣
殿

崔：一个国家就像一个人的身体，有自己非常庄重和神圣的东西，可以让人赴汤蹈火用生命来维护的东西，这种东西让我上升到崇拜，所以我觉得人的身体结构就是神。人的身体结构太伟大了，英文有句话说：Trade your body like a temple。Temple 不光是庙的意思，还是神圣的建筑物的意思，包括教堂。

周：身体是一座圣殿。

崔：实际上你应该尊重生命。生命给你带来的东西，健康的身体带给你的东西，比其他任何的东西给你的都要多。

周：健康的身体不光是指没有病吧。

崔：我主要说的还是肉体的健康，精神的健康来自肉体。当肉体出现问题的时候，人是可以克服的，人的精神力量足够大了可以去克服身体的问题，去修复身体。

周：所以健康也包括精神。身体是一座庙，精神就是庙里面的神。

崔：为什么要有寺庙和教堂，是因为人的精神有一个持续性的修复能力，愿意进教堂里去是有一种持久感，要持续地做这样的事。后来我发现，当你锻炼身体的时候，你天天都在进教堂，你随时都可以在教堂里面，成本相当的低，这种健康是无成本的。人体的修复能力真是太高级了，人的生命机构真是太牛了，但是我们都不重视。我读到一个歌手写的一首歌 *Thanks My Body*——谢谢我的身体，歌词大意是：我吸毒、酗酒、不睡觉，我乱性，折腾你，我还是有这么高的快乐，你还支撑我继续那样做，真的应该谢谢你。我觉得他写的特别朴实，特别好，我已经这么折腾你了，把你送到医院里面，你还支撑着我，你太伟大了，我应该谢谢你，哥们儿！特别朴实的一种情怀。

周：的确很好，对身体感恩。我们抽烟的人也应该感谢自己的身体，它居然容忍了。

崔：抽烟没有伤到你最深的地方，所以没事。抽烟唯一的好处就是能够让你定期深呼吸，是这种快感，这种快感是完全可以被替代的，并不是尼古丁的快感。

周：这是一个不抽烟的人说的话。

崔：我爸爸抽烟。把人体看作殿堂的话，人体的自我检测能力一定能让你戒烟。我常和我的女儿说，你要锻炼你的身体，你的身体给你的好处比任何东西都强大。锻炼身体不能是无氧锻炼，给你脊椎增加压力，不要用奥林匹克的精神锻炼，一定要用尊重生命的方式锻炼，自己有修复能力的检测仪。身体能够自我检测，通过生活性能、通过感觉哪块不舒服检测出来。

周：你是怎么样锻炼身体的？

崔：我游泳、跑步，我不搞无氧运动。

周：实际上生命一直是你思考的一个中心，当然不限于身体的健康，是整个生命状态的健康，是对生命的尊重和敬畏。

崔：当初我看那个新闻，一个挪威人杀了八十多个人，人家就是不判死刑，只判了二十年，当初我就是不理解，这不是对生命的亵渎吗，对死者家属的亵渎吗？你杀了这么多人，就得以命偿命。后来回到能量这一块，我突然意识到他的邪恶跟他的身体是没有关系的，因为这个身体是跟你的身体一样的，是承载能量的载体，承载什么和身体本身没有关系。我突然发现是这么个道理，你的灵魂是邪恶的，但是身体是无辜的。还有那个弗吉尼亚大学的枪击案，受害者是三十五个，但是有三十六座墓，其中那个凶手的墓也有人献花，家属说他也是受害者之一。他们的那种宽容，真是落地生根的，融在身体里的。灵魂是邪恶的，但生命仍然是一个生命，这在某种意义上是更尊重生命的。

周：灵魂和肉体的关系，你的这个角度很独特。身体无罪，罪在灵魂，所以你不能去惩罚他的身体，把他杀死。可是对于有罪的灵魂该怎么办呢？

崔：审判、囚禁、公之于世，有很多的办法。

周：剥夺自由本质上是对灵魂的惩罚。当然，囚禁也剥夺了身体的自由，但这没有办法，因为不能把灵魂从身体中分离出来，对罪犯的身体只能做到不加以虐待，虐待就会成为丑闻。

崔：这个听起来好像是一个普世的东西，我周围的人批评我，说我太西方化了，我说这不是西方化，但解释不清楚。其实我没在国外待过，也没有专门研究过，可能和做音乐有关系，逐渐领悟到了这个道理。

周：你的音乐和身体有密切的关系。

崔：对，音乐不是学问，我喜欢的摇滚和爵士乐，我自己做的音乐，都跟本能有密切关系，都是非常下半身的，身体是我非常坚持的东西。*

周：你曾经说过，性是你的身体发出的质问。这句话很精辟。

崔：性是现实给你的知识，而不是别人的积累给你的知识。性是直接跟你对话，不是通过文学或者其他的载体传达的知识。*

周：是的，在身体的经验中，性是最直接的，也是最深刻的。"质问"这个词非常准确，我觉得性至少会从两个方向上发出质问，一是从性到家庭到社会，另一是从性到爱情到艺术，这就涵盖了人类的社会关系和精神创造两大领域。所以，我也说过一句话：食欲引起低级革命，性欲引起高级革命。

崔：日本人性崇拜，这个能量调动得特别好。性文化的开放，在我看来是生命能量的调动。

周：我注意到，在你最近的谈话里，能量是出现频率最高的一个词。与它相关联的还有这几个词：生命，自由，创造，快乐。我相信这些词高度地表达了你对艺术的理解。

崔：能量是一个很中性化的词，可以说坏也可以说好，但我觉得能量是好东西。这种思考是几十年的积累。我做音乐，我不要做不疼不痒的。昨晚来了一个小孩，下午他去参加一个 Freestyle 的比赛，做评委，两面的人对轧，完了以后，他说你们都输了，为什么？他说你们什么都没说，"哎哟，man，今天晚上很好的机会，大家很好大家交流。"这都是水词，说点内容嘛，真正的 Hip Hop 要说点内容出来，他说你们没有赢家，把所有人都得罪了。我为什么要说这件事呢？实际上就是能量、能量、能量，你得有表现，你得表现你的能量。正是能量产生了人，产生了文化。

周：你认为在每个个体身上都有这样的能量吗？

崔：艺术是最重要的，为什么流行乐不行，摇滚乐为什么可以？因为摇滚乐有能量。有的晚会有那么好的技术、制作、表演，最后发现什么都没说啊。

周：能量从哪里来？为什么能量的差距那么大？是天赋不同吗？

崔：一个是积累，一个是自己选择的方法。你说的是人话才能产生能量，说的全是礼节的话根本没有能量，和人发生矛盾，能量发生撞击，你就会去思考。你在创作的时候会讨厌自己没有能量的状态，睡眠式的能量状态，你就不愿意拿出去，我写作品慢就是因为这个原因，我是积累出来的。我一旦拿出来发现你不欣赏，比如《蓝色骨头》，我就拍个电影给你看，看你能不能看懂。我不给你是我的事，我现在给你你还看不懂就是你的事了。我不考虑数量，我考虑的是质量。质量的能量比数量的能量要大，这是一辆好的奔驰车和一百辆夏利车的区别，全中国的夏利厂家都做不出一辆媲美奔驰车的跑车。中国现在缺的是质量，质量就是能量。

周：能量本来是一个物理学概念，你好像是用来指蕴藏在人身上的创造力。这个意义上的能量大小取决于什么？能不能真正转化为创造、实现为创造？我觉得主要有三个因素。一是本能或者说天赋，就是生命本能和精神本能的强度，我相信人是有精神本能的，而且在不同的人身上差异非常大，在艺术中就表现为创造的欲望和内在驱动力。二是能量的使用方向，有的人可能天赋不错，能量颇大，但都消耗在一些没价值的事情上了。三是你说的积累，就是在创造欲驱动下的丰富感受和深入思考，厚积薄发，最后体现在作品的质量和冲击力上。

崔：我觉得人心里最大的能量就是一个人想创造奇迹，这个已经超过生存能量了。奇迹是最大的能量，有人想当第一是奇迹，有人想富有是奇迹，我觉得真正对一个艺术家或者一个人来说，最大的能量调动就是这个人想干别人没干成的事，这种能量相当大，这是对生命的一种理解，是道德给不了的。我们受了太多的教育，许多是和能量违背的。我认为不尊重能量就是不尊重生命。通过这个，我觉得一下子全理解了，包括西方的人权思想，是落地生根和我的身体发生关系的，而不是简单的道德。*

周：你是不是觉得，对于你来说，摇滚乐是调动能量的最好方式？

崔：我觉得摇滚乐这个词一点都不重要，重要的是自由创作意识，通过创作来自由地表达自己。我总是在寻找我体能里最能够让我产生面对生活的力量的基础。摇滚给我带来的真正感觉是自由的感觉，是勇于面对现实的感觉。这是它存在的美，如果你找到了这种美，摇滚这个词都可以去掉。我渴望看到人们在活跃地思考，自由地表达，乐观地生活，一方面有原则，不妥协，另一方面有自由，在畅想。没有原则的理性不叫理性，没有自由的感性也不叫感性，遗憾的是中国大部分人生活在没有自由的感性中和没有原则的理性中。*

周：很精彩。哲学家们在感性和理性的关系问题上作了许多讨论，其实最重要的是要问一问，这是高质量的感性和理性，还是低质量的感性和理性。

中
国
传
统
文
化

周：有些人会错误地理解经典中的语句。

　　崔：类似"无为而治"，"无为而治"不是无作为，无作为
就是不道德，睡眠式的宽容没有意义，我们不需要。

周：尼采谈到过两种道德——主人道德和奴隶道德。主人道德就是你
说的鼓励能量的那种，奴隶道德是压制能量的。

　　崔：道德不是我谈论的范围，道德在某种程度上是一个人
脆弱的稻草，救命稻草，或者说人们出于对公共秩序失控
的担忧，才会想到谈论道德。我想人的道德可能在几千年
以后，只要你不伤害人，不伤害其他的生命体，就是有道
德的。这样的道德就是自由，就能产生能量，社会就会被
良性规划。

周：其实不用几千年以后，西方社会的法治原则，强调的就是只要你
不伤害他人，你的自由就受法律保护。

　　崔：我觉得儒家文化是最典型的滋阴不补阳，所谓滋阴就
是扩大阴空间，阳根本就没有释放出来，所以阳刚能量一

直被积压着，没有一个突破口。所以我们当时的《一无所有》，其实是踩了一点运气，中了一部分彩，没有中很大，中了一个二等、三等彩，没有中大彩，把阳刚能量给释放了一点。摇滚在中国也许早就应该有，也许就像一代代人赌博中彩一样，你这代人不中，这彩留着呢，它没死，这也是中国文化的一个特点。所以它押给了你后一代人，让下一代人中，越往后积累的时间越长，中的那个彩就越大。

周：这是一个有趣的说法。那么在你看来，传统文化储存了我们中国人的能量？

崔：我觉得它就是一个储存。中国有十三亿人，美国是两三亿人，西欧也是两亿人，人家整个是四五亿人，可是我们上一个世纪和本世纪初的所有娱乐全被他们给霸占了。你看他们的音乐，他们的电影，我们在消费的都是他们的产品。所以说，实际上我们的条件、我们的信息的储存量都在那儿，但只是储存了而已。这是中国文化的特点，这也是全世界唯一的一个民族，当今的文化一直在跟两千年或者五千年发生关系。

周：其实从清末民初以来，中国的文化人一直在试图跟两千年或者五千年有一个了断，迎头赶上西方。不过，在精神创造方面，我们仍然落在后面，你认为原因是什么？

崔：传统太强大了，中国是个文字大国，一直都是文字至上的，解释似乎比创造更有价值，多的是解释者，而不是创造者。

周：中国传统中也有反对文字的，比如道家，强调得意而忘言。

崔：很多人说孔子是中国传统的代言人，我觉得这是不准确的，最起码应该和别人平分秋色，孔子不能一家独享悠久文化的历史。而且我没有清楚地看到孔子的徒子徒孙对人性的延续性，他自己可能有启蒙，但是延续性没有看到。很可能中国早就有一些其他的文化标准被遮盖住了，为什么始终盯着这一个人。这不是我们一个民族的能量消耗，是整个人类的能量消耗，上百亿的人先后生活在这一片土地上，创造了这么多财富，不可能只是一个人，这些财富应该是全人类的。

周：我自己觉得，道家文化是中国的宝贵财富，但是一直处在边缘地位，被儒家文化压住了。比如说，道家主张的无为而治，实际上包含小政府、大社会、反对人治，追求政治自由的思想，在中国历史中没有得到发展，不起作用，这是很遗憾的。

崔：还有传统武术文化。现在大家知道的武术已经商业化了，变成了电影上的东西，大部分动作是假的，是表演。中国特别简洁的武术也是哲学，摇滚也是哲学。生命也许很简单很普通，可是曾经很简单的生命价值往往会陷入很复杂的方式中，后来发现他们要达到的是一个很简单的目的，就是功利，真正的生命不是这样的，不是像我们在书本上看到的那样的。*

周：对，立足点应该是今天人们的生命和生命的意义。

崔：我们不是否定历史。为了弘扬现代文化，我们去把传统文化砸烂，我们没有这个权利，它们已经存在了。我们去提高自己的生命价值，这是第一重要的，而并不是为了弘扬今天的文化而去贬低历史，哪怕你不喜欢它，但你得尊重它。

周：有的人认为，我们应该走出自己，用一种客观的眼光看中国传统文化。

崔：走出自己首先要回到自己，找到自己。

周：很多人是没有自己的，这是最可悲的，这在相当程度上也是中国传统文化造成的。中国传统文化从来是强调个人服从家族，服从国家，而个人主义是西方传统文化的一个核心。如果说要传播中国传统文化，我觉得前提是你自己对这个文化有一个清醒的认识，长处在哪里，缺陷在哪里。没有清醒的认识，就糊里糊涂地去宣传和传播，会让人家笑话的，你自己还没有弄清楚呢。不要老想着怎么样用中国文化来改变世界，应该有一个全人类的观点，也就是生命的观点和灵魂的观点，怎么样尊重生命，怎么样安顿灵魂，这是人类共同的价值，从这个角度去看，无论中国文化还是西方文化，甭管是谁的，是好东西就拿过来。

崔：这种东西启发了我继续去想，我就发现在中国出现问题的情况下信仰会成为一个非常大的话题。这个社会有问题，这个社会已经存在了巨大的能量消耗，在历史上就存在，要是不调整就将背负可怕的后果。这里面关系到所有的问题，包括家庭和亲情，世俗关系的关注，美国总统要是没有孩子或者一个和睦的家庭，选民就不支持你。我想的不是道德问题，我是不愿意看到这个国家和民族乱了，不愿意看到清末帝国主义瓜分中国的情景了，将来我们会后悔当初早做调整就不会乱了。我们现在必须想这些事，这跟我们有关系，不是神圣的事情，不是道德上的事情，就像喝水的事情一样要你去思考。

周：你曾经谈到，摇滚乐是消费文化带来的一个副产品，而中国历来是反对消费文化的，我觉得这是一个很有意思的论点。

崔：你看中国的哲学里边，最讨厌的是消费文化，消费是丑恶的，人们用各种方式去诋毁。但是消费文化推动了中国社会发展，我们的生活都跟它有关系，没有消费就没有品质。摇滚乐上来就告诉你，这是一个商业的活动，这是娱乐。它不像诗歌那样弄得你特深沉，到最后灵魂不断地膨胀，肉体不断地萎缩，让你与世隔绝，最后使你崩溃、自杀。或者从中国的传统里边，从西方的传统里边，某一个伟人塑造出来某一种精神模式，让你对号入座，结果变成自己与今天这个世界发生了敌对关系。或者进入了东方的一种神秘思想的归宿，进山、出家、厌世。中国的哲学好像也是在远离人烟的一个地方，才能够体会到灵魂的自由。*

周：这的确是道家文化的一个毛病，通过逃避社会来寻求精神自由。在人们的观念中，消费文化似乎是一个负面概念，你把反对消费文化看做中国文化的一个缺陷，很有独到之处。中国几千年里是自给自足的小农经济，市场经济没有发展起来，中国文化的许多缺陷可以由此得到解释。

摇滚的批判性和娱乐性

周：在不同的场合，你有时候强调摇滚的娱乐性，有时候强调摇滚的批判性，这两者是一个什么样的关系？

崔：摇滚在上世纪 80 年代进入中国，因为当时那个背景，很多人会觉得增加了摇滚的深刻性，实际上摇滚乐本身它可能不需要这么深刻，过于深刻反而会显得很笨重，显得你很不潇洒。其实摇滚乐成功很大的一部分原因就是它的娱乐性，甚至它有点反体制、反法律。比如有一首歌叫 *I Fight the Law but the Law Won*，就是我跟法律做斗争可是法律赢了。还有个 Hip Hop 乐队的名字叫 Public Enemy，就是公敌，他写的一些歌就是说，有一些人制定了法律，必然会有一些人打破它，这才是社会的发展，不打破它怎么能完善，必须打破它，完了以后再去完善它。他并不是一个罪犯，他的歌词里面充满了犯法，充满了暴力，但实际上他内心里非常和平，就是类似这样的娱乐性。*

周：也就是说，摇滚的批判性、反叛性恰恰是通过娱乐性来表现的。

崔：摇滚乐已经有太多人给它去界定标准，在某种程度上已经是一个商业的标准了，把一种反叛的东西变成一种市场了，在西方已经成功了很多年，所以在中国有人再继续这样说的话，恐怕会觉得自己没有什么创新了。其实摇滚乐有很强的创新意识，创新创的是什么？其实也有轮回，很难讲。今天你是这样说的，若干年以后你还会不会是这个角度？比如说我曾经认为过时的一首歌叫《最后的抱怨》，前一段时间我唱这首歌的时候，我发现我有特别清醒的感觉，因为虽然中国有很多的变化，但是有一些东西始终没有变，你看到这些东西会非常生气，你会发现你的抱怨并没有结束，你还要继续抱怨，你要更多地去表现你的愤怒。*

周：你在初版的《自由风格》里曾经说摇滚乐是底层文化，现在还这样认为吗？

崔：我在网上随便翻了一下，发现摇滚歌迷什么层次的都有。

周：有人认为，这些年中国摇滚乐的听众越来越多的是知识分子，底层文化滋生出来的可能是《最炫民族风》这种更简单易懂的音乐，这是一种错位。

崔：恰恰我是这样想的，我发现做电影创作和导演的人都是受过教育的人，最起码是电影学院毕业的，创作和制作电影的群体是受过教育的。摇滚乐恰恰相反，摇滚乐真的是一群最起码没有进过高等院校的人做的，当然我们也受过一些音乐专业的训练，但不是高等院校。这就变成了好像是说，所谓高学历的音乐人做的艺术是给老百姓看的，而摇滚乐做完之后反而是给高层次的人看的。

周：这的确是矛盾的，但是不是事实呢？

崔：我觉得不是，事实上听摇滚乐的人各个层次的都有。今天摇滚乐已经商业化了，所以我更愿意说我们是在做自由创作，拒绝规范，拒绝国家化，拒绝生意化。

周：当初我们这本书的书名是你起的，很多读者觉得好奇，为什么叫《自由风格》？

崔：当初做这本书，我觉得你是滴水不漏，扎扎实实的建筑结构一样，我是放水的，我没有方向。你更像一个司机，将开往什么方向我都不知道，我就是自由地去说，真的像自由风格一样。"自由风格"原文来自英文，一种音乐说唱形式叫 Freestyle，直接拿起话筒就开始说，开始表演，不用事先创作，所谓创作实际上是平时的积累，不能说不是创作，但不是写出来的那种创作。不假思索拿起话筒，看到什么事情就开始说，这种风格在中国可能大家不太熟悉，大家会觉得这种东西文学价值不太高，恰恰对我来说，它是特别重要的生命状态和创作状态。当你一开始思索就会乱琢磨，甚至害怕生出是非，而你不假思索，大家就会原谅你，哪怕你开始骂对方，或者开始去非常深入地批判看起来非常肤浅的东西。张口就说，这种东西也许是最有力量的，这种形式在某种程度上确实是社会开放的标志。在中国的主流舞台上没有Freestyle，准确地说摇滚乐在发展，我们在一定程度上是停滞的，人们在思索，在写诗一样地创作，我觉得有远水解不了近渴的感觉。真的看到这种表演，这个人在最短的时间内把自己所有的积累反映出来，同时带着音乐、节奏的创作，即时表现音乐上的才华，你会发现这种对生命的享受，真的像新鲜空气一样，有透气的感觉，整天在家里写歌词的过程完全可以省略掉了，那样一种释放感。我叫它"自由风格"可能不太好，因为确实没有更准确的中文词汇，在说唱圈里面都说英文，都说 Freestyle，或者说 Battle，就是战役，实际上就是互相挑战，一个人四十五秒随便说，对方再接着说，很多这样的比赛。

周：你是什么时候开始接触 Freestyle 的?

崔：我比较早接触到这个东西，在中国音乐市场还没有接受的时候，可能中国这种体制也不允许。我听一个朋友说，他们在 Freestyle 之后经常会有麻烦，包括来自朋友的麻烦，有的人非常敏感。我觉得很遗憾，其实正因为中国有这么悠久的文化历史，文学这么发达，才特别需要这种文化出现。这种音乐形式好像是来自西方，但是实际上完全能够落地生根到中国，一旦生根之后产生的影响恐怕会超越说唱的音乐形式，就像摇滚乐落地中国以后已经不是西方摇滚乐。

周：我们来谈谈摇滚乐的娱乐性吧。

崔：对娱乐概念的理解可能不一样，娱乐现在已经被商业化了，娱乐本身可以是很深层的，不一定是那种低端的，深层的娱乐实际上是让你对生命有一种真正的享受。

周：应该说，这个意义上的娱乐性是一切艺术都包含的。

崔：对，你看电影，电影肯定也不是现实的，哪怕再现实的内容，它带给你的享受也不是现实的，这种感受可能就是艺术家共同追求的东西。

周：那天记者向你提一个问题，最近一个电视节目《中国好声音》好评很多，问你怎么看，我觉得你的回答很好。

崔：那是一个很好的电视节目，里面有很多老百姓喜欢看的各种各样的元素，最主要的是一个有音乐才华的人通过奋斗会看到命运的转变，而且是一个突发的转变，这个命运的急转弯是在一个知名音乐人给他提供悬念的情况下实现的。如果说是音乐节目，我觉得它缺乏的是创造，缺乏的是批判，而如果没有创造和批判的话，我就认为它不是完全的音乐节目。

周：是好的电视节目，不是好的音乐节目，这个定位很准确。

崔：网上已经传出去了，说我炮轰《好声音》。

周：媒体喜欢挑起冲突、制造话题，不用理它。

崔：这种角色只有歌手才能完成，你本身就是在唱你自己的故事，完了给你个急转弯，你的命运从低谷走向天堂，这种故事老百姓都爱看，最简单的好莱坞元素，紧张、背叛、争论之后释放，戏剧性和视觉性都很强，很吸引观众的眼球。是一个好的娱乐节目，比超女、快男看着舒服一些，但都是娱乐节目。

周：所以，不妨说，娱乐性有浅层次和深层次之分，浅层次的娱乐性仅止于娱乐，不是艺术，例如电视秀；深层次的娱乐性包含批判，是艺术，例如摇滚乐。

崔：电视的音乐节目首先要好看，有抓人的情节，有猫腻，这个情况使我不是很愿意去，我希望表现最真实的自己。不过，电视的观众也应该是我们的受众，如果有机会，我也愿意策划能接受的电视音乐节目。

艺术家首先得让自己高兴

周：媒体常常称你是"中国摇滚第一人"，并且认为你肩负着摇滚事业发展的责任，你听了是不是觉得不舒服？

崔：我觉得首先"第一人"听起来很肉麻，一般谈到这个事，我就觉得好像在谈一件我不存在的空间里的事，把这变成一种跟媒体的互动，还得给媒体面子，如果你完全拒绝的话会伤害一些人。实际上我们都是摇滚的学生，通过做摇滚乐，我们学到的东西其实大于人们认为的我们名利上的东西，名利已经不重要了。摇滚乐就像一个问题，它每天都在问你，让你思考另外的一些问题。常有记者问我摇滚到底是什么，其实我们也不知道，我们只是通过做这个事不断地去发现自己生命的价值和精神的价值，在这个过程中，我们很少像媒体说的去想自己的位置是什么或者谁接替这个位置，说白了好像是在跟一群无趣的人做互动。

周：媒体还有这样的说法，把你比作中国的列侬或者中国的鲍伯·迪伦。

崔：我不敢和他们相比，中国和美国的文化环境非常不一样，所以也不应该和他们相比。我非常喜欢他们的音乐，可以说是他们的歌迷，或者说他们是我的一部分。不去研究文化背景的不同，而简单地说是中国的某某，这是非常懒惰的思维。*

周：对于一个专注于精神创造的人来说，名和利的谈论的确很无聊，很自然地会觉得这类谈论和自己完全不搭界，所以不必理会。但是，无论是音乐家，还是作家，都存在一个受众的问题，会有一个范围相对稳定的受众群，你是怎样看待你和他们的关系的？

崔：所以对于我来说，我希望我关注的事能够定期跟大家分享，如果在分享的过程当中，大家认为你还是不可替代的，或者说你还是原来的你，那就是自然的事了。我们自己看到好的艺术品、听到好的音乐，自然就会有一种对生命的享受。通过分享别人的创作来满足自己，这种东西要比看谁谁更牛有价值得多。通过音乐切入这个社会，其实我们特别期待跟年轻人分享这个过程，是特别有意思的过程。所以，我们会创造机会，经常去一些小乐队表演的场地，去一些不知名的演出场所，你会看到在电视上或者慕名去买的 CD 上看不到的东西，我发现这个过程是对生活的一种享受。

周：音乐人与受众的交流是更直接的。我们写的是文字作品，读者是通过阅读来接受的，不过，我有时也会有一些和读者的直接交流，比如做讲座，出了新书开读者见面会，我是尽量少做，但高质量的互动是非常快乐的事情。

崔：并不是对你的成功的一种享受，成功没有意义。从商业上的意义说，成功只能是一个方向，很枯燥，你必须老想着怎么往上走，一旦往下走了你就灰心丧气，这是很累的一个状态。当你真正关心生活意义的时候，你会发现有东风有西风，有起有伏，这种东西才是真正有意思的。*

周：据说你的有些老粉丝反映，他们特别热爱你，尊敬你，但是你后来的歌他们有点听不太懂了。

崔：我碰到过这种情况，其中有一个人是我的发小，他批评我，他说你不能把我们甩了啊，你光顾你自己写歌了。我真没想甩了，我真想他们仍然听我的歌，我做了特别多的努力，我真的愿意像一个电影导演那样。我理解电影导演为什么去做商业电影，因为他们想要讨好投资人，讨好观众，所以放弃了自己最初的原则，这我都理解。做音乐和做电影实际上是一样的，当你开音乐会，当音乐变成了一种产品，你就有了和观众互动的责任，这个你必须考虑。如果你不考虑，特别清高，看不起这个世俗，那问你一下，你是否可以光做梦，你闭上眼睛看这个电影就够了，或者说光排练就够了，不用演出了，你自己享受那种声音就完了。既然你想把它放到市场上、屏幕上、音乐厅里、舞台上，你就对观众有一个责任。所以我真的不是清高，我真的是想跟大家互动，但是这里面有一个原则。我互动的基本原则就是，你想让我高兴地跟你互动，还是想让我不高兴地跟你互动，这一点我可能做得比较严格一点，必须我自己得先高兴，而不是我牺牲了自己的兴趣仅仅为了演出。

周：对，自己高兴是一个前提，自己不高兴，受众也不可能真正高兴。首先做自己真正想做的作品，做得让自己满意，在这个前提下，可以采用一些你认为合适的方式，推动和帮助受众与你的作品进行良性对话。

崔：我觉得艺术家都得是这样，自己得先高兴了，就跟你和人谈恋爱，或者是生孩子一样，如果有任何一方在痛苦地接受这种你认为快乐的形式，那你觉得这个还是爱吗？甚至你对自己也不是真诚的，你会觉得对方爱你是不值得的，因为你自己都不爱你自己。所谓牺牲，我现在还没有完全想清楚，我觉得是一种思想方法论，而不是道德论，人们在谈论道德的时候，我觉得是谈论方法。一个人在对自己不道德的时候，就没有权利谈道德。所以，我必须得让自己先高兴，然后我才考虑市场，当你这样想的时候，你就拥有一种特别大的力量，这种力量是会创造奇迹的。

周：有的人可能会说，艺术是有社会功能的，或者说艺术家是承担着社会责任的，你不能光顾自己高兴，你得考虑你的作品会对听众产生怎样的影响。你怎么回答他们？

崔：我觉得我的责任就是清楚地表达自己，把我的最佳状态表现出来，告诉你这就是我最好的东西。至于你能获取到什么，那是你的事，你要让我给你什么，我不可能给你，我自己还没有想清楚呢，我只能告诉你我在想什么。当然，我希望能够引起观众去思考，我的作品里有这种东西，但是观众思考什么，怎么思考，那就不是我的事了。我只能说，这是我平时思考的问题，但并不是要强加于你的问题，我只是把这个东西通过我的作品表现出来，而不是我要强加于别人，可能是这么一个区别。*

周：不少人认为，摇滚乐因为它的表达的直接性，是肩负着一种社会责任的，至少比别的音乐形式更明显。

崔：摇滚乐只有两件事：我说真话；我表现很牛。其余的只是摇滚乐附属的功能，造成了它有这种可能性，但是这不应该成为一种压力，好像你不这样做就不是摇滚乐了。其实并不是摇滚乐人有多强的社会责任感，只不过是因为有很好的直觉和反应，使你在需要时拿起乐器就能表达自己的情绪。*

周：我很赞同你的观点，我也认为社会功能是好的艺术作品的自然效果，不是刻意追求来的。这其实也涉及个性的价值问题，每个人都应该做自己，艺术家更应该如此，你越是把你独特的东西发展得好，你对社会就越有助益。

崔：摇滚乐宣扬的就是个性，不追求苟同。人们都一样的时候，肯定有矛盾，布什和拉登有矛盾，因为他们都想控制世界。两个人都有个性，才会互相爱，在一起很和平，这是我们应该追求的人与人之间的关系。我观察到，那些总显得跟别人一样的人，其实他们内心最不一样，心里对朋友的友善程度特别低，在生活中对朋友全是那种装腔作势的做秀。*

周：说得真好。有个性的人之间，才有真正的互相欣赏和高质量的交流，没有个性的人对这些完全没有概念，就只剩下利益的算计了。说到底，做什么都是在做人。

崔：在这个年代个性不美，谁去挖井是傻冒，谁去卖水才是时尚。所以我倒很想对年轻人说，不要老想着我们能给你什么，你有旺盛的生命力，作为下一代，你更应该问一问自己，你能给我们什么？我希望下一代中出现更多的有个性、能创造的人。

建立一个保护创造者的体制

周：我们来谈谈今天音乐的生存环境，你是有最切身的感受的。

崔：好些人喜欢划分 70 年代、80 年代、90 年代初，我说是吃饱了撑的，闲得没事干了，其实没这个划分，我们生活在同一个政治环境下。*

周：和以前比，90 年代以后还是有一个明显的变化，就是经济的因素强化，对文化产生了不亚于政治因素的影响。

崔：中国有三大团体，政治团体、经济团体和文化团体，任何两个团体的结合都会造成另外一个团体的削弱。"文革"是最典型的，政治和文化联盟，把经济给放一边了。目前来说，是政治和经济联盟，拼命发展，艺术想谈论的东西必须纳入这个轨道上。*

周：情况确实如此，权钱联盟，互相交易，给文化造成了困境。

崔：我就发现商业改革没有真正地进入文化领域，人家不在乎钱，你要是真在乎钱就好了，钱能量化出来的，人家不让你量化，你上亿的投资，我不高兴，我问了几个老头，我怕惹祸，几个亿的投资就不要了。*

周：问题还是出在政治，是人治不是法治，如果是法治，就不是靠审查，而是靠法律，文责自负，自己承担法律责任。这恐怕也要通过政治体制改革来解决。

崔：要建立一个体制，保护创造的人，永远让年轻人有这个机会。十四亿人的一个民族如果没有思考者，没有创造者，没有一个自由意识的群体的存在，你这个民族就是一个加工企业，加工民族。就像我们的经济一样，别人出了想法，你就给人加工，把钱投给有想法的民族。实际上中国大部分的工业都是在做加工，这个经济发展是加工出来的，不是创造出来的。港台地区那些音乐，全都在复制，全都是拿半成品当成品去卖。黄家驹早就说过，香港没有音乐界，只有娱乐界。所有的人就是做星，然后潜规则出现，你跟我上床我就让你上镜，出来的全是软件歌手。现在科学技术发展到这一步，怎么样去包装一个人，利用软件修补，就可以让一个不会唱歌的人变成会唱歌的，这个我太清楚了。现在我们大陆也在受这种价值观的严重冲击。*

周：在你看来，一个保护创造性艺术家的体制应该是什么样的？

崔：音乐产品由三个环节组成，一个是创作，一个是制作，一个是销售。这三个环节应该由一个团队来分工合作，音乐家专心创作，同时有很好的制作人和销售人，互相有一个很好的氛围。现在的情况是，唱片公司和演出公司不给你高的预付，不给你好的合同，所以我们团队运作的人相对来说就不如做流行歌的。谁还指望唱片公司啊？所有唱片公司都改做经纪人了，主要的收入不是唱片，而是活动，唱片也就是打名气了。外行人进来，内行人全失业了。我曾经发表一个不太客观的说法，我觉得娱乐行业已经变成一个集体行骗的行业，它就是一个销售和消费的概念，它养活了一帮人啊，每一个明星后面养的可能是上百人。这是集体自杀，而且这个金棺材的盖儿是从外边盖的，狠就狠在这儿，外行人给你盖盖儿，把音乐家全埋葬了。*

周：这么严重！

崔：好的体制是永远让羊毛出在羊身上。现在是羊毛出在牛身上，牛毛出在羊身上，羊毛出在狗身上、狼身上，潜规则成了最大的规则。你今天让我点儿，我明天再给你补回来，都是玩这种规则。你狼毛出在狼身上就行了，你别出在我们羊身上，我挣钱凭什么给你们拿走，我凭什么要靠赞助，凭什么要跟你睡一觉，你才把其他的机会给我呢？这造成了什么结果？造成了羊永远不会健康，它肯定要去扭曲，才能够符合这个社会的规则。*

周：面对这个现状，你是怎么保护自己的创作的？

崔：我采用的合作方式是委托发行，不做签约的歌手，把创作和制作这两个环节牢牢把握在自己手上。如果制作是在唱片公司手上，创作就很容易变成迎合市场的行为。所以，对于我来说，天无绝艺之路，我个人的创作是没有危机的，永远不用去考虑那些外在的因素。当然，自己干真是累呀，真是不睡觉，一个东西坏了，你还得折腾，就像一个工程师那样。*

周：这对于你来说是巨大的浪费。如果你能集中精力做创作，让一个很规范的团队去做制作和销售，在艺术创作上和经济收入上都会有不一样的景象了。

> 崔：所以我说，别一上来就说摇滚乐怎么样，这纯粹是给摇滚乐穿各种各样它不该穿的鞋。灵魂不需要穿鞋，穿鞋干嘛啊？光着脚挺好的。特别是现在中国的这帮人，包括所谓乐评人，让他们真正地去关注自己的生命吧，先别管中国摇滚乐怎样发展，先想一想文化产业怎么开放，用心创作的艺术家怎么受到保护，这样就好了，不光摇滚乐，什么问题都解决了。*

周：这些年国内有很多音乐节，你觉得现场音乐的前景是否比较令人乐观了？

> 崔：那都是被动的开放，商业的开放，旅游业的开放带来的开放，十个有九个可能是这样的。能够上台表演就是开放了？一场演出挣个啤酒钱就能说摇滚乐开放了？一年没有上百场演出，没有固定的群体买你们的产品，你就不要说开放了。整个文化也是这样，能控制就控制，实在控制不了就放你一点。现在我们都处在这种尴尬的位置上，所以能够突破一点就突破一点，突破不了就挣点钱，互相给面子，开个音乐会啊，弄个小电影啊，你干去吧，挣个小钱而已。*

周：为了改善艺术家的生存环境，你做了很大的努力，比如在 2002 年发起真唱运动，你觉得达到目的了吗？

> 崔：远远没有达到。当时的确是看到音乐家的生存环境这么差，如果我们没有利用自己既有的资源站出来呼吁的话，我觉得是对资源的浪费，所以我不认为这事是什么大事。

当然也起了一点作用，把一些演员的神经弹了一下，并且让大家知道有假唱这回事了。*

周：我发现你对这个时代和艺术的生存环境的评价不全是负面的，也有正面评价。

崔：对，我认为中国二三十年来的发展是值得肯定的，我们生活在一个好年代，不光是因为我们能够吃饱穿暖，更重要的原因是我们能干的事很多。*

周：这是一种积极的态度，时代的进步和缺陷都给创造者提供了用武之地。

崔：我还觉得，中国大陆有相对抵制外来文化产品的机制，这是值得我庆幸的。如果打口文化成为主流，我们的艺术家就会丧失自己的支撑点。中国香港和台湾地区的音乐基本上是这样，新加坡、韩国、日本也是这样，他们没有那种从无到有的过程，都是拿来主义，再好的制作、再好的听觉快感也满足不了你内在人格的需要。*

周：你解释一下打口文化这个概念。

崔：你看西方的摇滚乐是从小型演出滚起来的，是积累出来的一种文化。在中国，摇滚乐目前只是一种现象，根本不是一种文化。包括中国的一些乐评人，他们只是一种打口文化的产物，他们首先听了大量的打口音乐，打口音乐的特点就是它是外来的，廉价的，它的文化基础也是打口的，与本地区文化和人格建设的嫁接几乎是零。所以，这造成了中国摇滚乐是横空出世，不是从本土基础一点点滚起来的。虽然我以本土的摇滚形象出现在中国摇滚歌坛，但我的出现形式并不是一个积累过程。当我写了《红旗下的蛋》以后，就厌恶了这种横空出世的位置。我试图把两脚落在地上，这个感觉就像将军开始当士兵，要解决具体问题了。打口文化就是左手拿着接触到的西方的所谓先锋艺术，右手拿着中国的古董，如果两手一撒开，就没有支撑点了，暴露出了人格的缺陷。我称这种艺术家为打口艺术家，他们从无到有的过程是空白的。在西方不是，西方经过了几百年的积累，在他们的艺术品里，你能感觉到他们个人的支撑点，它们之所以让人感动，是因为它们是个人的，不能笼统地说是西方的。*

周：这是模仿和独创的区别。独创的东西，一定有人格和个性作为支撑点，一定有一个积累和生长的过程。

周：大家比较关注你拍电影的事，包括出演《我的兄弟姐妹》，编导《成都我爱你》和短片《修复处女膜年代》，一直到最近的《蓝色骨头》。你是怎么想到要拍电影的？

　　崔：有人猜我是玩票，不是的，我觉得自己是很严肃的。业内许多人在工作一段时间之后，会有一段空闲时间，于是有人开饭馆，有人开公司，有人开商店，还有人无聊了就旅游，就吸毒，总之什么样的都有。我就把自己的这些剩余精力用来拍电影，对我来说是一种补充，我觉得对我的音乐也有帮助，使我有了更多的客观视角。*

周：也是一种尝试吧，看自己有没有这方面的能力。

　　崔：对，实际上是自己证明自己，通过拍电影记录下自己的感受。

周：人们会对你有很高的期望，您觉得压力大吗？

　　崔：没有，我只为自己打分，为自己设定标准。*

周：在这些片子中，刚杀青的《蓝色骨头》无疑是你最看重的，你介绍一下拍这个片子的由来。

  崔：这部影片的想法来自我的第五张专辑《给你一点颜色》，本来想拍一个同名影片，包括三个故事，通过三种颜色来表达我对成长的感觉。《蓝色骨头》是其中独立的一个，我把另外两个故事砍掉了，再把这个故事从其他线索上丰富起来。《蓝色骨头》是专辑中一首歌的名字，写一个大学生的故事，就是我不上学了，我觉得生活中最重要的是三个东西，一个是事业，一个是健康，一个是爱情，缺一不可，这几样东西才能够让我真正感到我的灵魂是在自由的状态里。这个歌是给年轻人写的，我想告诉他们，如果我是你的话，我就会这样想。*

周：为什么取这个名字？

  崔：人的脊椎特别重要，脊椎是你的精神通天的途径，这也是《蓝色骨头》要表达的。

周：今天我看了样片，有一点出乎我的意料，没想到你还挺会编故事，故事很好看。当然，你的特点很鲜明，主角是两代歌手，音乐是你的风格，内容具有批判性。

  崔：说说缺点。

周：我觉得人物线索有点乱，有的地方我也没有看明白。还有你写了两代人，第二代实际上是第三代，但你在他身上综合了第二三代的特质，有时角色会发生错位，比如他骂记者收红包，明明是你这个第二代在骂嘛。

  崔：是的，是我在骂。

周：有一句旁白说"孤独是穿越时空的途径，浪漫是穿越时空的目的"，我倒觉得浪漫是穿越时空的假象，自以为穿越时空了，其实没有。

  崔：每一代人有每一代人的浪漫，就像你说的精神浪漫和物质浪漫。这一代年轻人在网络上也有一种浪漫，信息浪漫，实际上是虚拟的。整个电影基调，年轻人虚拟的东西是网络，岁数大的人虚拟的东西就是那个时期的浪漫，有一个贯穿的风格。

周：浪漫常常是一种手段。

  崔：很多人是把浪漫当做目的的，觉得生活不浪漫就没意思，想找生活的感觉。

周：那实际上浪漫还是手段，目的是生活。

  崔：那不是达到目的了吗？生活就是目的。既然生活就是浪漫的，不浪漫那还叫生活吗？那叫工作了。

周：是定义的问题。生活本身应该是充满诗意的，也就是浪漫的。在这个意义上，把浪漫当手段的人是假浪漫，当目的的人是真浪漫。

  崔：我的电影技术并不好，不会用美丽的画面，也缺乏流畅的叙事。我做电影的冲动就是通过爆发力来表现，如果没有这个，我就没必要做电影了。*

周：你对市场的预计如何？

  崔：公司做了市场调研，我们花一千万元拍的片子，有五千万元票房就赢了。其实这个片子商业元素都有，而且各个年代出生的人都能找到自己爱看的点。

周：祝你成功。

为了新的和平
——崔健在和平生命基金募捐会上的讲话

　　首先我们应该庆幸我们依然拥有和平，他没有离开我们，也没有仅是保持着呼气漠视我们，虽然我们在震惊之余无法相信这发生的一切。

　　在我们接受了这现实之后才突然发现并且深信不疑，在他眼镜儿的后面的眼睛的后面，仍然蕴藏着一种能量。这个能量不会像他目前的身体一样停止运动，而依然像是一个热闹的社区，这个社区曾经让我们大家彼此认识了我们身上优良的一面，并且放大了它们。

　　也许我们不愿亲自说给他听，这个社区正在因为他的不幸而扩大和具体，虽然这具体的第一步，仅仅是为了让他尽早的康复，今天的聚会正说明了这一点。

　　其次我们应该欢迎他开始了一个新的使命，残酷地讲，这个使命在他事发之前是被忽视的，或者说，起码没有显得那么迫不及待。

　　在场的人都知道，他的热情散布在几乎当今社会所有的艺术领域。他收藏和记录的大量的资料迟早会证明，在任何时候都会有良知的存在，而且这存在的形式是多种多样的。

其中包括：特殊的使命源于特殊的命运。在此让我们等待着我们新的和平的到来吧。

谢谢。

2012 年 9 月 10 日

新 版 增 补

周：近些年里，你的思考有一个聚焦点，就是人性的三元理论。

　　崔：其实我很早就开始想这个问题。我发现人性有三元，人有三面性，人有情感，人有智慧，人有信仰，这是三个不同的东西，三个不同的动力。

周：三个东西缺一不可？

　　崔：对，所以可以说是三脚架的原理。我通过这种方法解决我自己的困惑，我的三个动力，情感、智慧、信仰，怎么样去让这三个动力必须不一样，才能够确定它的纯洁性，它的存在。

周：你说一说它们怎么不一样。

　　崔：当我的情感和我的智慧绑在一起的时候，我认为这肯定不是情感。当你说我怎么样聪明地去谈恋爱，不管你谈了什么恋爱，我认为你肯定不是在谈恋爱。

周：是在理性地谋划。谈恋爱是情感的事，不是理性的事。你说的智慧，我认为是指理性。

崔：智慧说的就是你的理性生存的方式。

周：**情感必须排除掉理性，才是纯粹的情感。**

崔：信仰也是这样。当你说信仰和情感绑在一起的时候，你只能选择一个，有一个东西肯定是骗你的。信仰是不是爱？因为我们需要爱，所以我们可能是某一个门下的信徒，我认为信仰不是爱！不过我现在自己还很模糊，就是怎么样找到一种信仰，在它们初始的时候里面没有爱也没有智慧，对！我在找这种初始的东西，我在试图解释我自己的信仰观。

周：**不容易找到。**

崔：挺难的，这需要大量探讨和探讨的勇气，而且只有个别人能够产生这种沟通。这里需要两个先决条件：一个是反对宗教的人是否另有信仰？如何分清自我封神者或权力崇拜封神者。再一个是无神论是否也是一种信仰？他们是否充满着自然与生命的崇拜？我自己就有很多困惑，但是有一点我特别愿意肯定，爱是否是信仰？如果你必须选择一种回答，我应该更多地去怀疑信仰，不会怀疑爱和情感，我愿意这样去选择。有的人说，与有信仰的人相比，所有那些没有信仰的人，就是没有被上帝爱，是一个可怜虫，上帝给你一个天窗让你去接受爱，结果你把天窗全关掉了，所以你得不到上帝的爱。

周：**我觉得这种情感还比较低级，是一种浅薄的道德上的优越感。**

崔：我认为这个不是信仰，我宁愿说这是一种人的深深的孤独和怀疑，渴求着一种伟大的情感的需要。信仰和智慧也是不同的东西。当你把智慧融在信仰里面的时候，我认为这不是信仰，因为你把你的生存手段融在你的信仰里面了。很多人认为，我要是没有选择信仰，我等于不智慧。这恰恰是在耍聪明，通过他的所有的知识去完成他的生存智慧，他曾经关注过一些信仰问题，突然发现在这里面他的智慧全部能用上，他就会滔滔不绝地说我自己多么伟大，这种人就应该说他自己是没有信仰的。

周：这是把信仰当成了他生存智慧的面具和道具。这里面有两个问题。一个是信仰的真假，有些人所谓的信仰是假的。另外一个是你讲的三元，无论哪一元，你是没有褒贬的，不做价值判断，对吧？都是中性的，三样东西都是事实的存在，哪个都不能缺少，不存在高低好坏的评价。首先的一步，是要确定这三个东西是截然不同的，不可以混淆。

崔：对，我先做的是排除，必须截然分开。

周：我觉得排除特别好，这个角度很新，很少人是这样来谈情感、智慧、信仰这三个东西的。这三个东西是各自独立的，而且是平等的，是三种不同的动力。

崔：对，先把它们分清楚，不要混淆。你要是谈论信仰，就别谈论利益，你要是谈论利益，就别谈论信仰，信仰什么主义。有的人高谈信仰，全是为了利益，生存智慧大于信仰和情感的总和。太聪明的一帮人，已经把自己生活的结构早就设计好了，早就开始运作了。

周：所以，把三个东西分清楚，也有助于我们看清什么人在借信仰之名谋利。

崔：人有三面性，人的两面性产生矛盾，在某种程度上就是因为没有第三面的意识。当你有第三面性的时候，你会宽容那两面性的任何一面。

周：你有自省能力，你在自己身上感受到了这三个不同的动力，感受
到了它们之间的复杂关系，然后就深入地去想。

崔：人的三面性的调整，就是一个人变化发展的运动形式。
你经常会发现自己和自己身上的矛盾，这是你自己控制不
了的。今天我表现一个理性的，明天我表现一个感性的。
但这并不是说明，你永远都这样。

周：这种人不懂得自省。把自己当作人性的标本，通过认识自己来认
识人性，只有很少人有这种能力。

崔：所以我们应该清醒地看待自己，找到生活中缺少的东
西，为这个东西而努力。我觉得自己从这个方面受益特别
多，我顺着三元平衡的方向创造了我的生活状态，我认为
我的生活状态是平衡的。

周：在音乐圈里想这种问题的人一定很少，除了你，我知道的只有
和平。

崔：对，我也和和平讨论，完了我自己再仔细琢磨，越想
越觉得好玩，有时候被自己看到的那些问题激活了，亢奋
起来了。其实我是带着质疑的情况下，把它放到桌面上来，
但是这种困惑我跟大家分享不了。

周：你是在想哲学问题。真正的哲学问题不是从书本里来的，是你在
自己的生活中发现的。

崔：我认为哲学就是抽象的三维空间，它不是超越，它是
平行的。

周：人有情感、理性、信仰这三元，每一元都不可缺少，它们之间的
关系是怎样的？

崔：这是三个不同的动力，必须保持平衡，如果失去平衡，
某一个动力就可能造成巨大的祸害。说白了，就是任何一
个东西的比重超过了百分之五十，这个东西就是危险的。
所以，当你的宗教信仰或者当你的理性生活在侵犯你的感
情生活的时候，你就要小心。任何一个大于另外两个，都
是处在一个有可能犯错误的情况里。

周：要警惕一元独大。

崔：这是一种物理性，任何东西都不能超过百分之五十。
换一个角度说，任何两个东西的结合都会反对另外一个东
西的独断专行，这是一种平衡。

周：非常棒，用物理性这个概念，道理就一目了然了，就是一个力的
平衡问题。

崔：这是三个不同的动力，平衡本身不是动力，而是一种

状态。

周：是一种良好的状态，在这种状态下，三个不同的动力都能够发生积极的作用，同时又互相制约。

崔：我觉得平衡是特别伟大的一门学问，但是中庸不是，这两个东西被我们混淆了。在我们传统的文化里边，唯一入世的哲学可能就是儒家。道家和佛家都是在山里边的，要远离入世的氛围。

周：对，儒家是完全入世的，佛家是明确出世的，道家可以说是玩世，处在入世和出世之间的游离状态。中庸和入世的确有联系，你看重人际关系，你就要把握好分寸，不走极端。

崔：实际上中庸这种思想的成立，也是通过各种方式服务于人性中的动力，最后完成的一个相对最稳定的状态，但是不应该忽视它的起点。

周：中庸的概念，其实西方也有。古希腊的德尔菲神庙里铭刻两句箴言，一句是"认识你自己"，另一句是"勿过度"，"勿过度"就是中庸。亚里士多德的伦理学，中庸是一个核心观念。他明确地说，过度和不及都是恶，中庸才是德性。所有的道德，他都分成两个极端，两个极端都是坏的，然后处在中间的中庸是好的。比如说，怯懦与鲁莽是坏的，处在中间的勇敢是好的，挥霍与吝啬是坏的，处在中间的慷慨是好的。不过，从西方思想整个发展来看，有一个特点，就是容许走极端，甚至鼓励走极端，截然相反的思想都有人主张，走完了两个极端以后，再回到中庸，这个中庸把两个极端的东西都吸收了进来，所以是高品质的中庸。如果不允许走极端，一开始就强调中庸，就会是一种四平八稳的低品质的中庸。

崔：对，我觉得哲学不应该是对状态的终极评判，应该是对动力的终极评判。所以我认为极端的艺术恰恰是要保护的。

周：非常好。中庸用不着你保护，因为它本身就是安全的。新思想、新艺术一开始出来的时候，都被认为是极端，它们本身往往也真的是极端，不极端就引不起注意，不极端就不能冲破旧思想、旧艺术的束缚，所以最需要保护。不保护极端，就不可能有思想和艺术的进步。西方的法治社会，核心是自由，规则是为保护自由的，一旦不能保护、甚至损害自由，就要修改规则。

崔：所以我认为西方的东西可能就鼓励极端性的东西，但是它仍然有一个至高的平衡机制，这种东西不管你看得见还是看不见，它居然是存在的，而且这种东西现在可能被一些非常富有的人把控着。社会资本捆绑在哪儿，哪个地方就相对稳定，实际上是通过控制财富达到了一种平衡。

信仰不可界定

周：人的三面性，其中一面是信仰。我们来谈一谈什么是信仰。

旁听者：我觉得信仰就是救生圈，人为了求生，要找一个救生圈，那个救生圈叫信仰。

崔健：怎么样才感到安全？这是生活智慧问题，不是信仰问题。

旁听者：信仰怎么来定义？我们界定了以后才能讨论。

崔：界定不了，所以我用排除法。智慧、情感都可以界定，唯一界定不了的就是信仰。

周：可能是没有找到合适的表达，你对信仰一定是有你的理解的，但是找不到一个准确的表达。我觉得信仰有一个因素是不可缺少的，就是超越性。

崔：超越什么？

周：超越世俗层面，超越时代。

崔：我觉得过去当人有了信仰之后，就变成了当时的限制，在这个意义上我们可以说要超越它。并不是说高高在上的一种超越。

周：换一个比较平实的表达，就是一种精神的高度，或者说一种内在的精神追求。

崔：我觉得应该说是抽象，不是超越，是一种抽象的存在。

周：抽象这个概念是多义的，概念和逻辑也是抽象的。

崔：再选一个抽象和超越之间的词。用平行，越维是一种痛苦。有机会也别进入四维空间，我周围就有这样的人，老梦见鬼，真的疑神疑鬼，开灯睡觉。

周：超越不一定是进到另外一个世界。

旁听者：信仰离不开终极思考。

崔：信仰就像是你身体的一部分，只不过由于客观的或者主观的原因，灯一直没有亮过，最后谁先点亮了灯谁就把地盘占了，但是你不能说灯没亮这个部分就不存在。对我来说它不是终极，因为这个灯可以不亮。

旁听者：灯可能永远不亮，但是不代表灯不存在。

崔：即使这个灯不亮，黑暗的部分也存在，所以我认为这个灯不是终极的。

周：你把人性分成三个区域，信仰这个区域，你用比喻说点了一盏灯它就亮了，那个灯没有亮的话，在黑暗中这个区域也是存在的。我理解你是这个意思。

崔：回到我们的问题，我们在谈论一种状态，还是在谈论一种动力？我觉得终极这个词是形容一种状态，这里面没有动力。

周：我觉得也是动力。信仰这个区域，本身包含着对终极的渴求，如果它一直是黑暗的，灯没有把它点亮，你会难受，你会空虚，就是这种渴求在起作用。

> 崔：所以问题是我们用一个怎么样的语境来谈论宗教。我为什么不愿意说它是终极的，因为讨论终极的问题，我们就自己把自己现有的习惯性地对终极的思考固化了。终极应该是制高点，我想谈论的是制低点。

周：你是不愿意使用被人们用俗了的词，终极思考这种大词的确被用俗了，往往成了大而化之不思考的幌子。

> 崔：人的身体在生长期的时候是被动地接受营养和知识的，这时被成人灌输一种意识形态，自然会延续到以后。当独神论者成年人面对着另一个独神论者时，他们肯定是屏蔽信仰交流的。所以我说，一个人要在十五岁以后，自己有了独立思考或者足够的生活能力以后，才能选择自己的信仰。

周：对，信仰这个区域，应该让一个人成年以后，让他自己去选择用哪一盏灯照亮。按照我的看法，真正的光源是内在的，是在人性里面。一个孩子，你培育他善良的天性，做人的尊严，他将来就会是有信仰的，不一定非要信某一种宗教。

> 崔：现在全世界范围内，所有的宗教，艺术家的表达都是受限制的。有一个电影我看过很多遍，叫《基督最后的诱惑》，马丁·斯科塞斯才是真正付出了勇气和爱的人，他把耶稣最后的形象塑造成了一个人，有七情六欲，也有怀疑。最后在这片子公映之初好像就引起了一些信徒的游行反对，所以就变成美国的禁片了。戴维鲍依（通用译法为大卫鲍依）也出演了，彼得·加布里埃尔做的音乐，这么好的片子，你突然发现这么伟大的一个艺术家，他也一样受到限制。我还看过很多其他中小型的，对信仰产生质疑的片子，都特别震撼。

有一个片子叫《艾达》，是波兰一个黑白的片子，讲一个修女怎么样还俗，最后又回到修道院的一个过程。另外一个是《沉默》，在日本的一个天主教教徒，最后被日本的政治强行归顺于日本的教，最后他临死前手里拿的是基督像。后来我跟一个基督徒探讨发信息的时候，她给我一个特别有意思的说法，她说：质疑是我们基督徒必须要做的工作，我们每天都要去质疑信仰，这是我们修炼的最主要的一个过程。

周：这特别棒，质疑是信仰的必有因素、必然过程。伟大的基督徒，比如中世纪的圣奥古斯丁，法国近代的帕斯卡尔，丹麦现代的基尔凯郭尔，也都是伟大的质疑者。

崔：信仰是非常平民化的，绝对不是那种高高在上的、无聊死板的、学院派的，不是的。你每次进入一个环节，你会感到一种解脱，一种安稳，而且你会感到陪伴着一种烟火气，是人人都可以有的。

周：六年前出《自由风格》第二版的时候，你提出过一个命题，说信仰就是方法论，当时我觉得很棒，你现在放弃了？

崔：当时有误区，那个时候还没有三元理论。信仰一旦被当作方法，信仰就绝对不是信仰了。我现在明白了，信仰必须排除方法，那才是信仰真实的初始状态。

周：这个问题可以继续讨论。我理解你现在的兴奋点，是要划清三元的界限，不让它们互相混淆、互相取代，要让它们的力量保持平衡。但是，在它们实际发生作用的时候，三元之间一定会互相影响，甚至互相交融，不是那么泾渭分明的。人性毕竟是一个整体，可能同一种追求，理性称之为真，信仰称之为善，情感称之为美。总之，我觉得这是一个大问题，比较复杂，我们慢慢探讨。

有一种危险：
现实虚无主义

崔：我周围发生的这种现象，一些艺术家，突然说走就走，背叛自己常年的追求。他们把自己的责任和自己的权利对立化，我要有生存权利的话，我就不应该体现社会责任，他还利用这个所谓生存权利去干另外一些匪夷所思的事。他已经变成习惯性的嘴不对心说话，而且认为嘴对心说话的人就是弱智，就有残缺，就傻帽，这个年代你怎么能嘴对心说话呢，这个年代你就得玩技巧。而且他们玩技巧变成了一种规则，变成了一个系统。

周：心言不一，言行也不一。

崔：嘴上一系列的主义，他的行为都对不上号。

周：这种人是没有自己真正的信念的，他不把自己的行为和任何信念挂钩，然后从各种信念的缝隙里谋取他的利益。

崔：我觉得中国有一个最危险的群体，不是那些抱着一个固有的政治观念的人，而是那些人，明明不信还要张口说谎话让别人信，同时他在别人信和自己不信的这种空隙中获取自己的利益，把这个利益挪到自己相信的区域里。我认为这种人才是中国最危险的群体，完全嘴不对心说话，而且他还打压你，通过打压你造成他自己的自由空间，然后他通过这个空间去获取更大的利益。

周：其实这就是虚无主义，虚无主义不一定是公开说自己什么也不信，更多的是假装信，通过假装信来牟利。尼采说，今天没有什么比真正的虚伪更罕见了，真正的虚伪属于有强大信仰的时代，在那个时代，人们甚至在被迫接受另一种信仰时，也不放弃从前的信仰。今天人们轻松地放弃从前的信仰，或者更常见的是，再添上第二种信仰，而在每个场合他们都依然是诚实的。他还说，左右逢源而毫无罪恶感，撒谎而心安理得，这是典型的现代特征。

崔：我认为所有人都是有信念的。对，但是有的人把信念娱乐化，有的人把信念私有化，还有的人干脆把信念虚无化。但是，你三种状态都是，我认为这在生理上是不可能的。我有个朋友，你跟他在一起喝酒的时候，他比你能说，比你能骂，狠得多。完了你说咱们干一个具体事，他马上戒备，说我不是这种性格，我有自己生活的习惯，我不惹事，可是他的态度会比我更悲观。

周：悲观成了不行动的借口。真悲观的人是不发牢骚的，骂也懒得骂。

崔：我发现这些人成天看不惯，就利用一次跟朋友在一起的机会，把这种情绪发泄出来，而他们自己不去做任何改变。

周：他们只有那一点能量，发牢骚就用完了，做改变需要大得多的能量。

崔：还有一帮人说，老崔你怎么不拍商业片？你怎么不写商业歌？为什么不写《二无所有》，不写《花房小子》？

周：所以说，我认为这种人是没有真正的信念的。他好像有一种主张，有一种信念，但是他对这个信念是不认真的，不负责任的。谁认真，谁负责任，他就认为你很傻。他嘴上也会说，也会表达他的愤怒，其实他是不在乎的，他在乎的是他生活的舒适。

崔：现实虚无主义还有一种表现，某种程度上普遍存在在咱们所谓的艺术圈里。这些人有更多的时间去阅读，有学术上更有说服力的一些知识，但是当别人干的肯定要低于他看到的，他们就变成一个权威的那种知识分子去诋毁别人。我认为这些人不管怎么说，他们是现实虚无主义者，他们给自己的无作为和不行为的安全找借口。

自由风格

在自己身上战胜恐惧

崔：现在许多人有一种恐惧。当你的行为和你的理论不能自圆其说的时候，同时你还有一种恐惧，我认为这就是一种被绑架的状态，只有被绑架状态能解释清楚这个情况。

周：因为是被绑架状态，所以恐惧。

崔：比如接受采访，你会掌握自我审查的尺度，后来我发现，这是内置的，实际上是被绑架的状态。

周：恐惧是人的本能，为了自我保护。

崔：可是，你会发现在这一点恐惧当中，大家都在玩恐惧的游戏，把恐惧放大，然后都在转移，尽可能地把自己转移到相对更安全的生活状态里，完了比智慧，都认为自己智慧。

周：言行不一，精明地为自己牟利，这是一回事，恐惧好像是另一回事。

崔：我就反过来说我们现在看到的问题。我就说人总要讨论伟大的思想、伟大的道德或者伟大的这个那个，后来发现都解释不通，当我解释不通的时候，我就觉得我自己无所事事，就进入了符合某种虚无理论的生存状态。我可以学习附庸风雅装作自己是一个有责任的人，最后却发现自己另一套行为的时候，我就发现自己也是对不上号这种状态。后来我就给自己下了一个界定，就是我实际上是被绑架了。因为我有恐惧，我怕，甭管我怕的是什么，肯定当时是怕字当头。但是，因为怕你就不去思考，这肯定是个问题，因为怕你就不去行为，这也肯定是个问题。

周：你是怎么解决这个问题的？

崔：我说的恐惧，不是我自己的一个简单的物理上、生理上的安全性。恐惧是感到我没有话语权，然后突然发现能找到机会让自己的话语权保证一定存活的状态，同时不断地去进一步思考。这种恐惧，可以说我跨越了很多，（这个过程）恰恰是我的一个财富。我觉得所有的成功者都是战胜这种恐惧的一个标本，一个范例。我们每个人都是成人，在当下，能够有这么高的一种生活质量——既有物质生活的质量，同时能够畅所欲言。

周：畅所欲言好像是有界限的吧。

崔：我经常在试图尝试我的说话的界限的时候，会发现到了关键点，你要收住，不收住的话，会给我周围的人找麻烦，或者给我自己找麻烦，所以我就必须得收住。所以我就打个擦边球，自己既说了实话，又没有得罪体制，找到一个中间点就收了。

周：把握好度，用好话语权，能够说得长久一些，发挥积极作用。

崔：我发现我没有那么悲观的原因，是因为当我发现一些问题，我没有能力去解决的时候，我就不去看它。这是我现在解决不了的事，我先关注我能做的事，完了我就看我哪件事没做。所以我发现实际上我是乐观的，我要找到我能做的事，我就从这种角度去观察周围的一些现状，一些不太美好的事情，去想办法解决。

周：非常赞成，这是建设性的态度。

崔：所以智慧无非就是避开一些障碍，完了一样能够正式表达。《一无所有》《花房姑娘》《一块红布》，它们成功的原因，就是因为避开了当时的那些阻碍，同时又表达了一种想法，而大家也都欣赏。

周：所以，不管时代怎么样，你都可以做有意思的事情。这种创造欲望你自己是压抑不住的，总是可以找到奔放的渠道。尼采有一个说法，叫做在自己身上战胜时代，我觉得这个说法特别好。他对哲学家说，对一切创造者说，你以为你是这个时代的儿子，不是的，你是它的养子，你是寄养在这个时代的。你有更加伟大的来源，所以你应该在自己的身上战胜这个时代。你也许不能在宏观上去改变这个时代，但是你可以在自己的创造中，在自己的思考和表达中，战胜这个时代给你带来的束缚，战胜这个时代给你造成的恐惧。

崔：对，实际上我们每个人在某种程度上都是一个独立的光源，都应该去照亮、去激活我们周围所谓黑暗的一部分。你是一个新闻记者，你是一个摄影师，你是一个酒吧老板，你都能够改变，你带着改变一个人、一个局部就能改变一个世界的想法，你会非常充实。你把一件简单的事儿做得非常精致，这个世界就有希望。

艺术家的工匠精神

周：创造者有两个特征，一是强烈的创造欲，二是精益求精的工匠精神，二者不可缺一。我觉得这两个特征在你身上都非常鲜明，周围的人很可能会说你是一个工作狂，你自己的感觉是什么？

崔：我在他们眼里可能就是每天在录音棚里待着，关注每一个细节，那种他们想象不到的工作上的投入。他们会说这哪是摇滚教父？像一个工匠似的整天在机器面前坐着。

周：他们可能觉得艺术家就应该过一种很嗨的生活，整天泡吧什么的。其实好的艺术家必定有工匠精神，专注认真地投入工作，这是由他的创造欲发动的，正是因为由创造欲发动的，所以认真工作的过程本身就是快乐的。

崔：对，他没有意识到我在这过程当中就是快乐。我在想这件事跟它之外所有可能发生、可能实现的机会的一些点，如果我把这件事做成了，下一件事就能够展开了。我写歌词的时候，就在想剧本可能也会出来，我听着音乐构思，做完那张《给你点颜色》专辑，剧本也就完成了。这种网络状展开的东西特别细微，特别有意思，别人是看不到的。比如我拍电影的时候，没有人教我怎么拍，没有人教我写剧本，我就是通过听音乐想象的一个画面，把它落实了。

所以，工作习惯就是你的行为和你的思考的一个平衡状态。

周：在一定意义上，天才与普通人的区别就在于是否养成了严格的工作习惯。天才是伟大的工作者，凡天才必定都是热爱工作、养成了工作习惯的人。当然，这工作是他自己选定的，是由他的创造欲望发动的，所以他乐在其中，欲罢不能。有一句流行的话，叫天才就是勤奋，我认为这句话是那些没有这种体验的人说的，他们从外面看他，觉得不可理解，就勉强给了一个解释，叫做勤奋。其实创造欲望是根本的，所谓勤奋只是外观。

崔：我发现一个非常大的条件是我个人的兴趣，我可以掌控整个过程，从每一个音符到最后的发行，中间每一个环节都可以不依靠外人。当我自己完全可以去运作每一个细节的时候，我就发现我自己是独立的，没必要被任何人干扰，依靠外人会让我在这个过程当中浪费太多的时间。

周：自己掌控创作的全过程，也就掌控了作品的质量。其实写作也是这样，一个作品，从初稿到修改到定稿，我不会让别人代劳一个字，就是因为对质量不放心。当然，做音乐复杂得多。

崔：我们在做音乐的过程中抠每一个细节的时候，完全可以雇一个人去做。但我们雇谁呢？有两个选择，一个是国内的人，慢慢地去琢磨，一个是雇国外的人，后来发现雇国外你信的人要花大钱，你不信的人你还不如自己干。后来我就发现，自己干的好处是我们的成本被控制住了，这让我们有大量的时间慢慢来，不着急，犯了错误我们自己承担。你别看我们光鲜在外面，光环在头顶上挺潇洒的，我们吃的苦他们根本看不见。但是你仔细看，所有伟大的艺术家，表演家或者作曲家都一样，吃苦的过程一目了然。

周：自己动手做一切，创作的过程就会比较漫长。

崔：所以我出作品特别慢，周期特别长。这也是我的特点，我没有办法，我只能接受这个现实，但是我做得非常快乐。我喜欢漫长的自然成长，好的艺术品一定要像植物一样自己长出来，千万不要催生出来。

周：能不能创作得又多又好呢？

崔：高产量和高质量本身是矛盾。关键是要一直有欲望创作。好作品肯定要淋漓尽致地表达，你总是处在淋漓尽致的状态，破坏的是积累，看你选择哪个。

周：你是一个完美主义者。

崔：每个艺术家不一样。摄影师阿戴姆，他在临死前把自己拍的所有不喜欢的胶片全烧掉了。很多人会说，即使你认为不是好作品，同样是伟大的作品，最起码有百分之五十是可以让后人受益的。我发现实际上是他有他自己的审美标准，这种审美标准如果半途而废，他就会没有动力了，他要创造出那种制高点，不允许自己降低。我一定要跟别人不一样，所以我才要废寝忘食地工作。当他发现做出跟别人一样的复制品，他可能宁可不要，宁可把过去上千个小时的工作全都报废，也根本不在乎。这也是一个工作量的价值的体现。这真的跟勤奋没有关系，是因为他有一个标准。

周：我还是觉得挺可惜的，可以让时间去选择去淘汰嘛。

崔：后来我突然理解阿戴姆为什么要这么做了，我自己也干过这事儿，明明别人说你这个作品已经非常成熟了，你干嘛还要去返工？我就说我宁可不拿出来，也决不拿出一个半成品，虽然我在之前做了大量的工作。

周：好的创作者是有洁癖的，对自己的作品特别挑剔。

崔：我认为我有非常充实的创作生活土壤，因为我有行动，给我带来一种满足感。就跟玩游戏一样，哪怕失败过，哪怕一次都没赢过，没有达到过终点，但你仍然觉得你是在玩。

周：这种感觉真好。我们前面谈到对信念的认真，现在谈到对艺术、对工作的认真，艺术家应该有这两种认真。我觉得这两种认真是有联系的，对信念抱虚无主义态度的人，往往对艺术、对自己的工作也不认真。

关于实验精神

崔：刚才谈到工匠精神，我认为就是必须得享受行为的快乐，你才能够真正享受到思想的快乐。当一个人只是要有思想的快乐，完了没有行动，他不愿意看到行为与思想之间发生碰撞，或者发生一个有效的结果，那么实际上你是有恐惧的，你怕看到你的思想失败，因为在实验的过程当中，首先可能面临的就是失败。

周：所以，更准确的说法是实验精神？

崔：对，我觉得所谓实验就是投入大量的人力财力，那么首先就要承担失败，你要是没有做好这种预算的话，实验的意义就是不存在的。我们中国的实验可能是在资本主义的文化进来以后，才真正在中国传统文化里边打开了另一扇窗户，这种实验精神可能是从西方来的，是工业革命之后带来的。

周：对，培根被称为实验之父，他是英国经验主义哲学的祖师爷，第一个提出实验的重要性。他主张通过实验来求得真理，这个实验是有步骤的，不是乱实验，你先根据对现象的观察设计一个实验方案，然后根据实验结果设计一个新的实验方案，这样一步步来，最后找到真理。

崔：实验必然会有风险，要付出代价。

周：合理的制度设计是，鼓励实验，但让实验者承担实验失败的风险和代价。

崔：实验失败就是灾难，实际上西方的政治实验也曾经出现过大量的人类灾难，这种灾难被很多后来的理论家说成是邪恶，但我一直不认为政治的灾难是因为人性邪恶造成的。你要谈到人性邪恶的话，就永远会扯到所谓的人格质疑和道德审判，永远有制高点，永远在一个两维空间里面讨论的一个社会结构。本身的动力起源不是因为这个，而是因为没有建立好的制度，能够把政府的实验灾难最小化。制度设计应该预见到可能的灾难，把实验给老百姓带来的灾难最小化。

周：一个是让实验的灾难最小化，一个是让实验者承担代价，这是我们缺少的。

崔：谁来承担政治实验的后果？道德的审判肯定是针对统治者，针对当事人，但谁来承担物质层面上的损失？你知道了它的代价之后，再回过头想，就会明白这种代价其实是可以避免的。灾难性的政策是所有代价都让别人去承担，实验者自己不承担任何代价。

周：合理的制度设计应该是怎样的？

崔：我一点都不想对资本主义和社会主义做比较，我只是说一个社会物理性概念，怎么样去把这种实验变成了一个最科学的，能量最节省，最有利于更多层面。就像你装修一样，你每一次装修，或者你每一次建楼盖房子，实际上都是 GDP 的增长，你拆了再重建也是 GDP 的增长，但是谁来承担实际上的损失？肯定是老板，最后反正工人都要挣到钱，这时候你再克扣工人工资，就说明你老板太黑了。因为是你工作没做好，没设计好，完了以后，你让工人去负责，工人白干了活之后，你还让工人干第二次，这是老板的问题。

周：你又一次用物理性这个概念。

崔：我认为物理性是这样一个概念，可以说是把我的恐惧、仇恨、情感统统化解之后，想出来的可以解释现实社会中发生的现象的一个概念。有些人因为自己在某个政治实验中的遭遇，会有咬牙切齿的仇恨，但这肯定不是解决问题的一个动力，解决问题就是要看清楚这个物理性。

周：实验者承担责任有两种情况。一种是实验本身是错误的，失败是可以预见的，实验者应该承担全责。另一种是实验是在正确的方向上，因为某些客观或主观的原因失败了，实验者就承担部分责任。不过，有时候，两者的界限是模糊的。

崔：实验本身没有问题，但实验者不承担责任是有问题的，我认为是一种不道德，如果从道德上做判断的话，我认为应该是用这种方式。因为政治实验谁都有，但是在健康的社会里面，你实验，你承受。受害者总是老百姓，荣誉总是归于实验者，这就不公平了。所以，应该有一个责任审判，一个道德审判。

周：你提出的这个实验话题，我觉得挺有意义的。我理解有三个论点。第一个是实验的重要性，实验就是做，不能光想不做，要有行动，实验是进步的必然途径，没有实验就不会有进步。第二点是不可以乱实验，实验要有科学的预测，要有合理的步骤。第三点是实验的代价要由实验者来承担，不应该让被实验者来承担。我觉得这三点都很有意思。

崔：其实我一开始是想谈艺术家。做音乐就是在做实验，大量的投入，一切都是为了把作品呈现的那一刹那，一方面不能因为怕失败就不去做，另一方面要坦然承担实验的结果，即使这个结果是失败。

周：对，各行各业，凡创造都是实验，都应该有这两个方面。

不
要
犯
识
别
错
误

周：在你看来，一个健康的社会应该是怎样的？

崔：不要犯识别错误，我认为这特别重要。癌细胞是什么
概念？就是识别错误，我让你的抵抗力发生识别错误。人
体都有癌细胞，为什么健康的身体癌细胞能够被控制，不
健康的身体癌细胞会发展？就是身体犯了识别错误。

周：比如说？

崔：比如对人才的识别，谁是人才？谁对人类的未来有好
处？发生识别错误，就会好的细胞得不到滋养，糟糕的细
胞、没有创造性的细胞得到无止境的滋养。把所有的养分
都给了癌细胞，这个时候癌细胞最笨的地方就体现在它的
终极上，我跟你主人一起死。

周：对于一个社会来说，怎么去识别癌细胞呢？

崔：我是想讲目前我看到的问题，就是让社会真正进入识
别正确这个轨道，大家都重视识别谁是真正的癌细胞，谁
是真正的抗癌细胞。癌细胞其实是特别愚蠢的一个细胞，

它之所以显得非常聪明，是因为它让你的身体抵抗力发生识别错误，是这么一种聪明。它并不是强大，它某种程度是"大傻帽"，但是它让社会有抵抗力的健康细胞产生错误，把所有的滋养给它，是这么一种黑洞型的生物。你认为这帮人是聪明的，就这帮人告诉你，我是利益黑洞，我能把你所有的质量摊掉，完了我们一起死。它对终极价值的预测性是零。

周：你是说腐败分子？

崔：现在中国的腐败分子可不是那么傻，他比癌细胞聪明，他已经转移。他把现有生存的营养全部吸收到自己身上，让所有的有抵抗力的细胞识别紊乱，营养都到我这里，置你于死地，然后我移植到另外一个健康的身体上，转移到它让你认为是你的敌人的环境里，另图生存。

周：其实大家对腐败分子的面目还是能看清楚的，困难是怎么在体制上解决这个问题。

崔：我觉得每个人都应该自省，我们身上都有癌细胞，我也有，我们学的知识里都有。在我们的整个教育和价值观中，都存在识别性错误。

周：应该宏观地反省你说的识别性错误。

崔：中国传统文化里有一个特别的"癌细胞"，比如说"万恶淫为首，百善孝为先"。这话谁说的？我觉得在新的时代里应该改成"万恶谎为首，百善诚为先"。先鼓励信心的革命，人应该有爆料自己隐私的勇气。

周：你对癌细胞的界定好像比较宽泛。

崔：癌细胞的界定是一个关键，这是一个区域政治的概念，不好说得过于明确。

周：我觉得关键还是在体制。

崔：一个人的责任和他的权力正好相反的时候，这就是巨大的病。当你有了巨大的权力，你更不相信体制，而你绝对不能够让别人去医治这个体制，而正因为这点你才拥有权力，这是一个巨大的矛盾。

周：识别正确不只是一个认识问题，更需要巨大的勇气。

崔：人类通往这种理念的路上有很多的障碍，所以我着急，全人类的艺术家都应该站出来开始质疑，比如所有国家的隐私超过二十五年都应该解密。把一个巨大的秘密放在肚子里死去，这本身是对自己后代的一种蔑视。连真实的东西都不敢给后人，凭什么说对人类忠诚？

周：对，政治家理应有伟大的胸怀，对全人类负责，对子孙后代负责。作为一个艺术家，你是很有责任心的，不但用作品说话，而且在作品之外也经常发声，不过我觉得你的发声和你的作品是高度统一的。

崔：艺术家发声的原因，不是他有政治目的，而是他看到了就应该把这些东西说出来。我觉得我们可以在保证你行为的机会的同时，尽可能地去说出你自己想说的话，不敢说是百分之百的诚实，没那么高的美德，只是说你应该把你的行为和你的智慧、和你的理想统一起来，尽可能地让两者统一。后来我就发现也许只有艺术家有这个机会。

周：艺术家本来是最敏感的，社会机体出了毛病，他最先感觉到痛。

崔：所以艺术家应该发挥预警作用。

周：很少听到你谈论音乐。

　　崔：对，因为谈论音乐，音乐最本质的东西，一张口谈论
　　就已经开始错了。音乐应该让别人感受，等你喜欢这种音
　　乐，对！喜欢完了以后，你再说我歌词写的什么，我的风
　　格是什么，这是可以谈论的。

周：音乐是有声的，对人发生的影响却是无声的。

　　崔：所以回到我所说的，只有音乐这个行业是最即时地促
　　成了价值观的认同。美术和诗歌需要一个媒介，音乐不需
　　要。音乐响起，好听，你说什么我不知道，我就是喜欢，
　　而且可能越不一样我就越喜欢。

周：音乐最直接地抒发和唤起情绪，不需要借助图像、文字和概念。

　　崔：音乐家只是代表艺术家的一个部分而已，真正理性的
　　艺术不能通过音乐完成。

周：音乐与社会问题的距离好像是最远的，但发生影响是最快的，这
很有意思。

崔：对，音乐家是最及时的，它并不是最理性的，但它速度最快。

周：**音乐是人和人之间沟通的无障碍通道。你认为摇滚乐是怎样对社会发生影响的？**

崔：我觉得摇滚乐这个词一点都不重要，它给我们带来的真正感受是自由的感觉，是面对现实的感觉，这是它存在的美。如果你找到了这种美，这个词的外表都可以去掉。我渴望听到人们说话的时候在活跃地思考、活跃地观察、在乐观地生活，不妥协的在畅想。

周：**艺术应该引发人们畅想，鼓励人们畅想。**

崔：畅想是社会的财富还是灾难？保守的人会认为所有人都畅想是社会的灾难，我觉得所有人都可以畅想是社会的财富。真正要保护的是自由思想者，这才是民族的真正财富。十四亿人没有思考者，没有危险的畅想者，所谓的这个民族就是一个"加工"民族。

周：**你特别欣赏 Hip-hop，为什么？**

崔：这里有审美的一个对撞。我觉得 Hip-hop 最大的美就在于所有的问题都给别人，为什么是我，是别人，开始骂，基本上都是这种黑人文化。我觉得这是西方文化带给我最深刻的一种养分，如果没有这种文化的话，我们会被很多人质疑，说你太骄傲，或者说你太谦卑。这种文化就告诉你，不是你的错误，勇敢地说 no，向任何人。Hip-hop 实际上是让你先有了荷尔蒙充分的补充，当你的身体得到能量的时候，你的思想真的受影响，你娱乐为荣，而不是娱乐为耻。

周：特别能够让人的精神和表达迅速进入一种自由状态。

崔：对，就是自由风格。Free Style!

周：我们的书名就是从这里来的。

崔：我为什么首先要去质疑自己，没有确定的东西就首先怀疑自己？你爱谁谁，老子先娱乐，完了以后开始骂街。很多人说这太底层了，还直接骂脏话，太没有修养了。其实娱乐给我带来的养分要比我所有的知识还多，你不能剥夺我娱乐的权利，老子先爽了再说。所以这种Hip-hop的文化风靡世界，年轻人就喜欢这东西。

周：生命和精神的自由从相信自己开始。

崔：多了一个人，多了一代人，多了一种学派的知识，难道我就多谦卑一次吗？我就必须造成自己的这种识别性紊乱，必须永远地怀疑自己吗？先高兴再说。而且确实成功了，所以不能够鄙视商业的这种原有的伟大性，它是属于平民的，较公平的就是市场。当你的理想过于藐视市场，我觉得跟藐视人权是一样的。市场是人的本能，我就买你的东西。我反对的是过度营销、欺诈性的虚假市场经济。

周：有的哲学家认为，艺术的娱乐化是一种堕落，你的看法正相反。

崔：我认为艺术不应该因为娱乐化而被贬低，就跟一个好的电影一样，它有很强的娱乐色彩，但是不应该因此就变成了没有严肃的探讨价值。恰恰相反，那些忽视娱乐精神的人，他们不光是在远离大众，而且是进入了另外一个误区，当他们得不到营养、得不到像空气一样的氧化的互动的时候，他们会变得非常恐怖，甚至可以在一夜之间变成邪恶。

艺术和商业的关系

崔：美国的电影业为什么成功？因为必须对资本负责任，美国不是电影强大，是制片人制度强大。美国在商业上营造出了电影的一个标准。

周：**制片人太强大，艺术会不会受到损害？**

崔：你发现美国的电影人，每个人都特别认真地去工作，因为他能得到支付，他能够通过做一件事养活家人。美国还有非常强大的工会制度，任何工种只要受到了欺骗，这个工种的协会就起来保护。后来我发现有意思的事情在于你经营你的小作坊的时候，同样以这种形式去承担责任和风险的时候，你会发现有一个大的社会和你自己小的企业的关系，就是它有非常强大的一个制度，你要是想冒险你就承担责任。

周：**所以艺术的繁荣有赖于良性的商业秩序，但是中国缺乏。**

崔：**无商不活！**我觉得现在可能是一个在艺术价值和商业价值上的交错点，是一个不对称的关系，就是你的艺术越

自由风格

有价值的时候，你可能越不被接受，或者说你越成功的时候，未必代表你是有价值的。这是特别严重的一个错位。

周：实际上不是一个健康的艺术市场。

　　崔：因为商业有欺诈，有偶像的塑造过程，有一个团队在包装，完了他们都是在模仿。所以这也是音乐家应该站起来去「识别正确」的一个责任。

周：艺术市场的主要问题是什么？

　　崔：不保护创造，所有人都是把加工产品拿出来卖了。说白了，实际上中国几乎整个的工业都是在做加工，你真正想拥有版权的工业，中国没有。这个经济发展是加工出来的，不是创造出来的。现在科学技术发展到这一步，怎么样去包装一个人，利用软件修补，就可以让一个不会唱歌的人变成会唱歌的。

周：面对这种情况，音乐家怎么办？

　　崔：社会的音乐家团体应该成立一个委员会，识别真正的好音乐，搞音乐教育，建立制度，拒绝欺诈营销。

周：这是一个方面，提高整个民族的艺术鉴赏能力。更重要的方面，我觉得还是要靠法治，保护原创，打击潜规则，让艺术市场逐渐成熟和有序。

不让灵魂被贿赂

周：你自己在音乐上做的事情有没有一个基本的方向？

　　崔：我觉得我在音乐上面做出多少努力都不重要，重要的是我自己有兴趣做，所以我不愿意与别人谈论这些事。我希望通过我的音乐去记录下来一些东西，记录下来我的理性生活和感性生活。

周：我觉得这个心态特别好，更能够创作出好东西。

　　崔：我有一系列展开的东西，但是只能跟少数人说。许多人说我疯了，说你不好好唱《一无所有》《二无所有》《一块红布》《两块红布》，一点都没有上财富榜的野心。我觉得他们在道德上跟我是平等的，我没有资格去评判他们，我只能说他们为什么没有冲动为他们的后代识别正确做出一点贡献。

周：商业上有没有压力？

　　崔：我觉得商业压力只有比较和攀比的压力，并没有生存的压力。现在的日常演出能够基本解决生存的问题。如果要攀比的话，可能不如其他行业发展得那么快。

周：你在经济上没有野心。

崔：如果为了酒足饭饱已经够了。但是我想跟大家分享的不是这个概念，摇滚乐没有起到标杆作用，这对我来说是幸事，因为中国摇滚乐本身就不是一个致富的概念，它应该是一个表达的概念。在西方，两者是统一的。

周：公众往往认为你已经致富。

崔：所有记者都问我钱，甚至有记者直接就问我，演唱会挣多少钱，他们根本不知道我赔钱。我们的演唱会是挣钱还是赔钱都不重要，重要的是我们还在创作。

周：对，首先是创作出好的作品，在这基础上经营市场，最后能挣多少钱就顺其自然。

崔：一个创造者必须有这样的基础——建立在怀疑和背叛之上。如果不是建立在不满足的基础上，创作就没有意义。现在的歌、歌词全是为了讨好消费者，听了就知道卖点在哪里，他们的灵魂被贿赂了。

周：灵魂被贿赂，一个很特别的表达，你解释一下。

崔：什么是贿赂？就是你的消费形式和你的创作质量之间的比例，突然创作没有了，消费还在增高，这就是贿赂。我为什么没有改变自己，就是从来没有设定这么高的消费。我看过很多人做出了好的艺术，成功之后，就开始拍广告，因为他买了别墅。一开始还能谈理想，后来就变成需要挣多少钱的话题了。

周：不让灵魂被贿赂，这是对成功艺术家的一句忠告。正是在成功之后，灵魂最容易被贿赂。

崔健近期访谈摘录

【按】以下文字摘自崔健近七年的媒体访谈。

一、从根的地方站起来

过去我们的音乐有群体性，甚至是政治性，但现在音乐越来越变成个人化的东西。所以当中有些民族的元素，千万别认为它就是民族的代表或者是在弘扬文化，那就等于是又倒退了。它再有民族的因素，那也是个人的表达，因为他的创作语言是中文。

乐器到人手中的时候它就变成人体的一部分。它并不是历史的一部分，这跟历史没有任何关系，它和人体有关系。

反叛性是人的生理的一部分，如果人没有反叛性的话，这个人在某种程度上可能会是一个恶人，或者说是一个伪君子。一个人寻求进步是与生俱来的，就跟体内的荷尔蒙一样。总是循规蹈矩地生活，这世界就没法发展了。人要不断地去打破世俗，再去延续一些传统，这才是人的价值。人的传统也是有比较的，不是说所有的过去的都是好的，所以人需要去推陈出新。

首先中国没有摇滚形式，那都是西方的。现代人不是拿着西方文化看中国，就是拿着中国古代的东西骗外国人，这都不是创造。什么时候才能甩掉左右拐杖，从根的地方站起来。

二、谁也不能代表时代

那个时代正好被我们赶上了，因为我们是第一代尝试自由创作的音乐人，我写《一无所有》完全是出于无意。就是现在，哪怕我想有意写这首歌，效果也远远不如当时。

《一无所有》之所以在当时有个性，因为它是本土化的。我们愿意保住这些本土化的东西，并非想获得更多的名誉，因为我们发现，最后我们能够做的，只是写自己的故事，和这个社会、这个时代有关的故事。但，谁也不能代表这个时代。

人有必然性和偶然性，历史也一样，历史也有情感。当历史的节点碰上了它喜欢的人，一个时代就会出现。

我没有开创中国摇滚乐的先河，那时候的自己不过是个复制品。

三、摇滚乐宣扬的是个性

摇滚乐实际上就是个性膨胀。我们保护和宣扬的就是个性，不追求苟同。人们都一样的时候，肯定有矛盾。两个人都有个性，在一起互相爱，在一起很和平，这才是我们所追求的人与人之间的关系。

别一上来就说摇滚乐怎么样，这纯粹是给摇滚乐穿各种各样它不该穿的鞋。灵魂不需要穿鞋，穿鞋干嘛啊？光着脚挺好的。谁也不要给摇滚乐盖棺定论。

后来我就发现，所有这些东西都是把人看得低于一个体制之下，低于一个大的光环之下，所有人的价值，都是渺小于一个政治的一个符号。所以我要挑战有这种想法的人，不管你是来自哪个社会的，只要你把一个人看作低于体制的一个符号，而他的创造性和他受的教育变成了他这个人不可能再被尊重的时候，我觉得都是被政治绑架的。

我现在观察到，那些总显得跟别人一样的人，其实他们心里最不一样。这些人心里对朋友友善的程度特别低，在生活当中给予朋友的东西特别少，全是装腔作势的那种做秀，这些人没有什么道德体系，他们没有任何其他地方去释放他们的善意。

四、性是你的身体发出的质问

性是一种最公平的检验尺度，我把性当成自己的一面镜子。性开放不是一种乱淫的概念，而是个性真正开放的概念。你对性有彻底的读解，你就可以读解自己的政治，包括你自己的恐惧。性是一个特别清晰的界限，阴就是阴，阳就是阳。如果你对性睁眼说瞎话，就代表你政治上的虚伪。

性是现实给你的一个知识，而不是别人的积累给你的知识。性是直接跟你对话，不是通过文学或者其他的载体传达的知识，性就是你身体发出的质问。

五、我是边缘思考者

我始终认为自己是边缘思考者。

我从来就不是一个在神台上待着的人。我一直就是一个在生活中平凡出现的人，我的生活中没有保镖，没有什么乱七八糟的助理。

当我的行动和言论达到一种平衡时，你就会发现，我没有闲着，我在按照自己的梦想生活。梦想不是说给人听到，而是让人看到的。

这么说吧，我的迷茫是永远的，不能否定将来还有更大的迷茫，这就是我选择的生活之路。如果没有这种迷茫，就缺少了养分。

我们怎么样跟自己的文化和语言去化学反应，这可以说是我们的一个福分。因为我们这么做成功以后，会发现很多人愿意去接受它，而我们自己也会发现自己人生被关注的价值提高了。我不愿意说它成功了，我只是说它被关注了，这种被关注你会愿意不断地去继续发挥你所被关注的话题或者说这个角色，你愿意充当这个角色，继续去思考，继续去面对一些问题，是这样的成功。严格讲它是生活方式的一个杠杆的作用，你的生活方式被你曾经做过的一件事的成绩抬起来了，完了它的杠杆力量又有一些助力，是你意想不到的好处或者那些受益，所以我更愿意说它不是一个成功，而是生活方式的确定。

六、没有必要读书破万卷

阅读就是因为想知道别人心里想什么，文学是公开化人的隐私，美化人的隐私。

看一本书的时候，是要读到意外的自己，并不是实际的自己。听音乐也一样，只要你能获得一种感受就可以了，阅读也是这样。

如果一个人没有正常的思维方式，没有一个独立的独特的角度来看待问题，学来的知识就是无用的垃圾。

你没有必要读书破万卷，很多历史是没有用的。你应该去畅想未来，仰望星空，你应该有创造性的未来，我觉得这才是年轻，因为你不怕犯错误。所以真的没必要听老人在那里忽悠，造成年轻人对自身价值的一种怀疑。

七、80 年代是一种白日梦

现在老有人说 80 年代，这是炒作出来的。80 年代是什么东西？我说 80 年代就是一种白日梦。如果到现在都没有坚持下来的价值观，那就没什么可光宗耀祖的。

很多人说那时候是黄金时代，甚至说 80 年代是艺术的启蒙阶段，我甚至觉得这是大家都在做的一个不现实的梦。如果一个启蒙没有延续的行为去捍卫它的话，我觉得启蒙是没有价值的。大家都应该知道中国的思想开放是经济开放带来的，不是主动的，中国的思想启蒙运动没有那么有价值。因为它是经济带来的，如果没有经济的开放，这些启蒙运动是可以说它是没有方法的，也没有什么窍门，就是因为有市场了，所以就变成启蒙了。

八、代沟是一个伪命题

这种年代的区分，确实又无聊又矫情。我们都是改革开放的受

自由风格

益者，也都是不良环境的受害者。

你们和我们生活在一个年代里。别以为你比我小二十岁、三十岁，我们就不是一代人。我在很多方面是在代表你说话，你要是盲目地觉得我岁数大了就觉得要把我区别开，等于是在伤害你自己。

你们并没有脱离我们那个年代。甚至你们还没有我们成功，从商业上说你们也没成功，我们这个年代的人，掌控着中国经济大权，大量的财富是我们这个年代的人掌控的。我们这些人如果不勇敢地批判的话，基本上没有人替你们说话。在某种程度上，你们应该期待我们去帮你们说话，因为我们有更大的纵深度，更大的积累。这个时候你要是盲目地去划分，觉得我岁数大了就不听我的音乐，等于是在伤害你自己。因为我们这些人在很多方面是代表你说话，而且是勇敢地代表你说话，但是你意识不到，还出于一种时尚的要求，而不是真正灵魂的要求，去觉得要区别于我们这一代人，所以这造成了一种虚假的隔阂。

年轻人要是嫌肉不够鲜，那我没办法，但是我的精神鲜活，敢于面对灯光和阳光，用我的方法去行动。

你们90年代的人能不能给我们一点这种意外呀？你们也让我觉得震撼一下行不行？我还希望你给我点东西呢。

我觉得年轻人的恐惧是，他对物质文化已经麻木，当他对社会环境和生活质量感兴趣的时候，他就会发现，我们有共同语言，他就会接受我。

你将来有了孩子，希望后代成为哪种人？有理想的人，还是没有理想、比较现实的人？你会发现你自己就会选择有理想的人，你会发现灵魂的要求比时际的要求更有意义。

和平创造的气氛
是一种社会财富
——崔健在梁和平绘画义卖活动上
对记者的谈话

【按】2019 年 5 月 22 日，梁和平因车祸高位截瘫已七年，朋友们为他举办梁和平绘画作品（1982 ～ 1986）的义卖活动，同时举行本书第三版版税的捐赠仪式。本文摘录这个活动上崔健对记者的谈话和周国平的发言。

举办这个活动，其实我们内心也是在为自己做这件事，并非只是在完成一个朋友的义务。我甚至觉得可以算是记录一个角落里的一段历史，但这个历史要放大，才能看到更多的东西，不光是一种情谊，也是一种社会财富。

因为通过和平，我们认识的人，你想象不到有多大的圈子，包括音乐人、电影人、画家、诗人，也包括学者、律师、记者等。和平介绍的人都是特别优秀的，零失误，而且特别奇怪，这些人在和平面前会把自己的优点都显露出来。我们之间的交流好像是在别的圈子里找不到的，它有一种娱乐感，也有一种严肃感，有一种与音乐有关、同时又与社会有关的难得的气氛。最主要的是通过和平带来的一些社会思考，我觉得有延续下去的价值，而且在当今可能更重要。也许我们每个人都需要这样的思考，有一些批判性的、敏感性的东西，可能在非常短暂的时间里去表达。跟和平交流，无论是以前还是现在在病床上，我都发现他仍然非常活跃，非常的想跟我们互动。但是他也比较吃力，原因是他长期躺在病床上，同时大量服用药物，所以你能感觉到，如果你不去维护这种状态的话，你会发现能交流的时间越来越少。和平充满对生活的热情，在这一点上，我们已经受益很长时间了，但不会再受益非常长的时间了，这是一个巨大的遗憾。

我看到很多的社会和我自己之间的矛盾，然后发现自己想跟别人分享，别人却不愿意跟你分享。只有跟这些朋友在一起，我们讨论这种话题就跟娱乐一样，一点都没有觉得有压力，好像完全不是给别人唱高调的那种谈论，而就是一种娱乐。对我们来说，这是非常轻松的一件事，把我们想的事释放出来，期待别人跟自己不一样的观点，回家以后还能够进一步思考，变成生活中的一种思想工具。发现问题，继续创作，我觉得就是这么一个过程。一点都不是人们想象的，好像伟大的友谊什么的，我们在一起甚至说非常普通的笑话，这是我们生活中真实的一部分，真正给你带来的东西是让你回家去处理的。和平在他最活跃的状态，他创造出的气氛一直在散发着余热，一直在把养分给大家。

至于和平的绘画，我觉得没有谈论一个固定的艺术品种的必要。我们要是从专业角度上去讨论视觉艺术，简直就是去错了地方。我们尊重和平的创造精神和他的艺术的原因，正是在于他打破了这个东西。就像我做电影一样，和平又做音乐又画画又做摄影，这是一样的。我觉得一个人的状态是应该先有自由再有行业的划分，所以和平的画的出现，本身就说明了他的一种态度。我们每一个人在一定的时候，在自己最熟悉的行业里头会产生一种压力。对我来说压力肯定有，我的创作压力主要是来自市场，一些朋友，一些业内的合作人员，他们习惯性地对你最有市场价值的一些东西产生一种依恋。当你想打破这些东西的时候，他们给予你的理解是情感性的，但是真正从生活中具体地体现出，你会发现他们是在远离你，他们并不是非常支持你去做大量的尝试。在这一点上，我从来没有在和平那里看到这样的情形，和平总是在鼓励他的朋友创新，而且他自己也以身作则，做各种各样的尝试，他是一个非常热情地尝试新东西的人。

和平没有功利性，他自己创造的价值，他自己也拒绝去接受它。他拍摄了大量珍贵的影像资料，前段时间我给他筹备成立一个资料馆，到最后也没有去实施的原因就是和平拒绝这个市场。他觉得这种声音太复杂了，所以他就尽可能地用最简单的方法去解决生活问题，拒绝复杂的社会交往，觉得这反而是对他的日常生活程序的一种破坏。我们必须清楚自己的位置，我们没有任何权利去左右别人选择自己的生活方式，当你是一个成功者的时候，更不可以去侵犯别人的生存价值，一定要作为被动的一方去接受这个角色。这些资料当然都特别珍贵，我非常希望通过专业化的运作，让它们的价值得到实现。

梁和平这个人，我觉得用一个词来说他最贴切：他是一个长不大的孩子。孩子生命力旺盛，浑身的精力无处使，和平就是这样。因为生命力太旺盛，和孩子一样，他有三个特点。

第一是好奇。他做音乐，画画，摄像，思考哲学问题，对一切都感兴趣。现在跨界很时髦，但和平不是跨界，他根本就没有界，无界。

第二是贪玩。和平做各种创作，其实都是在玩。他的创作，可以用三个词来形容：一是随兴，跟着兴趣走，没有计划。二是即兴，没有准备，也不需要准备。三是高兴，创作本身是享受，没有外在的功利目的。

第三是才华横溢。他直觉好，没有被成见污染，也没有被观念改造。

今天展出的画，是和平三十多年前画的。这些画会让人想起康定斯基的抽象绘画，用颜色和构图作曲，是音乐的图像表现。可是，在 20 世纪 80 年代早期，改革开放刚开始，他一定还没有看过康定斯基的作品。而且，康定斯基不是音乐家，是从勋伯格的音乐中获得灵感的，而和平本人就是音乐家，他的灵感更加直接，是从他身体里出来的。

对和平的这些绘画，艺术评论家们可能会有不同的解读和评价，我觉得这不重要。真正重要的是，在和平的绘画中，在他的各种艺术活动中，我们都可以感受到一种自由的生命状态，并且从中得到鼓舞和启示。

20世纪八九十年代，在和平的感召下，许多有趣的灵魂得以相聚，成为和平的朋友，也互相成为朋友。我们都是和平的健康生命的受益者，他给了我们太多，而对于他因车祸遭受的灾难，我们却爱莫能助，只能给予微薄的经济支援，完全不成回报。

感谢和平，为和平祈福。

图书在版编目(CIP)数据

自由风格:周国平对话崔健/崔健,周国平著. —
上海:上海人民出版社,2022
ISBN 978-7-208-16134-4

Ⅰ.①自… Ⅱ.①崔… ②周… Ⅲ.①崔健-访问记
Ⅳ.①K825.76

中国版本图书馆 CIP 数据核字(2019)第 224015 号

责任编辑　马瑞瑞
封扉设计　人马艺术设计·储平

自由风格
——周国平对话崔健

崔　健　周国平　著

出　　版　上海人民出版社
　　　　　(201101　上海市闵行区号景路 159 弄 C 座)
发　　行　上海人民出版社发行中心
印　　刷　常熟市新骅印刷有限公司
开　　本　890×1240　1/32
印　　张　11.75
插　　页　5
字　　数　264,000
版　　次　2022 年 1 月第 1 版
印　　次　2022 年 1 月第 1 次印刷
ISBN 978-7-208-16134-4/B·1431
定　　价　68.00 元